Robes du soir

Comité d'organisation

Commissariat scientifique :
Catherine Join-Diéterle, conservateur en chef.
Valérie Guillaume, conservateur.
Marie-Christine Boucher, conservateur.

Commissariat administratif :
Dominique Billot, secrétaire général.

Service de presse :
Dominique Levet.

Les ateliers d'Art de la Ville de Paris et l'atelier de
Restauration du musée.

27 juin

Robes du soir

28 octobre

1990

Palais Galliera
Musée de la Mode et du Costume

Remerciements

Que toutes les personnalités qui ont permis la réalisation de cette exposition trouvent ici l'expression de notre gratitude, en particulier :
M. Bruno Racine, directeur des Affaires culturelles de la Ville de Paris, M. Bernard Schotter, sous-directeur du Patrimoine culturel de la Ville de Paris, M. Bernard Notari, chef du Service de la communication et des relations extérieures, secrétaire général de l'association Paris-Musées, M. Bertrand Cochery, administrateur, chef du Bureau des musées, M. Francis Pilon, secrétaire général adjoint de l'association Paris-Musées, M. Arnauld Pontier, responsable publication de l'association Paris-Musées, Mme Brigitte de Montclos, chargé de mission auprès du sous-directeur, M. Paul Charoy, chargé des relations extérieures à la direction des Affaires culturelles de la Ville de Paris, Mlle Florence Duhot, chargé de mission.

Musée des Arts décoratifs :
Mme Yvonne Brunhammer, directrice des collections, Mme Nadine Gasc, conservateur, Mme Evelyne Possémé, assistante, Mme Véronique Belloir.
UFAC :
Mlle Florence Muller, conservateur, Mme Lydia Kamitsis.
Musée Carnavalet :
M. Bernard de Montgolfier, inspecteur général chargé du musée, Mlle Roselyne Hurel, conservateur.
Musée d'Art moderne :
Mme Suzanne Pagé, inspecteur général chargé du musée, Mlle Dominique Estegassy, conservateur, Mlle Jacqueline Munck, conservateur.
Musée du Petit Palais :
Mlle Thérèse Burollet, inspecteur général chargé du musée, M. Dominique Morel, conservateur.
Archives de la Seine :
Mlle Lainé, conservateur, Mme Françoise Abdourahim.
Bibliothèque historique de la Ville de Paris :
Mme Christine Huvé, conservateur, Mme Geneviève

Madore, conservateur, Mme Marie-Odile Gigou, conservateur, Mme Marie de Thésy, conservateur, Mme Francine Delacroix, bibliothécaire.
Comédie-Francaise :
Mme Marie-Noëlle Guibert, conservateur.

Musée national du château de Compiègne :
M. Jean-Marie Moulin, inspecteur général, chargé du musée-château, Mlle Françoise Maison, conservateur.

Musée historique des Tissus de Lyon :
M. Pierre Arizzoli-Clémentel, conservateur en chef.

The Metropolitan Museum of Art, The Costume Institute, New York :
Mrs. Jean L. Druesedow, Curator in Charge, Mrs. Beth Alberty, Assistant Curator, Mlle Katell Le Bourhis, Associate Curator for Special Projects, Mrs. Deirdre Donohue, Study Storage Assistant.
The Museum of the City of New York :
Mrs. Jo Anne Olian, Curator, Mrs. Phyllis Magidson, Associate Curator.

Balenciaga : M. Jacques Konckier, Mme Marie-Andrée Jouve.
Pierre Balmain : M. Erik Mortensen, M. Patrick Aubert, Mlle Laure Chaffanjon.
Pierre Cardin : M. Pierre Cardin, M. Pierre Crey.
Carven : Mlle Carven, Mme Anne-Marie Jeancard.
Chanel : M. Karl Lagerfeld, Mme Marie-Louise de Clermont-Tonnerre, Mlle Sophie Lorthiois.
Christian Dior : M. Gianfranco Ferré, Mme Alexandra Tchernoff, Mme Marika Genty.
Christian Dior Monsieur : M. Dominique Morlotti, Mme Brigitte Lefebure.
Christian Dior New York : Mrs. Jo Anne Pierce.
Christian Lacroix : M. Christian Lacroix, Mme Laure du Pavillon.

Courrèges : M. André Courrèges.
Mme Marie-Dominique Barbier
Emanuel Ungaro : M. Emanuel Ungaro, Mme Catherine
de Limur, Mme Christine Pietri, Mlle Valérie Rivalain.
Givenchy : M. Hubert de Givenchy, M. Hubert Vicente,
Mme Véronique de Moussac.
Guy Laroche : M. Angelo Tarlazzi, M. Jean-Paul Caboche.
Hanae Mori : Mme Hanae Mori, M. Max Michel Grand,
Mme Sybille de Saint Phalle.
Jean-Louis Scherrer : M. Jean-Louis Scherrer,
Mme Alexandra Campocasso, Mme Irène Artigues.
Lanvin : M. Patrick Lavoix, Mme Dominique Le Romain,
Mlle Emanuela Corinti.
Nina Ricci : M. Gérard Pipart, Mme Sybille de Laforcade.
Paco Rabanne : M. Paco Rabanne, Mme Frédérique Fétiveau.
Jean Patou : M. Jean de Moüy.
Ted Lapidus : M. Olivier Lapidus, Mme Mireille Coutellier.
Yves Saint Laurent : M. Yves Saint Laurent,
Mlle Gabrielle Buchaërt.
Hermès : Mme Véronique Nichanian, Mme Michèle
Gozland.
Adolfo Dominguez : M. Adolfo Dominguez,
Mme Mariana Moreno.
Anne-Marie Beretta : Mme Anne-Marie Beretta,
Mme Joelle Thomas.
Azzedine Alaïa : M. Azzedine Alaïa, Mme Sylvie Sourisseau.
Claude Montana : M. Claude Montana, M. Amr Mandour.
Sonia Rykiel : Mme Sonia Rykiel, Mme Patricia Rivière.
Thierry Mugler : M. Thierry Mugler, M. Alix Malka.

Prêteurs particuliers :
M. David Bailey, M. Jean-Loup Charmet, M. Henri Clarke,
M. Jacques-Paul Dauriac, Mme Nadine Haas, M. Hubert
de Givenchy, M. Lionel Kazan, Mme Adelle Lutz,
M. Philippe Pottier, Mme Mireille Scemama, M. Albert
Seeberger, M. Jean-Loup Sieff, M. Michel Souillac.
Magazines *Elle*, *Jardin des modes*, *l'Officiel de la
couture*, *Marie-Claire*, *Vogue*.

Photothèque de la Ville de Paris et Département
audiovisuel :
M. Bernard-Alain Brun, Mme Jacqueline Riom,
M. Olivier Habouzit, Mlle Irène Andréani.

Nous adressons tous nos remerciements à Mme Bernard,
Mme M. Borredon, Mme Brivet, Mlle M. Delpierre,
Mme Depommier, Mlle P. Gorguet, M. Henrion, Mme A. C.
Lelieur, Mme A. Perret, M. P. Provoyeur, Mme Schall,
la baronne Seilliere, qui nous ont aidés à la réalisation
de cette exposition.
Elle n'aurait pu voir le jour sans l'effort exceptionnel
consenti par l'ensemble du personnel du musée et de
Paris-Musées.

Qui n'a pas senti un frisson parcourir l'assistance à l'apparition des robes de grand soir lors des défilés de haute couture ? Spectaculaires, somptueuses, apothéose des défilés, elles appartiennent à un monde de rêve. D'ailleurs Thierry Mugler ne commence-t-il pas ses défilés-shows par «Il était une fois» ? C'est l'univers retrouvé de *Peau d'âne* avec ses tenues couleur du temps, de la lune ou du soleil.

Pourtant, au-delà du rêve, c'est toujours une image de la femme que proposent, aujourd'hui comme hier, les couturiers. Combien de fois n'ont-ils pas déclaré : «Cette année, la femme, je la vois… romantique… baroque… féminine.»

Cette image, nous la verrons constamment évoluer tout au long de l'exposition «Robes du soir», chaque époque ayant la sienne. Aussi, en retenant pour cette étude les cent quarante dernières années, nous avons voulu montrer comment la mode, de la naissance de la haute couture à nos jours, a su trouver à chaque moment des réponses diverses et originales aux besoins nouveaux qui n'ont cessé d'apparaître.

Huit sections historiques ont été retenues : le Second Empire, les trente premières années de la IIIe République, la Belle Epoque, les années vingt, les années trente, l'après-guerre ; tandis que les trente dernières années étaient divisées en deux sections, le changement se situant autour de 1974-1975.

Déterminer la spécificité de chaque période historique, analyser les comportements sociaux les plus marquants, le soir, ont été le corollaire de cette étude vestimentaire. En conséquence nous ne pouvions nous cantonner aux robes de grande réception, qui ne représentent qu'une petite partie des tenues de soirée, même si ce sont celles qui nous font rêver.

A partir de dix-neuf heures, bien des occasions de revêtir des tenues diverses ont été offertes aux Françaises depuis 1850. Chaque génération s'est inventé de nouvelles distractions, qui n'ont pas fait pour autant oublier les précédentes mais s'y sont simplement ajoutées. Sous le Second Empire, bal, opéra, grand dîner, théâtre, petit dîner étaient les seules occasions de se faire belle. Les débuts de la IIIe République ont été marqués par un important repliement sur soi, qui favorisa les réceptions, la vie entre soi. Le confinement disparut avec la Belle Epoque, on découvrit les dîners au restaurant, les sorties au music-hall que, vingt-cinq ans plus tôt, seules les demi-mondaines auraient osé entreprendre… Le théâtre fut à son apogée.

Les années vingt furent marquées par une véritable dancingmania, comme le montre remarquablement Valérie Guillaume. De même, elle nous fait découvrir au cours de la décennie suivante le goût pour les vêtements inspiré du vestiaire masculin, tels le smoking ou l'habit, sans oublier, bien sûr, les tenues de grand soir. Robes «d'ambassade», de gala, nous explique-t-elle encore, caractérisèrent l'après-guerre, tout comme les tenues plus simples que l'on revêtait le soir à Saint-Germain-des-Prés. C'est à partir de 1965 que les couturiers d'avant-garde, précédant les changements de

mentalités, inventèrent des vêtements futuristes, des tenues-objets d'art qui, avec le smoking, allaient contribuer à démoder le vieux code social. L'anarchie vestimentaire s'installa jusqu'en 1975. C'est alors qu'une certaine élégance, le goût du luxe retrouvèrent une place perdue depuis longtemps tandis qu'allait triompher la mode des *looks*.

A côté des circonstances, les lieux jouèrent un rôle de plus en plus important : en 1880, par exemple, on ne s'habillait pas de la même façon selon que l'on occupait, au théâtre, un fauteuil d'orchestre ou une loge de seconde, ce qu'on n'aurait pas vu vingt ans plus tôt, où la même tenue était exigée quelle que fût la place occupée dans le théâtre… La mode ne suit-elle pas les manières de vivre ?

Aussi, nous ne pouvions ignorer les manuels de savoir-vivre. Extraordinairement nombreux jusqu'en 1914, puis à nouveau après la Seconde Guerre mondiale, ils nous semblaient une inépuisable source de renseignements ; or cette approche apparut bientôt décevante.

Expression d'un monde bien souvent étriqué, ils n'avaient pas grand-chose à voir avec ceux qui, de tout temps, font la mode. Pourtant l'histoire de la robe du soir a subi les conséquences de l'évolution du code social. Aux périodes marquées par une certaine rigidité dans les manières de vivre, comme le Second Empire ou l'après-guerre, ont succédé des moments de relâchement, voire de confusion. En 1880 la robe habillée, tenue portée le jour comme le soir, fit sa première apparition. Dix ans plus tard, on sortait indifféremment avec des tenues de bal ou de réception. Quant aux années 1960, personne n'ignore la longue crise qu'y ont traversée les robes du soir. Devant l'ampleur des critères retenus liés à l'espace, au temps, à l'évolution sociale, les tenues de soirée n'auraient-elles pas dû se multiplier au fil du temps ? Or, depuis cent quarante ans, on retrouve à chaque moment trois grands types de tenue : en premier lieu la tenue de grand soir, celle qu'on appelait au XIXe siècle robe d'opéra, ou de bal ; en deuxième lieu, celle du petit soir, souvent confondue aujourd'hui avec la tenue de cocktail ; enfin, tous les vêtements qui caractérisent une époque soit en raison de ses activités, comme la robe à danser, soit en raison de sa sensibilité comme le smoking.

On ne s'étonnera pas que le catalogue comme l'exposition accordent à la femme la première place. Marie-Christine Boucher nous l'explique : les vêtements portés le soir par les hommes ont peu changé depuis un siècle et il a fallu attendre cette dernière décennie pour que se dessine enfin une évolution de la tenue masculine. Pourtant il ne nous a pas été possible de tout dire, de tout montrer. Les impératifs du catalogue, des salles du musée nous ont conduits à ne montrer pour chaque période que l'essentiel. C'est volontairement que Valérie Guillaume a laissé de côté les années de guerre ; quant aux bals costumés, ils méritaient, comme le souhaitait d'ailleurs notre prédécesseur, Guillaume Garnier, une exposition à part entière. On nous pardonnera, je l'espère, l'absence de certains costumes telle la robe de la comtesse Greffulhe réalisée par Jean-Philippe Worth en 1896. Mais, exposée en 1989-1990 au Brooklyn Museum de New York, elle ne pouvait, sans risque, être à nouveau présentée cette année. Cette exposition souhaite aussi combler une lacune : la version féminine de l'habit du soir à la mode en 1936, et dont on n'a pas retrouvé jusqu'à ce jour d'exemplaire. Quant aux manteaux de fourrure, ils semblent avoir bien souvent disparu – peut-être ont-ils été réutilisés ?

Si nous avons pu reconstituer l'histoire de la robe du soir, c'est grâce à l'aide et à la participation de nombreux musées, en particulier le Costume Institute, Metropolitan Museum de New York, le Museum of the City of New York, l'Union française des Arts du costume, le musée des Arts décoratifs, le musée historique des Tissus de Lyon, le château-musée de Compiègne et grâce à des collectionneurs privés. Les maisons de couture, les jeunes créateurs nous ont permis par leur concours généreux de découvrir les dernières évolutions de ces tenues.

Les tissus des costumes conservés dans nos collections ont été identifiés par Sophie Desrosiers, les dentelles par Mlle Drioux ; Fabienne Falluel a rédigé les notices des éventails et Annie Sagalow celles des gants.

Notre reconnaissance s'adresse tout particulièrement à Frédéric Coulamy, qui a conçu et implanté le décor de cette exposition.

Fruit d'une excellente collaboration avec Valérie Guillaume, conservateur au musée, chargée du département XXᵉ siècle, ainsi qu'avec Marie-Christine Boucher, conservateur au musée, chargée du département Costume masculin, cette exposition allie le plaisir de la découverte à celui de la beauté.

Catherine JOIN-DIETERLE
Conservateur en chef

1 8 7 0

1 8 5 0

Le triomphe du bal

«Il y a quelques jours, je vais chez ma couturière, j'y vois des toilettes ravissantes... Je demande pour qui elles sont.
– Pour la vicomtesse Lanjuinais.
Hier, j'apprends la mort de cette pauvre jeune femme. C'est affreux, on n'a même pas le temps de porter ses robes.»

Le Moniteur de la mode,
n° 1, juillet 1870.

Winterhalter,
l'Impératrice Eugénie et les dames du palais, 1855
musée national du Château, Compiègne

C'est banalité que de l'écrire : la fête impériale a bien caractérisé le Second Empire, même si beaucoup en étaient exclus. Cette frénésie de vivre après la morosité de la monarchie de Juillet a tiré ses forces du capitalisme libéral en pleine expansion. La volonté politique de l'empereur de voir se développer la vie officielle et mondaine, comme l'avait voulu en son temps Napoléon Ier, l'a renforcée et l'a en quelque sorte consacrée dans le bal, qui devint la grande affaire du temps. Clôturant systématiquement la célébration des grands événements politiques du règne, le bal fut, lui aussi, un moyen politique.

Plaisir officiel mais aussi plaisir privé, le bal constitua pour de nombreuses familles une obligation sociale marquant l'année mondaine. Mais, pour d'autres moins argentées, le bal resta une aspiration qui se réalisait de temps à autre. Point n'était besoin d'être riche ou d'appartenir à une famille connue pour organiser un bal, il suffisait d'avoir un grand appartement pour honorer ses invités. Le bal n'était évidemment pas la seule distraction nocturne à laquelle se livra la France impériale. Dîners, concerts, spectacles, réceptions l'ont aussi beaucoup occupée.

La réorganisation de la vie mondaine autour de la cour a considérablement marqué la vie sociale et la mode sous le Second Empire.
Dès sa prise du pouvoir, le prince-président, Louis Napoléon Bonaparte, qui aimait le faste, mena grand train dans sa demeure de l'Elysée. Mais, ce n'est qu'après la proclamation de l'Empire, le 2 décembre 1852, et après son mariage avec Eugénie de Montijo, comtesse de Teba, qu'en accord avec elle, il rétablit la vie de cour. L'empereur en confia l'organisation au colonel Fleury, qui s'inspira de celle du Premier Empire pour créer les Maisons de l'empereur et de l'impératrice.
Protocole et étiquette retrouvaient une importance qu'on n'avait pas vue en France depuis le début du siècle. Pourtant, la rigidité du système fut assouplie par le choix des personnalités dont les souverains s'entourèrent. Les grands bourgeois retrouvèrent, à côté des bonapartistes, les quelques aristocrates qui se rallièrent au régime. Les dames du palais de l'impératrice, peint en 1855 par Winterhalter, en fut, en quelque sorte, le porte-drapeau. Huit des treize dames du palais figurent sur le tableau : la princesse d'Essling, la baronne de Pierres, la vicomtesse de Lezay-Marnésia, la marquise de Montebello, la duchesse de Bassano, la baronne de Malaret, la marquise de Latour Maubourg et la marquise de Las Marismas.
Sous le Second Empire, la vie ordinaire de la cour était constituée d'une succession de réceptions qui nécessitaient une multitude de toilettes. L'étiquette était de rigueur, même pour les dîners intimes, qui réunissaient cependant quarante personnes et qui obligeaient l'impératrice et les dames présentes à porter des robes décolletées tous les soirs.
Les manifestations officielles ne varièrent guère le long du règne. Elles se terminaient immanquablement par un bal. Il y avait, d'un côté, les réceptions organisées par les souverains eux-mêmes aux Tuileries, à Saint-Cloud, à Compiègne et à Fontainebleau ou encore dans d'autres châteaux appartenant à l'empereur, tel Pierrefonds ; de l'autre, celles pour lesquelles leur présence était requise, comme les galas de l'Opéra – ces soirs-là, la salle entière était réservée aux invités de l'empereur –, les premières des grandes salles de théâtre, les fêtes de bienfaisance, sans oublier les soirées préparées par les personnalités du Second Empire. Tous les mémorialistes ont souligné le caractère guindé des bals des Tuileries et de Saint-Cloud, à la différence de ceux de Compiègne et de Fontainebleau.
Entre le mois de janvier et les mois de mai ou de juin, les souverains, comme l'avaient fait en leur temps Louis-Philippe et Marie-Amélie, organisaient deux ou trois bals aux Tuileries. Les quatre mille invités, qui pour la plupart appartenaient aux grands corps de l'Etat, côtoyaient là diplomates, militaires, députés et sénateurs, officiers de la couronne ainsi que des étrangers recommandés et des journalistes ; ils devaient être présents dès neuf heures du soir dans la salle des Maréchaux, où ils piétinaient jusqu'à onze heures. Alors

les souverains faisaient leur entrée puis, après avoir donné le signal des danses – polka, valse –, ils allaient souper, avant de disparaître dans leurs appartements. On a dit ces bals ennuyeux, mais il fallait en être. Ce n'est pas toujours là que les habitués revêtaient leurs plus beaux atours, car le tulle des robes souffrait souvent de la bousculade.

Les lundis de l'impératrice étaient beaucoup plus courus. Dans son beau salon bleu des Tuileries, elle recevait qui lui plaisait, reprenant ainsi à son compte les réceptions organisées par le prince-président à l'Elysée. Si l'étiquette était de rigueur, l'atmosphère y était assez détendue, aussi s'y amusait-on beaucoup entre soi.

A Compiègne et à Fontainebleau, la vie était différente, moins officielle, plus amicale. Les invitations se faisaient par séries ; ainsi entre septembre et décembre, y en avait-il quatre à Compiègne. On connaît encore aujourd'hui le nom de ces invités privilégiés car la presse ne manquait pas de les citer. Autour de la famille impériale se retrouvaient non seulement des personnages officiels mais aussi des artistes et des écrivains. N'imaginons pas pour autant l'étiquette absente de ces séjours. Comme le rapporte, entre autres, la princesse de Metternich, pour aller passer quelques jours à Compiègne, il fallait un habillement riche, complet, qui nécessitait en moyenne une vingtaine de caisses. On pouvait changer de robe jusqu'à cinq fois par jour, sans compter les robes du soir pour les bals et le théâtre.

A cette vie quotidienne déjà bien remplie s'ajoutaient les déplacements en province nécessités par la politique intérieure : ainsi en 1853 Napoléon III et Eugénie visitaient-ils, en Basse-Normandie et en Bretagne, Caen, Cherbourg, Brest et Saint-Malo ; en 1860, la Savoie et le comtat Venaissin ; en 1864, Nancy. La réception des souverains étrangers étant pour Napoléon III le moyen de relancer sa politique extérieure, Paris devint un des grands centres de la fête européenne. Parmi les plus célèbres visiteurs, citons la reine Victoria et le prince Albert en 1855 puis, en mai 1857, le grand duc Constantin, en juin 1858 la reine de Hollande, le roi d'Espagne en 1860, suivi de peu par le roi d'Italie, l'empereur de Russie. Chacune de ces rencontres s'accompagnait de bals aux Tuileries, au ministère des Affaires étrangères, à l'Hôtel de Ville, à l'ambassade du pays concerné, sans compter les galas à l'Opéra les fêtes à Versailles, les grands dîners à Saint-Cloud...

L'institutionnalisation de cette vie de réceptions autour de la cour rejaillit en cascade sur toute la société. La vie mondaine fut d'abord entretenue par des personnalités aux fonctions politiques importantes ; c'étaient, entre autres, les Drouyn de Lhuys, puis les Waleski au ministère des Affaires étrangères, le duc de Morny au corps législatif, Achille Fould, ministre d'Etat, Nieuwerkerke à la surintendance des Beaux-Arts. L'Hôtel de ville de Paris ordonnait de son côté de merveilleuses soirées, comme en témoigne la ravissante aquarelle d'Eugène Lami.

Une grande partie de la société française recevait l'écho de ces festivités. Dès qu'elles en avaient les moyens, bien des familles avaient leurs bals. Comme le notait Taine, «le bal bourgeois préparé par un chef du bureau dont les revenus ne dépassaient pas quinze mille francs par an n'avait rien à voir avec le bal de celui qui dispose de cent mille livres de rente [...], pas plus qu'avec les bals publics au casino de la rue Cadet [...], au bal Mabille, au bal Perron, à la barrière du Trône, où se pressent pas loin de six cents personnes.»[1]

Paris s'amusait, et cela, quelles que fussent les opinions politiques des uns et des autres, c'était véritablement un «fait de société».

Que de noms à citer si l'on veut rappeler tous ceux qui ne cessèrent de donner des fêtes et des réceptions, des concerts et des bals, depuis la comtesse de Pourtalès, qui savait habilement réunir dans son salon des groupes d'opinions différentes, jusqu'à la princesse Mathilde, qui avait une prédilection pour les artistes et les savants, en passant par les Metternich à l'ambassade d'Autriche, les Kisselef à celle de Russie, sans oublier le comte de Flavigny, le comte de Bouillé, le duc de Maillé, les Mercy-Argenteau, les Montesquiou, les Rothschild, les La Rochefoucauld, les Talhouët, les Schickler...

C'est au théâtre, plutôt qu'à l'Opéra et aux Italiens, que le grand monde et le demi-monde se côtoyaient, comme le dit Imbert de Saint-Amand : «La société élégante de tous les partis se retrouve les lundis, mercredis, vendredis à l'Opéra, les mardis, jeudis et samedis au Théâtre-Italien, avant de se rendre au bal.»[2]

Les fortunes établies rapidement permettaient d'entretenir sur un grand pied actrices et lorettes. Nombre de demi-mondaines commencèrent leur carrière comme actrices et surent, au contact du grand monde, acquérir des manières qui pouvaient faire parfois oublier leur origine modeste. Il est bien difficile de citer toutes ces dames, favorites des princes d'alors ; rappelons toutefois Madeleine Brohan, Hortense Schneider, Berthe Legrand, Léontine Masson, Cora Pearl, Marguerite Bellenger...

Dans la vie officielle ou plus simplement mondaine, le bal était devenu le moyen d'expression favori de la France impériale : à l'occasion d'un contrat de mariage – bal dit de contrat –, de la présentation d'une jeune fille dans le monde, de l'ouverture de son salon, de sa clôture, de la réception de ses enfants revenant de province. Tout se terminait toujours par un bal.

Même un deuil, qui aurait dû pourtant en écarter la plupart, n'en dissuadait personne : si, pour une famille endeuillée, il était de bon ton de s'abstenir de donner des fêtes, il était cependant possible de se rendre à celles qu'organisaient des amis...

Or, ces bals, où il était d'usage d'arriver tard – on disait même le plus tard possible, pas avant onze heures –, pouvaient réunir en une seule soirée de cinquante à cinq cents personnes ; ils étaient interrompus par un souper, où les danseurs, assis, se restauraient, ou par un buffet et s'achevaient par un cotillon pour lequel, quand on le pouvait, on faisait appel à un maître de ballet.

On y dansait toujours le quadrille français qui, bien que considéré comme démodé, était l'héritier de la contredanse que l'on pratiquait en France depuis le Premier Empire. Les quadrilles avaient alors des figures imposées appelées la chaîne anglaise, l'été, la poule, la pastourelle, la finale... Mais on se contentait d'en esquisser les pas. Au début de leur règne, l'empereur et l'impératrice ouvraient la danse par un quadrille avec des personnes désignées d'avance, coutume qu'ils abandonnèrent un peu plus tard.

Parmi les autres danses pratiquées alors, la valse mit beaucoup de temps à s'imposer en raison de son caractère impudique – ses pas n'avaient alors aucun rapport avec ce que nous connaissons aujourd'hui. La polka, introduite à Paris en 1844, eut beaucoup de succès, tout comme la mazurka. En 1856, on inventa une nouvelle contredanse, composée de cinq figures : le quadrille des lanciers, qui remplaça le quadrille français.

Mais la danse n'était pas la seule activité des bals : les femmes d'un certain âge bavardaient, certaines jouaient au whist ou à l'écarté et, comme le conseillaient les manuels de savoir-vivre, des albums et des livres étaient prévus pour ceux qui pouvaient le désirer.

P. de Montait,
toilette de cour. *La Mode illustrée*, 1861, MMC.
Le couple est représenté sous les traits
du prince Albert et de la reine Victoria.

H. Baron,
*le Souper aux Tuileries
pendant l'Exposition universelle de 1867*,
musée national du Château, Compiègne.

G. Janet,
un salon de Paris. Toilettes de bal,
Modes nouvelles, 1866, MMC.

Villégiature
et vie mondaine

C'est sous la monarchie de Juillet que certains Parisiens fortunés prirent l'habitude, à l'arrivée de l'été, d'aller quelque temps au bord de la mer. La vogue des stations balnéaires allait s'épanouir pendant tout le Second Empire, bientôt concurrencée par celle des villes d'eau. Même sans en avoir besoin, il était d'usage d'aller aux eaux et d'y suivre une cure.

D'ailleurs, la construction des voies de chemin de fer, en mettant les côtes normandes à environ quatre heures de Paris, allait favoriser le développement de petites villes comme Dieppe, première station à la mode, bientôt rejointe par Trouville. Il fallut plusieurs années à la Bretagne pour connaître un développement comparable, bien que certains aristocrates y fussent propriétaires de châteaux. Par ailleurs, on sait combien Biarritz a bénéficié de la présence régulière de l'impératrice, qui séjournait, l'été, en compagnie de quelques intimes à la Villa Eugénie. Vichy, Plombières, Bagnères-de-Luchon, Aix-les-Bains furent les stations thermales les plus célèbres du Second Empire. Les stations étrangères recevaient elles aussi la visite de nos compatriotes, en particulier Ems, Baden-Baden, Wiesbaden.

Il est certain que ceux-là mêmes qui, à Paris, menaient grand train se retrouvaient dans ces villes de province : le monde élégant, la bonne compagnie, comme on disait alors, des faubourgs Saint-Germain et Saint-Honoré, les nouveaux riches des Champs-Elysées et de la Chaussée d'Antin. Si certains quittaient Paris dès le mois de mai, la plupart attendaient la fin juin pour se rendre dans une station balnéaire ou thermale avant de s'installer pour quelque temps dans leur château.

La vie y était calquée sur les mondanités parisiennes. Après les bains ou la cure, il fallait recevoir, aller au concert, au théâtre, au bal même. Toutes ces réceptions avaient lieu, sinon chez un particulier, du moins au casino. Aussi chacune des occupations de la journée nécessitait-elle un changement de toilette et certaines élégantes en avaient-elles facilement cinq par jour. Et comme il n'était pas recommandé de porter plusieurs fois la même tenue, on ne s'étonnera pas des véritables déménagements qu'entraînaient ces déplacements en province. Même si les manuels de savoir-vivre recommandaient une grande discrétion et prohibaient le port de bijoux en été, bien peu de femmes résistaient à leur désir d'élégance. C'est ainsi que fleurissaient les toilettes de bal des eaux. «Si on ajoute la fatigue inévitable de ces changements successifs de robe, de fichu, de bottines, les bals du casino, les excursions à cheval, en voiture ou à pied, on pourra facilement comprendre pourquoi les femmes reviennent souvent des eaux ou des bains de mer plus pâles, plus languissantes qu'elles ne l'étaient après l'hiver.»[3]

Héloïse Leloir, toilettes de bal, 1857, MMC.

Toilettes de bal, *la Mode illustrée*, 1861, MMC.
Des épis de blé naturels ornent la robe blanche.

Robes de bal et de théâtre, *les Modes parisiennes*, 1858, MMC.

Mode du soir et vie officielle

Le costume de cour

La restauration de la vie officielle eut des répercussions immédiates sur la mode vestimentaire, en raison de l'instauration du costume de cour et des activités de représentation à laquelle se soumit l'impératrice.

C'est le 9 décembre 1853 que parut, dans *le Moniteur*, la description du costume d'étiquette destiné aux dames de la cour à l'occasion des grandes réceptions aux Tuileries. Notons le nouvel état d'esprit des Français, qui se transforma totalement en très peu de temps : sous la Restauration déjà, l'habit de cour n'était guère populaire ; on le considérait, ainsi que le rapporte Kerkhoff, comme celui d'un parti. Sous Louis-Philippe, qui n'avait plus, au sens classique du terme, de cour mais vivait très simplement en famille, les bourgeois qui rendaient visite au roi se contentaient de revêtir l'habit noir ou le costume de garde national.[4] Il n'y avait pas alors de costume de cour pour les femmes, elles se mettaient en robe de bal.

Sous le Second Empire, l'humeur changea et la plupart des Français furent heureux de voir se développer la vie brillante que sanctionnait en quelque sorte l'instauration d'un habit de cour. Il fallait s'adapter à l'évolution du temps mais les nouvelles instructions ne furent obligatoires que pour les femmes qui ne trouvèrent là rien à redire. Bien au contraire, elles se précipitèrent pendant tout ce mois de décembre 1853 pour commander des robes et des manteaux de cour aux meilleures maisons, en particulier Palmyre, Popelin-Ducarre, maison reprise par madame veuve Perre-Collard et Gagelin.

D'ailleurs, conformément à la sensibilité du temps, les souverains avaient porté toute leur attention sur le costume féminin. Ne cherchant pas à innover, ils avaient repris les modèles employés par les cours européennes. Symbole du pouvoir, le manteau à traîne, caractéristique du costume de cour, se portait sur la robe, dont la forme était celle en usage en 1853 : décolletée, serrée à la taille, très ronde sur la crinoline, généralement ornée de volants et de petites manches. Cette traîne de même tissu que la robe, large de deux mètres et aux coins arrondis, dépassait le bas de la robe d'un mètre cinquante. Plissé à la taille, attaché au bas du corsage, le manteau à traîne n'enveloppait pas les hanches. Seules les princesses du sang, les femmes de sénateurs et de quelques dignitaires avaient le droit de l'attacher aux épaules. La confection de tels manteaux n'était pas chose nouvelle pour les couturiers parisiens, qui en réalisaient pour les cours européennes ; ainsi, quelques années plus tôt, la maison Gagelin-Ducarre en avait livré un à la cour d'Angleterre, comme elle le fera en 1862 pour la reine d'Espagne, et Worth avait d'ailleurs été primé pour une traîne présentée à l'exposition de 1851.

L'impératrice et la mode

Si le rôle exercé dans ce domaine par l'impératrice a été réel, il ne faudrait pourtant pas en exagérer l'influence. Elle a eu envers la mode la même attitude qu'envers les arts décoratifs : jamais la souveraine n'a créé le goût du temps, elle l'a simplement consacré.

Ainsi est-ce par l'intermédiaire de la princesse de Metternich qu'elle rencontra Worth, qui devint son couturier attitré pour ses robes du soir. Plus curieuse des choses de la mode peut-être aurait-elle été capable de le découvrir seule ? Son admiration et son attachement pour Marie-Antoinette n'ont pas suffi à en faire son héritière. Sans doute l'impératrice Eugénie a-t-elle été un des mannequins vedettes du Second Empire, mais il ne s'est agi pour elle que d'un rôle. Dans l'intimité, elle préférait la simplicité : « Je ne suis pas coquette, c'est pour moi un supplice de penser à ma toilette. »[5] En somme, elle adopta un comportement « moderne ». Ayant parfaitement compris l'influence que ses activités de représentation avait sur le monde politique et sur l'économie du pays, elle se plia, en souffrant, aux exigences de la vie mondaine et de l'étiquette que l'empereur et elle-même s'étaient imposées et s'exhiba dans ses fameuses robes « politiques ». La beauté de l'impératrice correspondait aux canons esthétiques du XIXe siècle. Grande, majestueuse, le visage régulier, elle apparaissait, au cours des cérémonies officielles, « parée de ses belles épaules », que les robes décolletées mettaient en valeur. Si elle n'incarnait pas, comme pouvaient le faire d'autres jeunes femmes, le « chic » parisien – mot introduit par Worth autour de 1860 et qui remplaça dès lors « fashionable » –, elle donnait cependant une excellente image de la couture parisienne et du luxe, que sa position imposait tout naturellement.

Les descriptions des costumes de l'impératrice par les mémorialistes, tout comme ses portraits par Winterhalter, constituent une excellente source de renseignements, d'autant plus intéressants que bien peu de ses vêtements ont survécu. Comme l'a expliqué sa lectrice, madame Bouvet-Carette, dans ses mémoires, l'impératrice avait l'habitude comme Marie-Antoinette ou Joséphine de réformer sa garde-robe deux fois par an. Les dames d'honneur revendaient immédiatement ses costumes avec grand profit, la plupart du temps à de riches Américaines.

C'est à mademoiselle Palmyre et à madame Vignon que fut confiée la réalisation du trousseau de la souveraine. Plus tard l'impératrice diversifia ses fournisseurs : Laferrière, mademoiselle Félicie confectionnèrent les vêtements de jour, et à partir de 1860 Worth, ceux du soir. S'il lui arrivait de porter deux fois de suite la même robe, elle en modifiait les accessoires, en particulier les ornements de la robe, les bijoux et la coiffure, comme le signale le Moniteur de la mode (n° 3, octobre 1853). En janvier 1870, lors de la première d'Augier, Lions et renards, la souveraine apparut dans les mêmes atours que pour Rêve d'amour : « robe bleu ciel qu'on dirait tissée de turquoises, voilée de dentelle blanche ». Avec, au cou, un velours noir étoilé de perles et de diamants alors qu'à l'Opéra-Comique elle portait une écharpe de satin. Il y avait là quelque démagogie à bien faire

remarquer ces petites économies...

En préférant des « robes de tulle ornées de garniture de fleurs, de grosses guirlandes rondes de fleurs pareilles dans ses cheveux », l'impératrice était semblable à toutes les dames de son temps. Pendant tout le Second Empire, les robes blanches n'ont pas cessé d'avoir du succès. Dès 1854, Winterhalter l'a représentée dans une robe de bal de soie blanche avec un châle lilas et un bouquet de camélias artificiels en bordure du corsage. En 1855, entourée de ses dames d'honneur, elle était vêtue d'une robe de bal en soie et tulle blancs, comme d'ailleurs deux de ses compagnes.

En janvier 1866, lors du deuxième bal des Tuileries, le Moniteur de la mode la décrit avec une robe de tulle blanc pointillé d'or, recouvert de feuillages aquatiques et d'herbes marines ; diadème, collier, pendants d'oreille, bracelet et ceinture, comme les nœuds d'épaule étaient en diamants et rehaussaient l'ensemble. En 1858, le jour de l'attentat d'Orsini, elle portait une robe blanche, qu'elle gardera tachée de sang pendant la représentation à l'Opéra.

A l'occasion du bal des Tuileries, en février 1861, l'impératrice était revêtue d'une robe blanche au jupon orné de roses ; un diamant formait le cœur de chaque fleur et s'entourait d'épis en or. En janvier 1863, le tulle blanc était recouvert de feuillage parsemé de gouttes de rosée, véritable pluie de diamants... En 1867, pour la venue du roi d'Espagne, la robe était lamée d'argent et le burnous blanc brodé d'or. Mais l'impératrice portait bien d'autres couleurs. Au bal offert par la ville de Brest, en 1858, on la vit en robe de tulle bleu pâle semé de légers fils d'argent. Au bal des Tuileries, organisé lors de la venue des souverains russes, elle avait une robe rayée, dont chaque rayure de nuance paille, grise, bleue était brodée de bouquets de fleurs pâles, un voile de gaze, jeté sur la soie, formant une seconde jupe. Lors du dernier bal des Tuileries en 1870, sa robe était rose, sans pouf, mais avec une large ceinture de moire rose nouée et avec un tablier de taffetas et de dentelle blanche. Pour l'histoire de la toilette féminine, les déplacements des souverains en province furent d'importance, car on y voyait les dernières nouveautés parisiennes, que l'on connaissait un peu par les descriptions de la presse et que les notabilités locales s'empressaient d'acheter à l'occasion de manifestations aussi prestigieuses. Souffrant depuis longtemps du peu d'intérêt que leur avaient porté pendant plus d'une génération les monarques précédents, les industries textiles locales trouvaient dans ces voyages le moyen de montrer leur savoir-faire. Aussi les villes de province donnèrent-elles à cette occasion des souvenirs à l'impératrice. En 1853, la ville de Lyon, que l'impératrice n'avait cependant pas encore visitée, lui avait offert une robe somptueuse. Le même modèle ne fut mis en vente que six mois plus tard par Gagelin à Paris, qui en acheta la licence pour la capitale.[6] En janvier 1854, la ville de Nancy offrit à l'impératrice une robe de mousseline entièrement brodée de guirlandes de violettes, d'hortensias, de pensées, au-dessus desquelles voltigeaient des abeilles – travail de quatre-vingts ouvrières pendant un an.

Robes de bal et de théâtre, *la Mode illustrée*, 1863, MMC.

Héloïse Leloir, quatre robes de bal, *la France élégante*, vers 1863, MMC.

Compte-Calix,
robes de bal, *les Modes parisiennes*, vers 1865, MMC.

Robes de jour et tenues de soirée : similitudes et différences

C'est dans la silhouette que les similitudes furent les plus importantes ; quant aux différences, on les rencontra surtout dans la robe à transformation et dans l'ornementation. Si le plus important dénominateur commun aux vêtements de jour et du soir fut la silhouette, on nota cependant quelques différences de détails. On peut diviser son évolution en trois grandes périodes : la première, jusqu'en 1860, se caractérisa par la rotondité de la jupe ; la deuxième, entre 1860 et 1867, par un nouveau type de crinoline plate devant et projetée en arrière ; la troisième, à partir de 1869, par l'adoption du pouf.

C'est à partir de 1845 qu'on porta une robe ronde, serrée à la taille, constituée en réalité d'une jupe et d'un corsage. Elle s'élargit progressivement : autour de 1853, elle avait environ trois mètres de tour ; en 1858, six mètres. La cage en acier, la crinoline inventée en 1856, faite de rubans métalliques, en maintenait le volume qui, sans elle, se serait effondré. La jupe froncée était généralement faite de volants étagés. En dépit de l'évolution de la silhouette, les volants eurent jusqu'à la fin du Second Empire un très grand succès au point de caractériser la robe du soir de cette période.

Les corsages étaient de deux types : le plus ancien et le plus répandu descendait en pointe devant et quelquefois derrière, formant busc et allégeant la silhouette ; l'autre était le corsage droit, qui se prolongeait alors de basques plus ou moins longues, et que l'on adopta peut-être plus pour les robes de ville que pour les robes du soir.

L'historicisme, le goût du passé, contribuèrent à brouiller l'évolution de la silhouette. L'attirance pour le XVIIIe siècle, en particulier pour les vêtements de l'époque Louis XV et Louis XVI, était très forte et faisait partie de cette espèce de fascination qu'eut tout le Second Empire pour les arts décoratifs du siècle précédent. Elle se manifesta d'abord par le retour à la robe ouverte devant, succédané de la robe à la française, entourée de grosses ruches et arrondie dans le goût des «anciennes marquises». Les bals costumés, réguliers et nombreux, en avaient d'ailleurs facilité l'introduction pour les robes du soir.

Vers 1861, la jupe s'aplatit devant et le volume fut reporté à l'arrière grâce à une crinoline projetée ; elle n'était plus froncée mais montée à plis ; pour rétablir l'harmonie de l'ensemble, elle s'allongea d'une traîne. La forme de la jupe évolua, de ronde elle devint ovale. La ligne générale, élégante, plus dynamique que la précédente convenait tout à fait aux robes du soir. La traîne était particulièrement longue pour les robes du soir, bien qu'elle gênât souvent les évolutions pendant les danses.

Mais, pas plus que les robes portées dix ans plus tôt, ces tenues de soirée n'étaient pratiques ; et à partir de 1866 on essaya les robes courtes le jour et le soir. C'est ainsi qu'en mai 1868, la comtesse de Pourtalès organisa un grand bal en robes courtes. Le devant de la jupe s'arrêtant à la cheville et l'arrière au bord du soulier. Mais cette fête ne permit pas l'instauration de cette mode.

Contribuant à ces changements, la ligne Princesse fit son apparition : le corsage était attaché directement à la jupe, sans ceinture. Un peu comme on avait des doubles jupes, on eut alors des tuniques qui descendaient d'un seul tenant de l'épaule jusqu'aux hanches et reprenaient la ligne Princesse. D'autres tuniques reçurent bientôt la dénomination de péplum en raison de l'influence néogrecque et furent très employées pour les toilettes du soir ; ces dernières étaient, à la différence des premières, coupées à la taille ; il s'agissait en 1866, si l'on en croit *le Moniteur de la mode*, d'une basque montée sur une ceinture ronde, plus courte devant que derrière, avec deux pans sur les côtés.

Longtemps on pensa que le corsage court et la robe près du corps ne pouvaient convenir aux robes du soir. Jusqu'en 1867, au bal, on lui préféra encore la demi-crinoline. Ce n'est qu'un an plus tard que la mode du soir s'aligna sur celle de jour, adoptant enfin la ligne Princesse.

Avec cette nouvelle ligne, plus douce et plus sobre, les ceintures parurent nécessaires. D'ailleurs, ajoutait *le Moniteur de la mode* en septembre 1866, «l'absence de crinoline réclame de l'embonpoint». Pour celles qui n'en avaient pas, on fit des corsets pour rembourrer les hanches... La crinoline finit par disparaître en 1869, mais on installa au cours d'une période intermédiaire un cercle métallique au bas de la jupe. Bien que la robe restât près du corps, on souligna la cambrure des reins par ce que *Modes parisiennes* appelait en mars 1868 la «croupière». Elle devint quelques mois plus tard le «pouf». Cette nouvelle silhouette s'imposa jusqu'en 1890 avec des vicissitudes diverses. Cette robe à longue queue renforçait le caractère solennel des tenues de soirée.

Le Second Empire se caractérisa par la rigidité du code social, qui tirait lui-même sa force de la vie de cour et donc de l'étiquette.[7] En dépit de grands changements économiques et sociaux qui se manifestèrent pendant toutes ces années, l'étiquette n'évolua pas, contribuant ainsi à la pérennité du système tout entier. A chaque circonstance correspondait une tenue qu'il n'était pas question de modifier. Deux anecdotes résument fort bien cette situation : à une réception donnée aux Tuileries, une dame d'un certain âge, qui avait osé porter une guimpe et non le décolleté de rigueur, fut reconduite à la porte ; à un autre bal, un mari tailla lui-même un décolleté à la robe de son épouse, qui n'avait pas été admise car son corsage avait été jugé trop montant.

Ce code se fondait sur trois critères : le type de soirée, l'âge de la femme, le lieu. C'est le croisement de toutes ces données qui déterminait le choix de la tenue.

Mis à part les réceptions à la cour pour lesquelles on connaît les obligations vestimentaires, les événements mondains se divisaient en trois grands groupes : l'Opéra et le grand bal ; le théâtre et la soirée ; les réceptions intimes. Quant à la femme, elle traversait trois âges – l'homme bien sûr n'en ayant qu'un seul –, la jeune fille, la femme et la femme âgée. La frontière entre les deux dernières catégories était assez floue mais, la quarantaine sonnée, la femme devait se reconnaître âgée. Il était recommandé aux jeunes filles de ne pas porter de grand décolleté. Le soir de leur mariage cependant, elles échangeaient le corsage fermé de leur robe pour un corsage plus échancré.

Le lieu est certainement le seul critère qui évolua un peu à la fin du Second Empire. L'Opéra était la plus prestigieuse salle de Paris. Aussi était-il indispensable de s'y rendre en grande tenue, c'est-à-dire en robe de bal. Cependant, vers 1869, on commença à introduire des différences en fonction de la place occupée à l'intérieur même du théâtre. Aux premières loges, il fallait être en robe complètement décolletée, mais aux troisièmes un demi-décolleté suffisait. Après 1880, on pouvait même avoir une robe montante. Pour les premières de la Comédie-Française, il fallait être en tenue de bal, mais pour les autres représentations une toilette dite «de théâtre» convenait. Par ailleurs, à partir de 1867 la mode des chapeaux de théâtre se répandit, alors qu'auparavant on allait tête nue.

C'est en dénudant plus ou moins son corps que la femme témoignait de l'importance de l'événement mondain auquel elle participait. La règle sociale voulait que plus la soirée était grandiose, plus le corps était découvert. Sous la Restauration, la femme prit l'habitude de cacher son corps le jour et de l'exhiber le soir, mais c'est avec le Second Empire que ce système atteignit son apogée. Sans doute comme au XVIIIe siècle continuait-on à cacher et à montrer les mêmes parties du corps : gorge, avant-bras, bras. Mais les conditions dans lesquelles la dialectique couvert/découvert s'opéra sous le Second Empire étaient si différentes qu'elles exprimaient un profond changement de sensibilité. Au

XVIIIe siècle, la gorge, moyen de séduction, s'offrait franchement et sans honte aucune, laissant voir les tétons.

Sous le Second Empire, le décolleté était aussi profond, mais exprimait avant tout une position sociale. Ainsi, pour le bal et l'Opéra, portait-on un décolleté maximum avec de petites manches, dont l'ampleur diminua d'ailleurs après 1860. Pour le concert, le théâtre et le grand dîner non suivi d'un bal, on avait un demi-décolleté peu profond ; il pouvait être rond, dégageant tout le haut du cou, ou au contraire en V, de plus en plus étroit entre les seins. Après 1860 apparurent quelques décolletés carrés appelés aussi «à la Raphaël», qui eurent beaucoup de succès après 1864 ; ils pouvaient heureusement se combiner avec la ligne Empire qui se développait alors pour les soirées. On vit aussi des décolletés en cœur. Pour les dîners intimes, il était d'usage de ne pas avoir de décolleté, les manches mi-longues étaient suffisantes.

La réponse à la rigidité de la vie sociale fut le développement de la robe à transformation.

Une même jupe pouvait avoir plusieurs corsages différents, utilisés dans des circonstances diverses : montant pour la ville ; demi-décolleté pour les petites soirées ; décolleté en pointe ou en carré et à manches demi-longues pour le théâtre ; totalement décolleté et ornementé pour les grands bals. Pour un dîner, on pouvait porter une robe décolletée mais avec un fichu, dit «Eugénie», formant plastron montant ou encore des guimpes. Une robe avait parfois deux ou trois corsages, mais quatre n'étaient pas exceptionnels. Le musée de la Mode et du Costume en conserve un grand nombre de ce type. Notons que si les corsages changeaient, les jupes, elles, n'avaient pas d'ornements supplémentaires, de sorte que les tissus utilisés le jour étaient identiques à ceux employés le soir.

La robe à transformation fut très répandue, mais on n'en trouve guère la publicité dans les magazines de luxe comme le Moniteur de la mode ; les riches élégantes avaient des robes différentes selon les soirées.

La robe de bal suscita un intérêt constant pendant tout le Second Empire, chaque femme rêvait de la revêtir le plus souvent possible. Plus qu'aucune autre, elle a exprimé l'idéal féminin de cette époque.

Ce qui ressort des tableaux de cette période et des robes que l'on mannequinne aujourd'hui avec beaucoup de difficulté, c'est qu'on aimait les femmes grasses et tout particulièrement leurs belles épaules : «La splendeur des épaules efface l'altération du visage»[8], écrivait Taine.

De 1845 à 1866, toute l'Europe glorifia les épaules arrondies et pleines et, le plus souvent, c'est en robe de bal que les femmes aimaient se faire représenter par les peintres célèbres. Winterhalter ou Ingres nous en ont laissé de nombreux témoignages. Comme a été exaltée cette fameuse et douce courbe de l'épaule chez des femmes qui n'avaient plus de clavicule ! Quant à la princesse de Metternich, on tentait de cacher sa minceur, jugée maigreur, sous un flot de tulle.

Or, la caractéristique de tous ces tableaux, mis à part ceux d'Ingres, est bien la disparition de tout érotisme. Le lien entre l'érotisme et la nudité se rompit progressivement. Ainsi la sensibilité était-elle totalement à l'opposé de celle du XVIIIe siècle comme l'illustre de façon exemplaire la peinture du Second Empire. La nudité ne «fonctionna» plus que comme un signe, un langage. Il y eut la nudité mythologique de la Vénus de Cabanel, la nudité sociale des portraits souvent académiques, tandis que les Demoiselles des bords de la Seine de Courbet faisaient scandale parce qu'elles étaient à demi dévêtues. Ainsi naquit une nouvelle approche de l'érotisme fondée sur la notion de déshabillé, qui s'épanouira quelques années plus tard. D'ailleurs les épaules découvertes ne le restaient pas entièrement : joyaux, bijoux venaient les recouvrir en partie et signifier clairement la place sociale de la dame qui les exhibait.

Robe de bal et mantelet de robe de mariée, 1850-1855, MMC, cat n° 1.

Robe de bal et châle en Chantilly, vers 1865, MMC. cat n° 4.

Robe de bal, vers 1865, MMC, cat n° 8.

Robe de bal avec son boléro, vers 1865, MMC. cat n° 7.

Robe à transformation,
corsage de théâtre, vers 1865, MMC, cat n° 6.

Ornementation des robes du soir

Tout en se diversifiant, l'ornementation des vêtements de jour mais plus encore de soirée n'a cessé de s'accroître pendant le Second Empire – le style tapissier, qui s'applique si justement aux débuts de la IIIe République, est né beaucoup plus tôt, vers 1864.

Dans les dix premières années du règne, au contraire, c'est la sobriété qui se manifesta dans les robes du soir, on y trouvait un goût simple et charmant dans la tradition du siècle précédent, qui étonne encore aujourd'hui : sur des tissus légers on se contentait d'un décor en relief, d'une dentelle ancienne. La robe rose à trois volants des années 1850-1855 présentée dans l'exposition en constitue un excellent exemple.

Mais, à partir de 1860, l'ornementation augmenta de façon considérable et très certainement sous l'influence de Worth. Malheureusement, la plupart de ces vêtements ont disparu. Parmi les caractéristiques de cette ornementation, citons en premier lieu l'accumulation de motifs semblables ou différents. Parmi les plus typiques réalisés en tissu, on retiendra le bouillonné. Ce procédé, qui consiste à donner du volume à une étoffe tout en formant des fronces très lâches, nécessite un tissu léger, souvent transparent. Le tulle, étoffe employée depuis longtemps mais que l'on savait alors produire mécaniquement et en grande quantité, répondait à ces exigences et fut utilisé de façon continue pendant le Second Empire et bien au-delà. Les bouillonnés pouvaient s'accompagner de capitonnage, procédé emprunté aux tapissiers dès 1853-1855. Fleurs, pierres semi-précieuses, corail et même diamants pouvaient en former le bouton. Ruchés, tuyautés, plissés, puis franges faits mécaniquement bordaient le bas des robes et des tuniques du soir, mais aussi des robes de ville. A partir de 1864, la passementerie s'ajouta à ces motifs.

Rubans et biais ont joué un double rôle en créant d'un côté un décor à caractère géométrique, de l'autre un contraste de couleurs très apprécié. Combien de robes blanches avaient ainsi un décor de ruban de couleur composant des motifs géométriques ! On trouvait par exemple des losanges, des trapèzes, des quilles ; mais aussi des successions de rubans horizontaux dessinant un tablier s'élargissant vers le bas. Autour de 1858, les rubans noirs furent très appréciés, d'autant plus qu'à partir de 1861, les deuils qu'éprouvait la cour allaient confirmer la mode du noir et du blanc. Tous ces rubans évoquaient, à leur manière, les tissus rayés très utilisés alors et pouvaient se transformer en nœuds ou en larges ceintures.

La nature avec ses fleurs, ses feuilles et quelquefois ses fruits a constitué, par sa richesse même, l'ornement principal de la robe du soir et surtout de la robe de bal, et fut d'autant plus importante qu'elle a toujours été associée à la coiffure. Seules les gravures peuvent nous restituer aujourd'hui l'impression que devaient produire ces ensembles. Car si des coiffures sont parfois conservées, les châtelaines, c'est-à-dire ces guirlandes de fleurs et de feuilles tombant généralement de la ceinture vers le bas de la robe, ont malheureusement disparu. Certaines de ces parures étaient réalisées en fleurs naturelles mais la plupart l'étaient en tissu monté sur laiton et sortaient des meilleures mains ; on les trouvait entre autres chez mesdames Laere, Perrot, Tilman... Beaucoup de ces guirlandes pourraient nous apparaître fort rustiques aujourd'hui, tant les fleurs des champs étaient nombreuses, comme le rappellent les magazines de mode. On relève les volubilis, les digitales, l'aubépine, les capucines, les primevères, les marguerites, les jacinthes, le chèvrefeuille, les belles-de-jour, les roses. La paille fut aussi largement utilisée : les brins en étaient brodés en bordure des robes et étaient souvent accompagnés de bouquets d'épis ornant, comme pouvaient le faire les bouquets de fleurs, le bas de la robe, l'échancrure du corsage et les épaules. Certaines avaient une connotation politique, comme les pensées et les violettes.

En novembre 1864, *le Moniteur de la mode* décrit une châtelaine faite de fleurs dont le nom n'est pas précisé et «recouvertes d'un duvet brillant et glacé et de brindilles d'herbes et de bruyères perlées de cristal». Worth lui-même, on le sait, utilisait les fleurs artificielles, comme pour cette fameuse robe portée par la princesse de Metternich lors d'un bal aux Tuileries en 1860, «en tulle blanc lamé d'argent, ce qui était tout nouveau, et garnie de pâquerettes à cœur rosé, placées dans des touffes d'herbes folles. Ces fleurs étaient voilées de tulle blanc... [J'avais] piqué des diamants partout»[9]. D'autres étaient plus éloignées de la représentation réaliste, comme cette guirlande de petites feuilles d'or couvrant à moitié une guirlande de feuilles de gaze. On en vint à fabriquer des tissus bizarres, comme cette étoffe portée en 1864 et appelée Junon, car elle était «recouverte de plumes de paon d'un effet merveilleux»[10], ce dont on peut douter aujourd'hui...

La dentelle, sous le Second Empire, a vu son statut bouleversé. Longtemps signe extérieur de richesse, les dentelles précieuses, anciennes, et faites à la main, qui passaient de mère en fille et faisaient partie des corbeilles de noces, étaient réservées aux toilettes du soir et de mariage.

L'introduction de la mécanisation dans la fabrication de la dentelle en modifia considérablement l'usage. Les points traditionnels les plus prisés étaient les points d'Alençon et d'Angleterre. La dentelle Chantilly, dont raffolait l'impératrice, connut un développement extraordinaire à cette époque. Par ailleurs, comme on ne devait pas couper les dentelles anciennes, on suivait les conseils prodigués par les magazines pour les adapter aux robes. Elles étaient disposées en berthe simple ou double le long de la bordure du décolleté, sur les manches et en volants sur les robes. On les portait aussi en barbes dans la chevelure.

La maison Lefebure fit beaucoup pour poursuivre la fabrication de la dentelle d'Alençon, qui se transporta à Bayeux. En 1851, Lefebure acquit le brevet qui lui permit la réalisation de fleurs artificielles en dentelle. Il fabriqua aussi une imitation du point de Venise, qu'on appela point Colbert. L'aboutissage, c'est-à-dire la réunion de bandes de dentelles par un point exécuté à l'aiguille, permit la confection de très grandes pièces qui pouvaient couvrir entièrement le buste ou la jupe. Mais la mécanisation détruisit l'usage traditionnel de la dentelle. Si au début du Second Empire des chroniqueurs de mode notaient qu'elle restait un luxe inabordable pour bien des femmes, bientôt la maison Jourdan fit de la dentelle de Cambrai, imitation excellente de la dentelle de Chantilly. C'est ainsi que la dentelle se répandit partout sur les robes : «Ce luxe si charmant devenant d'un usage de plus en plus général, on porta même à la ville des robes qui en sont presque entièrement recouvertes»[11], usage qui se poursuivit pendant les décennies suivantes.

1 Robe de bal

1850-1855

Taffetas barré rose et crème, gaufré de feuilles de rosier (?). Jupe froncée à trois volants dentelés, gaufrés. Corsage en pointe, à manches courtes constituées de deux volants, orné en triangle de quatre volants de Malines posés en échelle et séparés par un ruban de taffetas rose, et encadré d'un volant de Malines. Autour du décolleté ovale, volant de Malines posé en berthe ; bordure intérieure du décolleté : volant constitué d'une application de Bruxelles sur tulle. Cette robe est très proche de celle portée par la princesse d'Essling, grande maîtresse du Palais, peinte par Winterhalter en 1855 aux côtés de l'impératrice Eugénie (palais de Compiègne).
Don Koller. Inv. 81. 66. 1.

2 Robe de mariée

1858

Taffetas crème, gaufré de bouquets de roses et de feuilles. Ruban en pékin. Jupe froncée à trois volants (le dernier est moderne). Corsage du matin à manches demi-longues, ouvert en pointe, orné de deux nœuds et de six glands. Corsage de bal en pointe, décol-leté, à petites manches, orné de six nœuds posés en échelle et d'un double volant formant un triangle. Le soir, pour le bal, la mariée changeait son corsage pour un autre, décolleté. Cette tenue a été portée par la baronne F., née Mac Clelland, à l'occasion de son mariage à Paris en 1858.
Don Déguy Saaph. Inv. 16. 111.

3 Robe

vers 1860

Mousseline blanche. Robe à manches à deux bouillons et s'ouvrant en pagode. Sur la jupe, neuf volants découpés et brodés. Le haut de la robe est attaché à la jupe. Cette robe sans décolleté était sans doute portée par une jeune fille, la taille est d'ailleurs très fine. Elle constitue un bon exemple des robes à volants et en mousseline portée, entre autres, dans les stations balnéaires.
Don Dumas-Weiss. Inv. 80. 191. 2.

4 Emile Pingat
Robe de bal

après 1864

Faille de soie coquille d'œuf très clair. Garniture de franges, chenille noire et motifs appliqués de velours et dentelle noirs. Jupe à crinoline projetée. Corsage largement décolleté à toutes petites manches. Ceinture indépendante à longs pendants. Cette robe fut portée par Mrs. Edwards Pierrepont, née Margeretta Willoughby, épouse du juge Edwards Pierrepont, ambassadeur des Etats-Unis d'Amérique en Grande-Bretagne.
Méconnu encore aujourd'hui, Pingat (contemporain de Worth) travailla jusqu'en 1864 sous la griffe E. Pingat, Hudson et Cie. Il fut, après Worth, le meilleur couturier de sa génération (cf. A. E. Coleman, *The Opulent Era*, Brooklyn Museum, 1989-1990).
GRIFFE : Pingat, Paris.
Don Mary Pierrepont Beckwith. Inv. CI 69. 33. 12. a-c. New York, Costume Institute, Metropolitan Museum of Art.

5 Robe de bal

vers 1865

Pékin (faille/satin) rayé blanc et noir, moiré.Jupe à crinoline projetée, quatre pans arrondis tombant de la ceinture, ornée de Chantilly mécanique. Corsage court fermé par cinq boutons ; petites manches ballon bordées de tulle ; décolleté ovale orné à

l'intérieur de dentelle de Valenciennes et en berthe d'un volant de Chantilly mécanique. Un ruban de moire, orné de velours noir ; ruché au corsage et en bas de la jupe ; un ruban plissé de taffetas avec cinq galons en velours et un ruban de tulle plissé avec quatre galons en velours en bas de la jupe. Bien que les nuances claires fussent toujours préférées pour les bals, le noir fut considéré comme très distingué à partir de 1860. On le mariait aux vêtements blancs. Les ornements étaient en velours, taffetas, dentelle. On fit aussi des robes en mousseline à volants alternés noirs et blancs. Ce goût se renforça en 1861 en raison des deuils successifs survenus à la cour.
Don SHC. Inv. 79. 43. 3.

6 Robe à plusieurs corsages
vers 1865

Mousseline pékin en soie crème. Jupe à crinoline projetée, montée à plis, fond indépendant en mousseline brillante parme. Corsage de bal, fermé par cinq boutons, décolleté ovale bordé de blonde, orné d'une tresse en satin mauve et d'une frange de soie parme. Corsage du soir, demi-décolleté ovale, en mousseline brillante glacée, bordée de dentelle du Puy. Corsage de théâtre, décolleté en V, bordé de Valenciennes repliée à l'intérieur ; orné de deux nœuds et manches longues ornées de trois nœuds en taffetas parme. Corsage de jour, fermé par quatre boutons, manches longues ; bordé de Valenciennes au col et aux poignets.
Don Danis-Egger. Inv. E. 18. 463. D.

7 Robe à plusieurs corsages
vers 1865

Mousseline pékin en soie blanche rayée de bleu. Jupe à crinoline projetée, montée à plis. Corsage de bal, décolleté ovale, fermé par cinq boutons, à petites manches. Boléro,

bordé au col d'une dentelle du Puy, reposant sur du taffetas bleu, franges de perles transparentes. Corsage à manches longues, entièrement en dentelle du Puy, avec incrustations de mousseline de coton blanc et ruban en taffetas bleu.
On pouvait se rendre au concert ou au théâtre en ajoutant au corsage de bal le boléro ou le corsage de dentelle. On rapprochera cette tenue de celle proposée par *la Mode illustrée*, reproduite p. 28.
Cette robe a appartenu à la grand-mère de la donatrice, Marie de Romeuf, épouse de Désiré-Pierre Baudin, inspecteur général des Mines, et a été portée lors d'un bal aux Tuileries.
Don La Méhérie. Inv. 65. 91. 1.

8 Robe du soir
vers 1865

Mousseline pékin en soie blanche et rose. Jupe à crinoline projetée. Corsage à petites manches ballon, fermé par trois boutons, décolleté ovale bordé d'une blonde mécanique à trou-trou laissant passer la comète. Large ceinture à gros nœud en faille rose.
Don Labrouste. Inv. 77. 120. 3.

9 Robe de dîner
1869

Taffetas glacé, bleu chiné. Jupe à plis, formant queue, ornée en tablier de cinq volants de blonde en échelle et, dans le bas, de deux ruchés de tulle. Corsage à petite ouverture en V, descendant derrière en pouf, garni de tulle et de blonde mécanique. Nœud à deux pans arrondis.
Don Labrouste. Inv. 77. 120. 5.

10 Robe de bal
vers 1870

Jupe en damassé de soie crème, tablier en satin de soie tramé coton, plissé horizontalement, ornée au centre de cinq nœuds en échelle faits de ruban en satin et d'un volant ; application de Bruxelles sur tulle. Le tablier est bordé de franges en chenille et fines tresses plissées. Important pouf. Volant plissé en bas de la jupe. Corsage dans le même damassé, sans manches, en pointe devant ; lacé derrière et formant deux pointes bordées de même dentelle que la jupe. Décolleté ovale, bordé de satin Duchesse plissé et de dentelle, imitation mécanique du point de Lille. Bon exemple du style tapissier.
Don Cadore. Inv. 58. 73. 5.

11 Schultz et Béraud
Manteau de cour
1853 (?)

Velours gandin ciselé simple corps, soie et fils d'or. 3,60 mètres x 1,90 mètre. Mme Colombe Samoyault-Verlet proposait de voir dans ce manteau celui qu'avait offert la ville de Lyon à l'impératrice en 1853, et qu'avaient dessiné Georges Zipélius et Joseph Fuchs, artistes de Mulhouse. Il n'a jamais été livré à la souveraine et n'a pas été monté (cf. l'exposition «L'Art en France sous le Second Empire», Grand-Palais, mai-août 1979, n° 46).
Don des fabricants au musée historique des Tissus de Lyon. Inv. 23840. Lyon, musée historique des Tissus.

Lacourière,
deux robes de dîner, *la Mode illustrée*, vers 1863, MMC.
Le corsage de bal de la robe bleue est recouvert d'un boléro de
dentelle qui le ferme et allonge les manches.

Héloïse Leloir,
quatre robes de bal à caractère historicisant
vers 1867, MMC.

Les sorties de bal

Les robes du soir, dénudant les épaules et les bras, rendaient nécessaire le mantelet, pour se rendre au bal ou à l'Opéra, mais aussi au théâtre ou au concert : c'était la «sortie».

A la différence des robes, la plupart de ces sorties étaient des ouvrages de confection. Plusieurs maisons en fournissaient en grand nombre. La maison Gagelin s'en faisait une véritable spécialité et, à partir de 1850, *le Moniteur de la mode* en soutint abondamment la publicité, non seulement dans ses descriptions mais aussi dans ses planches en noir et blanc. D'autres maisons en proposaient, en particulier la maison tenue par Petit, *Au Bazar turc*, quai de Valmy, «brevetée» par la princesse Mathilde et fournisseur de son frère, le prince Napoléon. Petit faisait venir directement d'Alger et de Tunis des burnous qu'il revendait aux Parisiennes.

Ces sorties reçurent des dénominations différentes, dont les deux plus célèbres étaient alors le burnous et le talma ; mais on en trouvait de plus anciennes, comme pèlerine, camail, palatine. C'est surtout lorsqu'on pouvait faire quelque innovation dans la forme de cette cape qu'on la baptisait d'un nom nouveau : le talma était ainsi très ample dans le dos ; la vénitienne formait une écharpe devant ; le multiforme était un burnous à manches.

Ces rotondes avaient souvent un capuchon ; dès 1853, la maison Gagelin avait installé un laiton en bordure de la capuche pour la garder levée afin qu'elle n'écrasât pas la coiffure.

Ces sortes de capes n'avaient pas obligatoirement de manches, mais le plus souvent l'étoffe était rattachée sous le bras, ce qui permettait de conserver la chaleur. La complexité des ornements des robes du soir gênait le passage des manches.

On ne discerne pas réellement d'évolution dans ce type de vêtement tout au long du Second Empire. On s'attachait beaucoup aux tissus et aux ornements, qui étaient différents selon le genre de soirée. On utilisait la moire antique, le velours, le cachemire avec une préférence pour le blanc, la peluche, les taffetas, les châles en cachemire ; on recommandait de les ouatiner, de les doubler de laine et de soie. Beaucoup de sorties étaient surpiquées. On les enrichissait de galons d'or, de jais blanc, d'entre-deux de passementerie et on les bordait de cygne, de plumes d'autruche, de blonde ou de franges.

---

13 Mantelet de robe de mariée

1856

Taffetas blanc et soie. Etole dentelée, bordée d'un large volant plissé, dentelé. Succession de ruches découpées de galons, de franges et de chenilles blanches en soie. Nœud de taffetas découpé dans le dos.

Don Piot. Inv. 12. 260.

14 Sortie de bal

vers 1860-1865

Satin Duchesse bleu ciel avec applications de soutache et franges en soie crème. Doublure crème en pongé ouaté. Cette sortie est faite en trois morceaux formant un rectangle et fermée par deux longs pans.

Don Arennes de Saint-Didier. Inv. 62. 54. 3.

15 Voile de mariée

A la tête, bordure étroite en arcs serrés. Sur le tulle, fond de pois se transformant en fleurs quadrilobées. Sur la traîne, en demi-cercle, même bordure qu'à la tête. Dessous, large frise constituée de médaillons à bouquets reliés par une grecque au point de gaze (à l'aiguille). Large dessin fait de quadrillage de bouquets au naturel. Les feuilles et les fleurs ajourées sont en tulle à l'aiguille. L'influence du style Louis XVI se manifeste dans la grecque et les médaillons. Les voiles de mariée étaient ensuite utilisés en étole.

Don Delpierre. Inv. 81. 47. 1.

16 Châle Chantilly

Dessin constitué de grandes branches fleuries sur fond à pois ; la bordure est faite de médaillons avec frises de perles, grandes branches fleuries dans les intervalles. Motif en demi-cercle pour marquer les épaules. Dentelle de Chantilly de qualité moyenne.

Don Ballot-Baugillot. Inv. 69. 76. 1.

Héloïse Leloir,
quatre robes de bal, *la France élégante*, 1870, MMC.

Compte-Calix,
robe de bal et sortie de bal, *les Modes parisiennes*, vers 1860, MMC.

Lacourière,
robe de bal et sortie de bal, *les Modes parisiennes*, 1868, MMC.

Leroy,
robe de bal et sortie de bal, *la Mode illustrée*, vers 1865, MMC.

Les bals d'enfants

Si la plupart des bals organisés pour les enfants étaient costumés, certains, moins nombreux, ne l'étaient pas. Malheureusement, nous ne possédons que fort peu de renseignements sur les conditions pratiques de ces bals, auxquels assistaient des enfants âgés de quatre à quinze ou seize ans. Ils ressemblaient probablement à ce que nous connaissons aujourd'hui sous le nom de goûters d'enfants.

C'est surtout après 1860 que *le Moniteur de la mode* apporte des précisions sur les costumes portés par les petites filles. Elles étaient revêtues de tenues très proches de celles de leurs mères. Les magazines de mode ne s'intéressaient guère aux costumes destinés aux garçons, car cela était du ressort des tailleurs, qui avaient leurs propres journaux.

Plusieurs descriptions de ces vêtements sont intéressantes. En novembre 1861, il était conseillé, pour une fillette de sept à dix ans, de porter «une jupe de taffetas rose avec des rubans de velours en bas». On apercevait sous la jupe le pantalon. Le corsage, de forme suissesse en mousseline claire, était montant ; il était plissé en long avec des manches larges et serrées au poignet. Des nœuds de velours agrémentaient les épaules. Dessus, on trouvait un demi-corsage de velours noir fermant derrière avec une large ceinture aux longs bouts arrondis.

En décembre 1866, la jupe de dessous était en taffetas blanc, garnie d'une ruche à plis gaufrés et la jupe de dessus en mousseline coupée d'entre-deux en long, sur transparent rose, recouverte de guipure. La ceinture remontait jusqu'aux épaulettes, dont le retour se croisait devant la poitrine. La sortie de bal était en cachemire rose avec un capuchon, le tout bordé de cygne. D'ailleurs, dès 1864, ce type de paletot se faisait soit en peluche, soit en velours côtelé doublé de taffetas et déjà garni de cygne.

En janvier 1867, les petites filles âgées d'une dizaine d'années pouvaient porter une première jupe en taffetas rose, dont le bas était ornementé d'un semis de marguerites blanches. La seconde jupe, en tarlatane blanche, se relevait sur le côté avec une coquille de marguerites. Le corsage, uni et montant en tarlatane blanche et entièrement plissé, avait un corselet à la suissesse – comme un an plus tôt – en taffetas rose ou encore une robe à deux jupes en rayures composées par des rubans bleus et des bandes de mousseline brodées.

Si la silhouette et les tissus étaient semblables chez les enfants et leurs mères, les robes enfantines n'avaient pas de décolleté.

Les coiffures étaient adaptées à l'âge des petites filles. Certaines avaient des résilles de chenille, coiffure de jour de leurs mères ; d'autres, des cheveux relevés, frisés derrière, avec un nœud de velours noir ou cachepeigne. Elles pouvaient avoir un collier de corail ou un ruban de taffetas assorti au décor de la robe.

---

17 Paule

Costume de cérémonie du prince impérial

1866-1867

Constitué d'une veste, d'un gilet et d'une culotte en velours noir. Veste à col châle satin, trois boutons recouverts ; gilet à cinq boutons.

GRIFFE : Régiment des guides, Paule, tailleur de S. M. l'Empereur et de sa maison militaire.

Don du général Bizot au Musée national de Malmaison, dépôt de Malmaison à Compiègne en 1952. Inv. MMPO. 1010. Musée national du château de Compiègne.

18 Chemise

1866-1867

Linon blanc à petit col droit, et plastron plissé, ayant appartenu au prince impérial.

Collection Davige Pelletier, Paris, acquise par le Musée national du château de Compiègne en 1934. Inv. 34040. Musée national du château de Compiègne.

19 Robe de bal de petite fille

1855-1858

Taffetas glacé rose. Jupe ronde ornée de cinq volants découpés, attachée au corsage. Corsage ouvert en V, orné au milieu d'un nœud ; manches pagode. Petite basque entièrement bordée d'un volant découpé. Paire de manchettes, bordure de poignets en Valenciennes à mailles rondes, broderies entre-deux à la main.

Inv. 80. 112. 38.

Guimpe en linon ; petit col de mousseline, plume, brodé à la main.

Inv. 65. 49. 12.

Acquis en 1985. Inv. 85. 1. 398.

Lacourière,
trois robes de bal, *la Mode illustrée*, vers 1865.
Une mère avec ses deux filles.

Parures, joyaux et bijoux

Le bal était, avec l'Opéra, le seul moment où les femmes avaient le loisir d'exhiber leurs joyaux.[12] Tous les manuels de savoir-vivre le répètent, aucune élégante n'eut osé porter des diamants dans la journée, c'était totalement contraire aux règles du bon goût.

Au contraire du régime précédent où l'ostentation n'était guère de mise, les femmes du Second Empire se couvraient de joyaux extraordinaires. Les circonstances extérieures favorisèrent ce mouvement. C'est en 1856 qu'arrivèrent de Birmanie saphirs et rubis et en 1861 les pierres du Siam, élargissant ainsi le marché de la joaillerie.

Le soir, le joyau l'emportait généralement sur le bijou. Ainsi, à l'occasion d'un concert en mars 1859, la célèbre chanteuse de l'Opéra, Carlotta Grisi, portait-elle sur le haut du corsage de sa robe en mousseline un seul gros diamant, sur la poitrine une large broche, sur les cheveux un cercle, et un magnifique bracelet, le tout en diamants, ainsi qu'une aumônière ornée de peintures encadrées de diamants. Mais ce que l'on pouvait tolérer d'une artiste n'était pas conseillé à une femme du monde, qui, pour un simple concert, arborait des parures plus sobres. *Le Moniteur de la mode* signalait qu'à l'occasion d'une fête donnée dans les salons de la présidence du corps législatif, la comtesse de Morny avait un diadème de six cent mille francs dans les cheveux.

Les écrins les plus magnifiques étaient ceux de l'impératrice, de la princesse Mathilde et de la princesse de Metternich. La comtesse Waleska, la duchesse de Mouchy, la comtesse de Pourtalès, madame Edouard André avaient elles aussi de très beaux joyaux. L'impératrice avait à sa disposition deux écrins, d'un côté les bijoux de la couronne – qu'elle ne conservait pas chez elle et qu'elle avait fait en grande partie remonter dans le style Louis XVI par Froment-Meurice –, de l'autre les bijoux que lui avait offerts l'empereur. C'est en 1872, pendant son exil en Angleterre, qu'elle revendra une grande partie de ses bijoux personnels, tandis que les joyaux de la couronne seront dispersés pour des raisons strictement politiques en 1887. L'impératrice, qui avait des goûts tout à fait conformes à ceux d'une élégante de son temps, manifesta toujours sa prédilection pour les perles et les diamants. Les très nombreuses parures qu'elle porta le soir, au cours des réceptions, se composaient généralement de plusieurs pièces : un diadème ou un peigne, deux bracelets, une broche de corsage et des pendants d'oreille, dont l'usage se développa surtout après 1860 quand disparut la mode des bandeaux de cheveux sur les oreilles.

Les commandes de bijoux et de joyaux furent particulièrement nombreuses au début du règne ; ainsi Lemonnier, joaillier de la couronne, réalisa-t-il, à l'occasion du mariage de l'impératrice, la couronne de la souveraine, une broche en or, diamants et perles. Il exécuta en outre quatre parures : la première en perles et rubis ; la deuxième en perles noires ; la troisième en saphirs et diamants ; la quatrième en émeraudes et perles. En juillet 1855, Bapst conçut une plaque de corsage constituée de feuilles de groseillier avec ses grappes en brillants, pour mille huit cent cinquante francs.

En 1856, il livra une garniture de robe composée de trente-deux feuilles, dont le milieu formait broche, ornée de pendeloques, pour la somme de sept mille quatre cent quarante francs ; puis le 5 juillet de la même année, un diadème *grec* orné du Régent et un peigne, pour respectivement cinq mille cinq cents francs et deux mille quatre cents francs.

Le 16 juillet 1855, F. Kramer, joaillier-bijoutier de Sa Majesté, ancien gérant de la Maison Fossin, livra une broche de corsage avec de gros brillants jaunes et trois agrafes entourées de diamants, ainsi que deux broches de corsage et deux broches d'épaule en perles et brillants. En 1858, Fontenay composa un diadème à transformation qui permettait quatre combinaisons : perles, diamants, émeraudes, saphirs. Avec un tel ensemble, l'impératrice pouvait sans difficulté harmoniser ses bijoux à ses toilettes.

L'écrin de la princesse Mathilde fut tout aussi spectaculaire. Vendu en 1904, après sa mort, il renfermait l'ensemble de ses bijoux – trois cent seize numéros au catalogue –, qu'il est impossible de détailler ici. Rappelons tout de même les trois magnifiques colliers de perles, dont l'un avait appartenu à la reine de Westphalie et comptait sept rangs, soit quatre cent quatre-vingt-quatre perles, des broches de corsage en diamant, des bracelets, des broches zoomorphes en pierres précieuses, des médaillons en or, des colliers en grenat, onyx, corail...

Comme nous l'indiquait la princesse de Metternich dans ses *Souvenirs*, les femmes fortunées avaient l'habitude de faire remonter leurs pierres tous les ans. Si nous ne connaissons rien du détail des joyaux possédés par la princesse, en revanche quelques notes conservées aux Archives nationales nous renseignent sur les transformations de certains bijoux appartenant à l'impératrice. Ainsi le peigne livré par Viette le 12 juillet 1855 pour deux cent trente-deux francs et composé de dix-huit roses et de deux brillants fut-il démonté en 1856. Le diadème grec qu'avait réalisé Bapst en 1863 fut rapidement démonté ; les brillants furent réemployés en 1864 dans la confection d'une résille et d'une ceinture, ornées en outre de pierres de couleur ; en 1867, le reste des pierres fut utilisé pour un couvre-boucle en brillants, trois fleurs, vingt ferrets, une bandelette pour le front, une autre pour la tête, une chaîne de trente-deux maillons en brillants, et un ferret s'adaptant au couvre-boucle.

En 1855, Meller réalisa la monture d'un éventail en brillants orné par ailleurs d'un dentelle d'Alençon et d'une peinture, pour neuf mille trois cent quatre-vingts francs ; elle fut démontée en 1856. Quant à la ceinture en brillants avec glands, livrée par Kramer en 1855, elle connaîtra le même sort en 1864.

Du point de vue stylistique, le Second Empire poursuivit la tradition des décennies antérieures. Il n'y eut pas, au début du règne tout au moins, de modification dans la manière de monter les pierres. Les joailliers réalisèrent rivières, diadèmes, branches fleuries comme l'avaient déjà fait Fossier et Petiteau. Les joyaux étaient moins sensibles aux courants de la mode, même si, par exemple, la belle broche de Froment-Meurice offerte par la ville de Paris à l'impératrice à l'occasion du baptême du prince impérial était de style Renaissance (musée Carnavalet).

Les gros bracelets, articulés, émaillés, puis plus tard les longs pendants d'oreille – ils atteignaient quelquefois quinze centimètres – caractérisèrent cette période. Le goût pour les bracelets était si vif que les dames n'hésitaient pas à les superposer sur chaque bras, dans un étalage un peu ostentatoire. La mode néogrecque qui se répandit partout influença les joailliers : ainsi l'impératrice porta-t-elle en 1864, au moment de l'attentat d'Orsini, un diadème fait d'un large bandeau, orné en son centre d'une grosse émeraude qui rappelait par sa sobriété les civilisations anciennes.

Les tableaux représentent les femmes célèbres telles que les a peintes Winterhalter constituent un excellent résumé du goût de cette période : profusion de perles pour la princesse de Metternich en 1860 et la duchesse de Morny en 1863 ; mais aussi passion pour le corail : collier à gros grains, plaque de corsage, pendants d'oreille de la princesse Murat en 1854, bracelet à trois rangs de la baronne de Bourgoing, larges et nombreux bracelets des dames du palais autour de l'impératrice en 1855. L'ensemble des élégantes en France ne pouvait s'offrir de tels joyaux, aussi les parures en turquoise, en corail, qui n'étaient pas dédaignées par les plus riches, rencontrèrent-elles un grand succès. Pendant tout l'Empire, le corail, rose et rouge, a été particulièrement prisé. On l'employait aussi dans les coiffures et en broderie sur les robes de taffetas et de soie.

On continua à porter des bijoux en cheveux. *La Mode illustrée* signala qu'à l'occasion du bal des Tuileries organisé en janvier 1859 une élégante, en deuil, «avait une parure en nattes et fleurs de cheveux à monture d'émail noir et blanc d'une grande beauté. Elle avait été faite par Lemonnier, fournisseur de l'impératrice et de la reine d'Espagne.»

Les jeunes filles ne devaient pas se couvrir de bijoux, une chaîne, une croix, un petit collier de perles étaient généralement suffisants. Vers 1860, on portait beaucoup, le soir, des bijoux et des ornements entièrement en or, de grosses boules avec des chaînettes et des pendeloques. L'art du camée connut par ailleurs un franc succès ; dès 1855, on réalisa soit des broches représentant des bustes encadrés de diamants, soit des parures entières, diadème et bracelets. La création de bijoux à partir de pierres de synthèse correspondait à l'esprit du temps qui voyait là une sorte de progrès. Les bijoutiers n'hésitaient d'ailleurs pas à mêler vraies et fausses pierres.

20 Bijoux

a) Camée : femme en buste de profil à droite, d'inspiration antique, dans un encadrement de perles fines et d'or.
Collection Moreau. Musée Carnavalet, Paris.

b) Collier normand : quatorze plaques ornées de cailloux du Rhin ou d'Alençon, croix dite d'Yvetot et son coulant. Or et argent.
Collection Moreau. Musée Carnavalet, Paris.

c) Collier : vingt-sept améthystes montées à griffes en or, de tailles diverses, dont cinq en forme de poire.
Collection Moreau. Musée Carnavalet, Paris.

d) Paire de pendants d'oreille : médaillon ovale représentant un Amour dans un encadrement en vermeil ; fond guilloché. On notera l'inspiration de l'époque de Louis XVI.
Collection Moreau. Musée Carnavalet, Paris.

e) Parure : une broche, deux pendants d'oreille, un collier et des bracelets corail et or.
Inv. 49704. Musée des Arts décoratifs, Paris.

f) Broche de corsage : bouquet de fleurs stylisé argent, brillants, or, perles.
Collection particulière, Paris.

Les coiffures de soirée

Elément essentiel de la beauté féminine, la coiffure recevait des agréments différents selon la nature de la soirée. Pour les grands dîners, le bal ou l'Opéra, les femmes étaient impérativement en cheveux, qu'elles ornaient généralement soit de fleurs et de dentelles, soit de joyaux. Dans les journaux de mode, les fleurs étaient systématiquement préférées aux bijoux, très probablement en raison de leur prix modéré.

L'évolution de la coiffure suivit les grandes étapes de celle de la silhouette mais après 1860 se diversifia un peu plus. En 1852-1853, on aimait porter la raie au milieu avec des bandeaux plats cachant le lobe de l'oreille ; les cheveux étaient attachés au-dessus de la nuque et retombaient en boucles lâches rappelant les anglaises ou étaient remontés en un chignon bas. On inventa alors le peigne marquise à contre-galerie, dont la galerie était reculée, au niveau des dents, de quelques centimètres pour y installer un flot de rubans, de barbes, une couronne de fleurs, etc. On aimait aussi les cheveux nattés à la Cérès. Le soir se répandit la mode de la poudre, un léger «œil de poudre». Les premières années du règne de l'impératrice furent marquées par quelques coiffeurs : Félix, coiffeur de la souveraine ; Croizat, celui des femmes du monde ; Lallemand, celui des femmes qui voulaient des coiffures de caractère. Croizat fonda en outre sa célébrité sur l'invention du séparateur de cheveux, pour faire sa raie toute seule, et des montures destinées à donner aux bandeaux une certaine ampleur.

La disposition des ornements sur la chevelure évolua. Jusqu'en 1857 environ, les fleurs naturelles ou artificielles attachées à un laiton et en harmonie avec celles qui ornaient la robe étaient disposées de chaque côté et retombaient sur les oreilles. Un bouquet de fleurs pouvait être agrafé dans le chignon ou au-dessus des boucles. Dès 1853, on utilisa aussi les plumes et, alors qu'on ne le permettait jusque-là qu'aux femmes mariées, elles furent admises pour les jeunes filles dès l'âge de dix-huit ans. Quant aux diadèmes, ils tombaient assez bas sur le front afin de respecter le volume des bandeaux.

En 1857, on revint aux cheveux frisés mais en les combinant aux bandeaux. *Le Magasin des demoiselles* signale qu'en 1857 on pouvait trouver lors des bals «des coiffures rondes avec de grosses ou de minces grappes de fleurs, des nœuds en velours ainsi qu'un voile de dentelles descendant jusqu'à la taille, mais aussi des guirlandes, des couronnes, des cache-peigne, des perles.» Avec le temps, les coiffures se compliquèrent. Elles étaient «très basses et très tombantes», nous explique *le Magasin des demoiselles*, «par derrière ce sont des huit aux larges coques crêpées, ou des coques disposées de toutes manières ; par devant, de doubles ou triples bandeaux, quelquefois mélangés de nattes, de petites papillotes ou de longs repentirs – appelés aussi tire-bouchons – tombent sur le cou.»

Ainsi une certaine liberté était-elle laissée aux femmes, qui pouvaient là faire preuve d'originalité. Ces «créatrices» de mode laissèrent d'ailleurs leur nom à leurs compositions, qui n'étaient sans doute que celles de leurs coiffeurs.

Comme dans le vêtement, la vague historicisante laissa son empreinte comme en témoignent certains noms de coiffure : Marie Stuart, Hortense…

Progressivement, la forme des coiffures évolua. Les chignons se relevèrent, dégageant la nuque et retombant en cascades de boucles. Puis, autour de 1865, les bandeaux ou plus souvent les coques à la hauteur des tempes étaient assez gros pour s'équilibrer avec le volume formé par les ornements floraux ou le diadème posé au-dessus de la tête. Le chignon lâche était rattaché au-dessus de la nuque. La complexité croissante de ces coiffures rappelait celle des vêtements et exigeait une abondante chevelure ou, à défaut, des postiches – dont le commerce atteignit alors son apogée. En 1870, après la vogue des cheveux roux lancée par Cora Pearl, les cheveux blonds furent très appréciés et les coiffures très hautes étaient terminées par un gros chignon au sommet du crâne.

1 Taine, *Notes sur Paris*, p. 43.

2 Imbert de Saint-Amand, *Napoléon III et sa cour*, p. 70.

3 Marie de Saverny, *la Femme chez elle et dans son monde*, p. 168.

4 Voir Kerkhoff, *le Costume à la cour et à la ville*.

5 Cité par Harold Kutz, *l'Impératrice Eugénie*.

6 Voir *le Moniteur de la mode*, novembre 1853.

7 Voir Philippe Perrot, *les Dessus et dessous de la bourgeoisie* et les manuels de savoir-vivre. Ces ouvrages se multiplièrent après 1860 afin de répondre aux besoins et à l'inquiétude de la moyenne bourgeoisie, qui voyait son statut s'améliorer. On assista à une féminisation des auteurs de ces manuels. En conséquence, ces dames en firent d'abord des livres de morale, n'accordant qu'une place secondaire à la mode et se contentant de généralités. Ces livres ne nous apprennent pas grand-chose sur les conditions dans lesquelles on portait les robes du soir mais, curieusement, ils sont plus prolixes sur les accessoires. Ce qui contribue à diminuer l'intérêt que l'on pourrait trouver à l'étude de ces livres est la copie, dans beaucoup de cas, de textes entiers d'un ouvrage à l'autre. Cela ne diminua pas pour autant le succès de ces manuels, qui furent réédités très souvent jusqu'en 1914. Par ailleurs, après 1870, ils ont maintenu de façon rigide et artificielle l'étiquette des années antérieures ; or la lecture des magazines de mode témoigne au contraire de l'évolution des mœurs.

8 Taine, opus cité, p. 29.

9 Princesse de Metternich, *Mes souvenirs*, p. 137.

10 *Le Moniteur de la mode*, avril 1862.

11 *Le Moniteur de la mode*, mars 1868.

12 Je remercie tout particulièrement Mme Françoise Vittu d'avoir effectué aux Archives nationales les recherches qui ont permis la réalisation de ce texte. Cf. Maison de l'empereur, mémoires et comptes de fournisseurs 1853-1870, 05. 23. 19.

21 Coiffures
1860-1865

a) Couronne de volubilis, blanc, vert, marron, en tissu, avec des graines dorées.
Don Cadore. Inv. 59. 33. 13.

b) Fleurs en grappes de couleur corail, large ruban de taffetas de même couleur.
Don Cadore. Inv. 58. 73. 3.

c) Coiffure de chèvrefeuille et petit bouquet.
Inv. 16117.

d) Coiffure de tête, et deux bouquets constitués de divers feuillages de teintes vertes, de nuances diverses, couverts de duvet et de fruits simulés par des perles. Laiton à demi dissimulé par un ruban vert.

Le Moniteur de la mode signalait en janvier 1862 que les coiffures toutes vertes étaient très à la mode pour les soirées et les bals, en particulier chez Mme Tilman et que l'on faisait des châtelaines assorties. Le 1er octobre 1864, il indiquait «une parure constituée de fleurs recouvertes d'un duvet brillant glacé, de brindilles, d'herbes et de bruyères perlées de cristal».

22 Mouchoir
Mouchoir bordé de dentelle au point de gaze. Angle : croissants et volutes en acanthes, fleurettes et feuilles en ligne. Bandeau : nœud avec branches, feuilles de vigne, grappes de fleurs, liserons, en tiges feuillues et fleuries. Bordure : grecque sur pointes, puis alignement de feuilles de vigne avec grappillons. Le travail est très soigné : les points sont serrés dans les pleins ; les festons sur les cordonnets, plus rapprochés ; le réseau de fond, plus dense et plus régulier que sur les pièces courantes en point de gaze ; les petits œillets en semis sur le fond sont brodés en feston serré. Il est manifeste que cette pièce a été exécutée en vue de l'exposition de 1867 par la meilleure ouvrière de l'entreprise (ou les meilleures ouvrières, chacune ayant sa spécialité). La couronne comtale (exécutée sur commande après l'achat ?) n'est pas brodée, mais faite au point de gaze.
Acheté à l'exposition de 1867.
Don comtesse de Rolland. Inv. 73. 38. 1.

23 Eventail
1858

Feuille face : peau peinte à la gouache, bordure papier doré.
Feuille dos : peau peinte à la gouache.
Monture : nacre repercée, sculptée, incisée et dorée, fond en burgaud.
Rivure : rivet en métal doré, œil en pierre rouge ; 20 brins.
Ht 29,5 ; hf 14,5 ; 10 pouces 3/4.
Eventail peint par la maréchale de Mac-Mahon. Celle-ci l'offrit à Mlle Paula Valera de La Paniega, à l'occasion de son mariage avec le maréchal Pélissier (1794-1864), duc de Malakoff, en 1858. Les trois cartouches évoquent les étapes les plus glorieuses de la carrière du maréchal Pélissier : au centre la prise de Sébastopol en 1855 ; à gauche la bataille de Laghauat en 1852 ; à droite la campagne d'Oranie menée en 1848 et 1849. Le décor de la partie gauche est constitué de toutes les allégories maritales du maréchal et sa devise, *Virtitus Fortuna Comes*, couronnées d'une branche de laurier ; son mariage est évoqué par un bouquet de pensées tricolores sur lequel est posé un oiseau. La partie droite évoque la fiancée, les grenades rappellent ainsi ses origines espagnoles tandis que deux colombes sont perchées sur la trompette, un oiseau est sur une branche dans un nid où reposent deux œufs. Les flèches de l'Amour et deux bâtons de maréchal, liés par des rubans figurent des deux côtés. Au dos, les armes du duc de Malakoff sont accolées à celles de sa femme, réunis sur le même écu. La monture est un très beau pastiche d'éventail Louis XV ; le cartouche central reprend les symboles du mariage : scène de cueillette, couple d'amoureux, Amour sculpté sur le contre-panache et Mars sur le panache. Le thème de la monture est donc bien assorti à la peinture fêtant le mariage de la maréchale Pélissier.
Acquis en 1989.

24 Roses et lilas
Eventail plié
vers 1860

Feuille face : faille crème peinte à la gouache ;
sbg Reignier ; bordure, peinture or mat.
Feuille dos : taffetas crème peint à la gouache signé sur le panache Alexandre.
Monture : ivoire très finement sculpté et repercé.
Rivure : rivet métal argenté polylobé, œil pierre turquoise.
Ht 29,2 ; hf 13,7 ; 10 pouces 3/4.
Feuille ornée de deux jetés de roses, lilas et jasmin s'inscrivant symétriquement à partir du centre. Au dos, bordure de volubilis roses tout le long de la feuille ; au centre, l'initiale E, constituée d'une guirlande de fleurs surmontée d'une couronne impériale. La peinture de Reignier (1815-1886), peintre de fleurs de renom, est cité par Blondel dans son livre *Histoire de l'éventail* (p. 192) : «M. Reignier, professeur à l'école des beaux-arts de Lyon, est le premier qui, à l'Exposition universelle de 1855 et au Salon suivant, ait exposé des éventails ornés de fleurs, lesquels sont des merveilles de fraîcheur printannière et d'exquise poésie. Dès lors ce genre d'éventail fut exploité et mis en faveur.»
La très belle monture en ivoire, à la gorge sculptée de branches de roses, assortie à la peinture de la feuille et le panache très finement sculpté est décoré d'un panier et d'une corbeille de roses. Un cartouche dans lequel s'inscrit la lettre E surmontée de la couronne impériale rappelle la peinture du dos de l'éventail. Cet éventail aurait appartenu à l'Impératrice Eugénie et provient de chez Alexandre qui l'a signé au dos. Alexandre, éventailliste au 6, boulevard Montmartre, avait obtenu sur ses publicités l'appellation «éventailliste de Leurs Majestés l'impératrice des Français, la reine d'Angleterre, l'impératrice de Russie». La qualité exceptionnelle de cet objet, son chiffre amorié permettent de supposer que sa propriétaire était bien l'Impératrice.
Acquisition Ville de Paris, 1990.

1 9 0 0

Les derniers feux
de la vie de salon

1 8 7 0

«A la promiscuité des réunions publiques, on répond par l'exclusivisme des coteries. C'est la lutte pour la haute vie.»

Gaston Jollivet,
préface à l'*Art de vivre*.

Les débuts de la IIIe République furent marqués par une certaine morosité, on était loin de l'euphorie du Second Empire. Si les artistes l'exprimèrent dans le mouvement symboliste, ceux qui n'avaient pas cette possibilité se replièrent sur eux-mêmes ; c'est ainsi que s'épanouit la vie de salon.

Avec la disparition de l'Empire, la vie officielle subsista mais perdit tout éclat, car il n'y avait plus cette volonté qu'avait affichée l'empereur d'utiliser la vie sociale comme moyen politique. L'Elysée n'était plus un centre mondain. Cette incapacité à entraîner la vie sociale ne venait pas tant du régime lui-même que du contexte politique. Tant que le monde et la politique avaient été liés, la vie mondaine s'était organisée autour du pouvoir politique. Mais, après 1870, c'en fut fini. Non seulement les nouvelles élites politiques n'étaient pas «à la mode» mais elles furent souvent honnies par le «monde»...
Seules l'armée et la diplomatie faisaient exception. Ainsi la vie officielle sous la IIIe République rappela-t-elle celle de la monarchie de Juillet. Bals et réceptions officielles furent vécus comme d'assez désagréables obligations. Seuls deux chefs d'Etat échappèrent à cette grisaille : Mac Mahon et Carnot. De 1873 à 1879, Mac Mahon, duc de Magenta, organisa quelques belles réceptions, ce qui n'empêcha pas la presse de se plaindre de cette atonie, puis de se mettre à défendre le luxe, nécessaire au commerce parisien.
Quel que fût le président de la République, il y avait deux bals annuels à l'Elysée ; les ministres avaient leurs propres réceptions, les unes ouvertes, les autres fermées. Toute personne investie d'une fonction officielle pouvait se rendre aux réceptions ouvertes. Quant aux autres, elles n'étaient fréquentées que par les personnes qui avaient reçu une invitation personnelle. Dans tous les cas, les femmes devaient être en grande tenue de bal, c'est-à-dire en robe décolletée. Après son élection en décembre 1887, le président Carnot et son épouse donnèrent un nouveau lustre à la vie officielle. «La République manque de femmes», avait un jour déclaré Gambetta ; or l'habileté de madame Carnot fut de reprendre à son compte les habitudes sociales de son temps. Ainsi eut-elle son jour puis fit-elle savoir qu'elle organisait des bals, des dîners, des réceptions de jour. Elégantes, ses robes furent dès lors décrites dans *la Revue de la mode*. Ainsi, dès le mois de janvier 1888, pour la première soirée officielle donnée au palais de l'Elysée – dîner de quatre-vingt-dix couverts pour le corps diplomatique, suivi d'une réception ouverte –, madame Carnot était en velours rouge rehaussé de dentelles blanches à corsage décolleté, coiffée en bandeaux plats avec une touffe de fleurs attachée par un croissant de diamants, et un éventail de soie rouge à branches d'or. On fut reconnaissant à l'Elysée d'être «attentif aux intérêts du commerce parisien».
Mais toutes ces manifestations ne rencontrèrent pas le même succès, comme en témoigne le grand bal de l'Hôtel de Ville, offert à l'occasion de sa réouverture en 1888. On se moqua très méchamment «de la cohue, du sans-gêne le plus inouï, des toilettes montantes [sans décolleté] ou prétentieuses, couleur beurre d'oie ou saumon malade. Quelques groupes de gens du monde [...] se dédommageaient de s'être ainsi fourvoyés en riant des figures étonnantes».[1]
L'assassinat de Carnot, en juin 1894, fit à nouveau retomber la vie officielle.

Les salons

De la chute de l'Empire à la Belle Epoque, la vie mondaine se développa autour des salons. C'est aux femmes qu'il revint de les constituer ; elles excellaient à réunir des personnalités parfois très différentes, appelées à se côtoyer sans se porter ombrage. Certaines, comme madame Straus, Laure Heyman, vécurent des moments difficiles au moment de l'affaire Dreyfus. Quelques-unes de ces dames, véritables chefs d'orchestre, organisaient les salons de manière presque dictatoriale. Certaines égéries interdisaient la fréquentation d'autres salons à leurs invités de prédilection. Les salons coexistaient sans se mélanger. Les règles sociales étaient telles que les échanges étaient, la plupart du temps, indirects. Madeleine Lemaire pouvait inviter le prince de Polignac, qui ne l'aurait jamais reçue en échange.

Le phénomène social des salons n'était pas une nouveauté. Sans remonter au XVIIIe siècle, quelques-uns avaient déjà conquis la célébrité sous le Second Empire. Le plus fameux était alors celui de la princesse Mathilde, qui accueillait rue de Courcelles des écrivains, des artistes et des personnes aux idées libérales. Pourtant, sous le Second Empire, cette vie de salon était éclipsée par la vie officielle, alors qu'à la génération suivante on assista au phénomène exactement inverse.

La plupart des aristocrates du faubourg Saint-Germain et du quartier Saint-Honoré vivaient renfermés sur eux-mêmes tout comme ceux installés à la Chaussée d'Antin ou dans le nouveau quartier des Champs-Elysées. Personne mieux que Proust n'a décrit ce monde immobile où comptaient avant tout les quartiers de noblesse. Il est impossible de citer le nom de toutes ces familles nobles, dont *la Revue de la mode* ou *l'Art de la mode* détaillaient les fêtes et les costumes, citons-en seulement trois, les La Rochefoucauld, les Galliera, installés à l'hôtel Matignon, et la princesse de Sagan. Dans ces cercles très fermés, les femmes ouvraient de temps à autre leur porte à un nouveau venu qui n'avait pas de blason ; c'était souvent un savant ou un artiste comme Elstir que le groupe pouvait assimiler.

A l'opposé de cette société aristocratique, les demi-mondaines continuèrent d'exercer une influence certaine sur la vie parisienne. Cependant, leurs salons évoluèrent dans un sens plus intellectuel ou plus artistique. Parmi les plus célèbres, rappelons ceux de madame de Loynes, de Nina de Villard et de Laure Heyman.

Mais c'est au début de la IIIe République que se développèrent les nouveaux salons littéraires, artistiques et politiques.

Mesdames Alphonse Daudet, Aubernon et de Caillavet eurent chacune un salon littéraire très prisé. Installés jusqu'en 1885 rue de l'Observatoire, dans un petit appartement, les Daudet recevaient le dimanche matin et le jeudi soir. S'y retrouvaient les Goncourt, Zola, Gambetta, les Coquelin. De 1885 à 1897, à la mort de Daudet, ils étaient rue Bellechasse, où la qualité de leur accueil attirait bon nombre d'aristocrates et de femmes du monde. Tout le monde, dit-on, défila chez eux.

Le salon de madame Aubernon était en quelque sorte spécialisé dans le théâtre ; la disposition de son hôtel ne pouvait d'ailleurs que l'inciter à organiser des représentations, où on retrouvait les interprètes les plus célèbres des scènes parisiennes.

De son côté, madame de Caillavet, égérie d'Anatole France, regroupait pour ses dîners du mercredi quelques aristocrates, des écrivains et des artistes.

Comme les hommes de lettres, les artistes surent réunir des cénacles très prisés, les deux plus célèbres des années 1880-1900 étant ceux de Munckacsy et de Madeleine Lemaire. Installé avenue de Villiers, Munckacsy recevait dans son atelier, en compagnie de son élégante épouse, beaucoup d'artistes et d'aristocrates. Leurs fêtes étaient célèbres. Le salon de Madeleine Lemaire n'avait rien à lui envier. Ses activités de peintre et de professeur ne l'empêchaient pas de recevoir très souvent le Tout-Paris ainsi que des peintres et des musiciens. Toujours décolletée en dépit de son âge – elle avait cinquante-cinq ans en 1900 – elle accueillait Salmon, Coquelin, Saint-Saëns, Fauré, Widor, Carolus-Duran, Boldini, Isadora Duncan, Puvis de Chavannes, Forain, Clairin...

Seul salon à avoir, on ne sait pourquoi, les hommages de *la Revue de la mode*, celui de madame Trouillebert était, ô combien ! plus modeste. Il était parfaitement représentatif de cette vie de réceptions qui fut, comme le bal sous le Second Empire, la caractéristique des années 1880 et 1890. Chez elle, la musique était très appréciée ; modeste, madame Trouillebert «n'y faisait pas encore beaucoup de toilette»[2]. Elle était décrite, en mai 1886, en robe de dentelle et jais noirs, coiffée d'une aigrette blanche.

La IIIe République laissa s'épanouir les salons politiques, dont le plus ancien était celui de Juliette Adam. Fondé sous le Second Empire, il fut d'abord orienté vers la politique, jusqu'à la nomination de Gambetta comme président du Conseil ; quand Juliette Adam rompit avec Gambetta, qu'elle avait soutenu pendant des années, le salon fut fréquenté par des artistes et des hommes de lettres. Le salon de madame de Loynes connut un destin inverse. C'est le vendredi qu'elle réunit, à partir des années 1880, des hommes aussi différents que Gambetta, Ferry, Clemenceau, puis plus tard Deschanel, Boulanger et Hanoteaux ; elle s'orienta progressivement vers la droite et c'est chez elle, en 1898, que fut fondée la Ligue de la patrie française.

Les bals du palais de l'Elysée :
monsieur le président de la République
et madame Carnot recevant leurs invités
le Monde illustré, février 1888.

Le grand salon,
la Mode illustrée, 1890, MMC.

Deux robes de bal,
la Revue de la mode, 1876, MMC.

Robes de bal,
la Revue de la mode, 1876, MMC.

Deux robes de dîner,
la Mode illustrée, 1880, MMC.

Les activités de soirée

Les réceptions du soir s'organisèrent autour de diverses activités, dont la première fut le dîner. Soupers et grands dîners faisaient partie depuis longtemps du cérémonial habituel des grandes familles. Après la guerre de 1870, on ne reprit pas tout de suite les bals mais les grands dîners de quarante couverts environ, en revanche, retrouvèrent vite un certain succès.

Pendant les deux décennies suivantes, la tradition des grands dîners se poursuivit, mais était surtout le fait des anciennes générations : ils n'étaient plus à la mode. On ne s'étonnera donc pas d'apprendre que c'était la duchesse de Galliera, née en 1838, qui organisait les dîners les plus huppés.

La grande nouveauté fut l'instauration du petit dîner, événement mondain très recherché parce que très sélectif ; n'étaient invités que huit ou douze convives, qui changeaient en partie chaque semaine. Le caractère choisi de cette assemblée excitait à la fois la curiosité et l'envie d'en être. Après le dîner, vers dix heures, le salon s'ouvrait à d'autres personnes, qui rêvaient alors d'être priées au prochain repas. Les invitations étaient lancées très régulièrement, en moyenne une fois par semaine. Quelques rares hôtesses, comme mesdames de Loynes et Aubernon, recevaient deux fois par semaine. Pour les dîners comme pour les réceptions de jour, ces dames avaient leur jour. Bien évidemment plusieurs d'entre elles avaient le même, mais ce n'était pas une gêne car bien des salons étaient incompatibles. Rappelons rapidement le calendrier tel qu'on le connaît en 1882. La marquise de Bloqueville recevait le lundi, Madeleine Lemaire le mardi, mesdames de Broglie, de Caillavet et Aubernon le mercredi, mesdames Edouard Hervé, Daudet, de Lesseps le jeudi, madame de Loynes, Nina de Villard et Juliette Adam le vendredi, la duchesse de Pourtalès, la comtesse de La Ferronays, madame Aubernon le samedi ; le dimanche fut bientôt à la mode avec les réceptions de la princesse Mathilde, de madame Tudern, de la vicomtesse Greffulhe, de la duchesse de La Rochefoucauld et de la comtesse de Loynes.

Ces dîners se répartissaient inégalement tout au long de l'année. Les dîners intimes commençaient avec la rentrée parlementaire ; au fil du temps, ils devenaient de plus en plus brillants. On n'y voyait d'abord que des hommes puis les femmes y étaient admises ; à la tenue élégante succédait le grand décolleté. C'était au mois de janvier qu'ils étaient le plus nombreux, aussi bien à Paris qu'en province. On retrouvait le même phénomène pendant le carême, où, pour des raisons religieuses, fêtes et bals étaient déconseillés.

C'est ainsi que la table prit une importance inconnue jusque-là. Les maîtresses de maison, pour retenir leurs convives, s'attachèrent à la qualité de la décoration et à celle des mets. Dans les salles à manger, ornées de meubles du XVIIIᵉ siècle chez les aristocrates, d'un mobilier Henri II ou s'inspirant du XVIIIᵉ siècle chez les bourgeois, la table concentrait l'intérêt esthétique de l'hôtesse. La chère était l'objet de beaucoup d'attention, on accordait beaucoup plus d'importance à la qualité qu'à la quantité des mets. On disait la table de madame de Loynes exquise et ses vins délicieux, tout comme celles de madame de Caillavet et de Madeleine Lemaire.

Echanger des idées, quémander une place ou un service, médire des autres, parler en somme, ne fut bientôt plus considéré comme suffisant pour retenir ses invités après le repas. Aussi, après 1870, développa-t-on des activités susceptibles d'intéresser toutes les personnes réunies autour des maîtres de maison, en particulier celles qui n'arrivaient qu'après le dîner. La musique et le théâtre furent les deux grandes attractions des salons au début de la IIIᵉ République.

Si récitals, concerts et comédies de salon ne constituaient pas des occupations nouvelles, leur inscription systématique au programme des soirées était bien une nouveauté. Sans doute y avait-il des salons plus rares où l'on préférait la musique et d'autres plus nombreux où l'on jouait la comédie, mais le plus chic était bien sûr de pratiquer les deux. Qu'il fût aristocratique ou bourgeois, littéraire ou artistique ou même politique, aucun salon n'y échappa.

Grâce à la création des sociétés de concerts, comme les Concerts populaires fondés en 1863 par Jules Pasdeloup, le Concert national d'Edouard Colonne en 1873, grâce aussi à la querelle autour de l'œuvre de Wagner un peu plus tard, le niveau musical des Français s'éleva progressivement et de façon sérieuse. Il est impossible de citer le nom de tous les salons qui accordèrent une large place à la musique, mais ce fut incontestablement celui des Chambrun, rue Monsieur-le-Prince, qui organisa, avec ses concerts spirituels, les meilleures séances de Paris.

Pour les plus fortunés, il était de bon ton d'avoir chez soi les chefs d'orchestre et les compositeurs célèbres. Pasdeloup, Colonne, Ambroise Thomas pouvaient diriger de petits ensembles. Mais, la plupart du temps, ces concerts étaient des pots-pourris où on se contentait de quelques interprètes. Parmi les organisateurs de ces soirées musicales, beaucoup étaient eux-mêmes plus que mélomanes, c'étaient de véritables interprètes ou des compositeurs. L'Art et la Mode donnait en 1884 la liste de ces artistes mondains : la comtesse de Paris était soprano, la princesse de Brancovan pianiste, la princesse Bibesco jouait du violoncelle, la princesse Emma de Croy de la cithare, la marquise de Belbeuf du violon, tout comme Hélène de Rothschild. Certaines d'entre elles allaient d'ailleurs jusqu'à louer des salles et se produire en public en vue de récolter des fonds pour des caisses de retraite.

Progressivement le concert eut une autre fonction : faire patienter les invités avant un bal. Il permettait à ceux qui ne dansaient pas de se retirer discrètement et aux retardataires de ne rien manquer de la danse.

Bien plus répandue encore que les concerts, la comédie de salon connut son plein épanouissement à la même époque : «On transporta chez soi le foyer des grands théâtres, en particulier celui de la Comédie-Française, où, depuis longtemps, les hommes du monde avaient l'habitude de se réunir en frac autour des actrices, belles et intelligentes.»[3] Mais ce n'était pas toujours facile d'obtenir la présence d'artistes confirmés comme Réjane, madame Granier, les frères Coquelin, pour réciter des monologues ou monter des saynettes ; on faisait alors appel à des comédiens de salon, dont les capacités laissaient beaucoup à désirer. Les dames du monde jouaient elles aussi la comédie ou récitaient des vers, en particulier la vicomtesse de Jauzé, la baronne de Poilly, la marquise de Galliffet. Lorsqu'on n'organisait pas de soirée théâtrale, on présentait des tableaux vivants, très à la mode dans les années 1880.

Les soirées s'achevaient de temps à autre par un bal qu'on n'appelait plus à l'époque que cotillon. Certes, on organisait toujours des bals, mais ils semblaient bien plus une corvée sociale – cela faisait partie des obligations – qu'un plaisir. Nombre d'entre eux étaient organisés à l'occasion de la signature d'un contrat de mariage et donnaient lieu à de superbes fêtes où étaient exhibés bijoux et cadeaux. Bien que la mode en fût un peu passée, certains étaient toujours célèbres, comme celui de la princesse de Sagan, mais les plus prestigieux étaient costumés. On se mit à leur préférer parfois les sauteries intimes, les matinées dansantes et les bals champêtres. Moins fréquents que sous le Second Empire, ils n'étaient attendus avec impatience que par les jeunes filles qui espéraient trouver là un parti convenable. C'est ainsi que se multiplièrent à leur intention les bals blancs, que désertaient les jeunes gens peu pressés de s'établir, abandonnant les malheureuses, qui finissaient par se retrouver seules !

Pour en relancer la mode, on pria les dames de s'habiller toutes dans la même couleur, ainsi y eut-il des bals roses, bleus, etc. *La Revue de la mode* rapportait en 1884 que les bals roses avaient été mis à la mode par une Italienne, la princesse Cellamare.[4]

Le plaisir de la danse n'ayant pas disparu pour autant, on trouva plus pratique de terminer certaines soirées avec un bal. Les bals débutaient en janvier et connaissaient leur apogée en mai et juin.

Deux toilettes de dîner,
la Mode illustrée, 1894, MMC.

Toilettes de soirée,
la Mode illustrée, 1874, MMC.
A gauche, robe de ville transformée en tenue de soirée.

Laferrière,
robe de dîner,
cat n° 27, MMC.

Robe de dîner,
vers 1877-1878,
cat n° 25, MMC.

Robe de deuil
transformée en robe habillée,
vers 1883, cat n° 26, MMC.

Robe de dîner,
vers 1890,
cat n° 28, MMC.

Robe de bal,
1897, cat n° 32, MMC.

Robe de réception,
vers 1897, cat n° 31, MMC.

Sortie de bal,
vers 1892, cat n° 36, MMC.

Robe de bal ou de réception,
1895, cat n° 30, MMC.

Villégiature
et vie de château

La vie que l'on menait à Paris, le soir, se retrouvait à peu de chose près dans les villes d'eau, les stations balnéaires et les châteaux. On changeait de décor mais non de mode de vie. Stations balnéaires et thermales connaissaient, comme sous le Second Empire, un développement sans précédent. Plus tard, les bords de mer eurent, l'été, beaucoup plus de succès que les villes d'eau, qui vivaient surtout sur leur glorieux passé et les habitudes prises sous le régime précédent. Les Parisiens qui y avaient fait construire des villas y retournaient régulièrement et les casinos attiraient toujours les estivants. Les plus célèbres stations étaient Vichy, où s'était d'ailleurs installé le Cercle international, Royat, La Bourboule, Luchon, Les Eaux-Bonnes.

Avec l'élévation du niveau de vie, beaucoup de Parisiens prirent l'habitude de quitter la capitale pour passer l'été sur les côtes de la Manche. Mais déjà en 1885 des villes comme Dieppe se démodaient, Trouville jetait ses derniers feux bien qu'elle fût fréquentée par la comtesse de Pourtalès, la duchesse de La Trémoille et la vicomtesse Greffulhe. Quant aux estivants de Deauville, ils déclaraient souffrir de l'envahissement : «Il faut de l'exclusivisme à ces réunions pour garder leur cachet.»[5]

Aussi, pour maintenir le chic de sa station, Deauville déplaça le calendrier de ses courses et renforça la vie entre soi. L'apogée de la saison, c'est-à-dire le début du mois de septembre, était marqué par les courses et les bals. Des réceptions étaient organisées dans les châteaux des environs comme celui de Mouchy, chez la duchesse du même nom, de Montchevreuil chez le marquis de Mornay, de Bailleul chez le comte de Gaudechart, de Crécy chez le comte de Chérisey...

C'est alors que la Riviera française – Nice, Cannes et Monte-Carlo – devint à la mode. En février 1884, *la Revue de la mode* observait : «Cannes est à Nice ce que jadis Versailles fut à Paris. Les villas regorgent d'altesses, c'est une résidence royale en pleine république.» Et, en mars 1886, elle y signalait la présence, parmi les hôtes étrangers, du roi et de la reine de Wurtemberg, des princes de Hohenzollern-Meklembourg, du duc de Leuchtenberg. Très tôt les princes russes vinrent se joindre à cette colonie. A côté des Européens, renforçant le caractère international de ces villes, on vit aussi des Américains.

Dans ces stations, nos élégantes menaient le soir exactement la même vie qu'à Paris. Elles se recevaient soit dans leurs villas soit au casino, qu'elles pouvaient louer pour l'occasion. Et là, elles écoutaient de la musique ou faisaient du théâtre. Certains casinos organisaient eux-mêmes ces activités. Dès 1875, au casino de Monte-Carlo, il y avait théâtre tous les soirs, concert tous les matins et tous les soirs, et un bal par semaine.

La vie de château était plutôt réservée au mois de septembre et d'octobre, au moment des fêtes cynégétiques qu'ordonnaient les propriétaires de châteaux, comme le prince de Wagram à Gros-Bois, les Rothschild à Ferrières, les Luynes à Dampierre, la princesse de Broglie à Chaumont et même madame de Poilly à Follembray. C'est autour des forêts giboyeuses qu'avaient déjà fréquentées les monarques qu'ils se retrouvaient, à Versailles, Compiègne, Chantilly, Rambouillet, Senlis ou Fontainebleau. Il était assez aisé pour les propriétaires de ces châteaux d'inviter des amis pour de courtes périodes, deux ou trois jours ; des trains spéciaux les y amenaient directement. La chasse pouvait durer quelques jours. Le soir, on organisait de très élégants dîners, qui se terminaient la plupart du temps par un cotillon.

Robes de bal,
le Salon de la mode, 1890, MMC.

L'appel de la ville et de ses divertissements

La mode, le soir, entre 1870 et 1898

Progressivement, les mondains reprirent goût à la vie au dehors. Ce phénomène, qui s'amplifia à partir de 1890, annonçait d'ailleurs la Belle Epoque. Seul le théâtre parlé avait échappé à ce repliement sur soi. Au début de la IIIe République, deux nouveautés attirèrent le public : les cafés-concerts et les fêtes dans les grands hôtels.

Sous le Second Empire, les cafés-concerts s'étaient beaucoup développés mais il était inconvenant pour les femmes du monde de les fréquenter. Quelques années plus tard, les mœurs évoluant, un homme pouvait s'y rendre avec son épouse. Seules quelques salles célèbres pouvaient les accueillir ; ainsi la Scala, où se produisaient, entre autres, Paulus, la belle Otéro et Liane de Pougy. La salle la plus élégante était aux Champs-Elysées, c'était Les Ambassadeurs, qui présentait l'avantage d'avoir un restaurant. L'Alcazar était moins chic mais n'en avait pas moins de succès. C'est alors que les cabarets se multiplièrent, comme Le Chat noir, fondé en 1881, et où l'on se présentait en habit et en décolleté, et Le Moulin-Rouge, ouvert en 1884.

Les fêtes dans les grands hôtels devinrent à la mode ; s'y développèrent tout d'abord les bals de bienfaisance. Le phénomène n'était pas nouveau, mais avec l'instauration de la République ils répondaient à un véritable besoin social, aussi se multiplièrent-ils. Ces bals étaient présidés par des dames de la haute société, qui vendaient les billets à leurs amis – on tablait sur les bons sentiments des invités. On retenait généralement les salons des grands hôtels, comme le Continental. Ce système connut son apogée autour de 1889. Mais dès 1883 il y eut concert puis bal à l'hôtel Continental pour les inondés de Seine-et-Marne. Le bal de l'hospitalité de nuit en faveur des «pauvres si intéressants»[6] de cette œuvre, comme l'écrivait *la Revue de la mode*, accueillit des dames d'une suprême élégance. En 1888, c'était le bal des officiers ; en 1889, celui des femmes de France, ceux des grandes écoles ou de l'Œuvre des ambulances urbaines.

Plus originales encore furent, dans les années 1880, les soirées dites pick-nick (*sic*)[7], qui consistaient à réserver des salons dans un grand hôtel (l'hôtel du Louvre, le Grand-Hôtel, l'hôtel Continental) pour y danser tout en partageant les frais entre les organisateurs, amateurs de danse mais ne possédant pas de grand hôtel particulier.

Les premières années de la IIIe République furent marquées par une remise en question du code de savoir-vivre et des habitudes sociales : «Aux représentations de gala organisées par la Comédie-Française à l'occasion de sa fondation, c'est le chaos dans la toilette féminine, des spectatrices sont en toilette de soirée, coiffées en cheveux, d'autres en tenue de ville, voire de courses du matin, des chapeaux variés sur la tête. Autrefois, pareil désaccord ne se serait jamais produit.»[8] Cette transformation des mœurs se stabilisa assez vite.

Pendant ces quelque trente ans, le vêtement le plus intéressant à étudier fut la robe dite de soirée et non plus celle de bal. Elle fut en effet marquée par deux grandes tendances d'ailleurs contradictoires. On nota d'un côté le renforcement des similitudes entre la robe élégante de jour et la robe du soir, de l'autre le rapprochement de la robe de soirée de celle de bal. Chacune de ces tendances correspondit plutôt à une période historique donnée, la première s'épanouissant de 1873 à 1885 environ, la seconde de 1885 à 1898.

La robe habillée

C'est ainsi qu'apparut, dès 1873, une notion nouvelle, certes banale pour nous aujourd'hui, celle de robe habillée. Montante et à manches longues, elle pouvait être utilisée aussi bien pour des cérémonies élégantes, le jour, que pour le théâtre et les dîners dits intimes.

Dès 1873, les journalistes tentèrent d'apporter quelques précisions sur cette tenue. En février, au moment où reprenait la vie mondaine, un journaliste écrivit qu'on s'était contenté, «pour les premières soirées, de robes de ville habillées, dans lesquelles on avait taillé un décolleté».[9] Un mois plus tard, il constatait la multiplication des robes habillées pour le dîner et le théâtre. En juin 1873, à Vichy, les dames portaient à nouveau des robes très habillées pour le soir, robes qu'elles avaient déjà revêtues en fin d'après-midi.

Sous le Second Empire, il était très fréquent d'avoir, pour une seule jupe, plusieurs types de corsages. Si cette habitude se perpétua, une autre apparut, totalement différente : on ne changeait pas de corsage, mais on lui ajoutait de nombreux éléments. Dès 1873, le Journal des demoiselles indiquait : «J'ai remarqué une très jolie nouveauté, commode pour dîner ou pour le théâtre et élégantisant [curieux néologisme] à l'instant une toilette ordinaire. Ce sont des façons de gilet, en soie ou en velours de couleur, se plaçant au-dessus des corsages unis [...] tous garnis de dentelles blanches d'Angleterre, de guipure ou de dentelles de Bruges.» En février 1882, on lisait : «On dépose sur un corsage décolleté noir des bretelles de dentelle noire, qui passent sur chaque épaule en les laissant un peu sortir de côté. Cela est très seyant à la peau».[10] En 1884, ce fut au tour de la Revue de la mode d'indiquer que «les corsages de théâtre en dentelle noire se portent indifféremment sur des robes décolletées ou montantes».[11] Ce type de corsage «permet de ne pas être trop décolletée et autorise l'absence de manches».[12]

Plus qu'aucune autre, la robe habillée était liée au calendrier et connaissait trois grands moments dans l'année : l'automne, l'avent, la fin de l'hiver. A l'automne, elle indiquait la reprise de la vie mondaine, en premier lieu dans les châteaux, puis à Paris. Le retour à la suprême élégance ne pouvait qu'être progressif : «On ne porte pas en ce moment de robes décolletées excepté autour des tables royales ou quasi royales», indiquait en octobre 1882 la Revue de la mode, qui ajoutait : «Le corsage en velours, entrouvert, voilé de flots de dentelles, reste l'intermédiaire entre la toilette de jour et celle du soir.»

De même, peu avant Noël, alors qu'il était fréquent de ralentir la cadence des dîners mondains, on conseillait de se montrer en robe habillée. A l'extrême fin de l'hiver, au moment du carême, elle était à nouveau recommandée. Cette période marquée par la religion était considérée «non comme un temps de pénitence mais comme un entracte nécessaire à la vie mondaine, pendant lequel la femme pouvait renaître à la beauté».[13] A partir de 1882, la Revue de la mode signala l'usage du port de la robe de carême plusieurs années de suite. Cette robe combinait deux caractéristiques, élégance et simplicité. Aussi constate-t-on qu'elle était très souvent noire, lactée (sic) de jais, et parfois décolletée.

La robe noire

A partir de 1870, la robe noire connut, le soir – mais encore plus le jour –, un succès qui ne se démentit plus. On la trouvait avant tout distinguée et elle présentait l'avantage, comme le dit clairement la Revue de la mode en mars 1883, de pouvoir être portée aussi bien pour les dîners, les petites soirées, le théâtre, les concerts qu'à l'occasion des messes de mariage. Devant la vogue de la robe noire élégante, il est parfois problématique de déterminer de façon certaine sa destination : ville, soirée ou deuil. Sans doute le tissu, par sa richesse, devrait permettre de la préciser, mais cela reste parfois difficile en raison de la somptuosité de certaines étoffes employées le jour. Ce sont les accessoires qui les différenciaient : ainsi le bouquet de fleurs accroché au bord du corsage égayait-il une robe du soir.

N'imaginons pas pour autant que la robe noire n'était portée que par les femmes de la petite bourgeoisie en quête d'économie. Les nombreuses descriptions des revues témoignent du contraire. Le tulle, le jais, étaient très fréquents, comme on peut le constater dans cette description du Journal des demoiselles, en mars 1886 : «Les robes de dîner et de soirée de musique, quand elles sont tout en noir, ont le panneau [central de la jupe] en tulle brodé de jais en étoiles, quelquefois à calice d'or. Les manches sont doublées. Une jolie guimpe perlée s'ajoute intérieurement à volonté. Sur les jupes unies en sicilienne ou en faille, on dispose beaucoup de belles écharpes de dentelle noire, descendant assez bas devant pour remonter en arrière où elles se terminent en façon de nœud.» La robe noire n'était pas non plus réservée aux femmes âgées ; ainsi, en 1889, la Mode illustrée la recommandait-elle aux jeunes filles comme tenue de casino ; elle était alors en tulle point d'esprit, garnie de comète (ruban) noire avec un transparent de soie de même couleur, la robe ayant un demi-décolleté et des manches courtes. Rappelons que la robe habillée ne comportait plus obligatoirement un décolleté et que ses manches pouvaient être en tulle, c'est-à-dire transparentes. Mais ces tenues élégantes n'étaient pas obligatoirement noires ; pendant le carême, on en trouvait couleur feuille d'automne, acier fondu, bleu Minerve.

On peut s'interroger sur le rôle qu'a pu jouer la silhouette dans le succès de la robe habillée. A première vue, on pourrait l'imaginer nul puisque entre 1870 et 1898 la silhouette changea très souvent. De 1869 à 1876-1877, la robe fut à pouf – ce dernier était constitué soit d'un drapé de la jupe, soit d'une seconde jupe ou encore d'une échelle de volants. Pour l'accentuer encore, un coussin puis un jupon assorti se plaçaient sous la jupe. Ainsi le profil féminin était-il très accusé : poitrine et arrière-train mis en valeur de part et d'autre de la taille, ronde, à sa place, ou placée souvent un peu plus haut entre 1869 et 1874.

Vers 1876, le pouf disparut, tandis que se développait un nouveau type de corsage, plus long. Cette silhouette affinée se développa jusqu'en 1881, date à laquelle on en revint à la tournure.

C'est à partir de 1890 que pendant un très court laps de temps, deux ans environ, l'architecture du vêtement féminin s'allégea : elle formait en quelque sorte deux cônes inversés et étroits sur la pointe, la taille, très fine, pouvant correspondre à cette pointe. Le volume revint à la mode mais, délaissant le bassin, il s'installa aux épaules avec des manches énormes.

Reprises le soir, deux des caractéristiques de la robe de ville favorisèrent l'apparition de la robe habillée. C'est autour de 1867, mais surtout après 1869, que les robes de ville eurent un petit décolleté en pointe, appelé corsage ouvert. Il était cependant bordé d'un plissé en tulle, en gaze ou en dentelle qui en limitait l'ouverture. En reprenant, même de façon modeste, une des caractéristiques des tenues de soirée, la robe de ville contribuait à brouiller le code ancien de bonnes manières. Ce petit décolleté fut bientôt officiellement admis le jour. En 1873, on commença par le conseiller pour les robes d'été, robes de promenade, puis un peu plus tard pour les toilettes d'exposition et de château. On pouvait trouver à la même époque des corsages ouverts en châle, auxquels on ajoutait une collerette Médicis, ce qui leur donnait beaucoup d'allure.

En 1873, le Journal des demoiselles résumait fort bien la situation : «Les corsages ouverts sont plus que jamais en faveur ; déjà cet hiver ils ont dans bien des circonstances remplacé les corsages décolletés. Ils ont le double avantage de pouvoir se porter le soir et le jour. L'ouverture la plus gracieuse est celle qui descend jusqu'à la taille et se termine par un nœud ou un bouquet de fleurs.»[14] Ainsi ce type de décolleté, très employé jusqu'en 1883, contribua-t-il à rapprocher la robe de soirée de celle de jour pour créer cette fameuse tenue habillée. L'apparition, vers 1873, du corsage cuirasse qui triompha de 1876 à 1881 a de son côté concouru au succès des robes montantes. Rappelons la description qu'en donnait Mallarmé dans la Dernière Mode, en septembre 1874 : «Le grand succès de la saison sera pour la tunique jais acier ou acier bleu. Ce vêtement, véritable cotte de mailles féminine, se fait au tricot, en soie noire, grise ou bleue, travaillée avec des perles. Tricot élastique moulant parfaitement le buste que continue la Tunique [sic], ce corsage cuirasse, à proprement parler, a déjà été inauguré il y a un an.»

Comment ne pas être frappé par cette cotte de mailles qui moule le corps féminin jusqu'aux hanches. La pureté des lignes du buste ressort avec d'autant plus de force que, sous le bassin, le style tapissier se déchaîne avec force et cela plus encore le soir que le jour. Ainsi la rupture apparue sous le Second Empire entre érotisme et nudité se trouva-t-elle entièrement consommée au moment où se développa le fétichisme, en particulier ces fameux «couchers», ancêtres du strip-tease. Avec son haut col, que soulignait parfois le collier de chien porté par-dessus le col lui-même, la robe fermée était beaucoup plus évocatrice que la robe décolletée.

Mais les robes de soirée n'étaient pas toutes des robes montantes, tant s'en faut ! Bien des femmes aux belles épaules leur préféraient des robes décolletées, pour garder les bras nus. Même pendant le carême, on portait des robes décolletées, mais dans des tissus sévères !

Parmi les autres créations, signalons les plus originales : les robes peintes à l'aquarelle. Madrazzo, Madeleine Lemaire, Chaplain et de Nittis réalisèrent quelques compositions, certaines florales, sur satin, gaze ou faille. Tout au long des années 1880, l'Art et la Mode et la Revue de la mode ne manquèrent pas de les indiquer à leurs lecteurs.

Mais c'est bien la somptuosité qui caractérisa toutes ces toilettes, dont une seule description suffira à perpétuer le souvenir : robe à traîne en velours épinglé saphir et vieilles dentelles vénitiennes, corsage décolleté en cœur avec diamants et saphirs dans les cheveux, paire de broches au corsage et ceinture de dentelles.

Robe de soirée ou robe de bal ?

A partir de 1885, la robe de soirée se rapprocha tant de la robe de bal qu'après 1890 il est difficile de les différencier.

Au moment où les bals retrouvèrent une partie de leur importance perdue, les magazines de mode ne décrivirent plus les robes de soirée qu'en comparaison des tenues de bal. L'Art et la Mode, dès 1883, indique «les restrictions indispensables» qu'il faut apporter à la robe de dîner : elle doit être plus simple que la toilette de bal, avoir un coupe plus sobre (?), des falbalas moins volumineux. Plusieurs caractéristiques rapprochaient la robe du soir de la robe de bal : le décolleté, les accessoires, la traîne, les tissus, l'ornementation, l'historicisme.

Toilettes de bal et de dîner,
la Mode illustrée, 1895, MMC.

Toilettes de jour et du soir,
la Revue de la mode, 1884, MMC.

25 Robe de dîner

vers 1877-1878

Satin Duchesse jaune et faille bronze. Robe fermée devant par dix-neuf boutons, s'ouvrant sur un faux gilet, décolleté carré, étroit ; manches demi-longues, ornées de très belle Malines. La jupe, attachée au corsage, est entièrement plissée ; très longue queue avec balayeuse en Valenciennes mécanique. Cette robe constitue un excellent exemple du style tapissier.

Don au Musée. Inv. 90 .29 .X.

26 Robe habillée

vers 1883

Faille noire, tulle brodé de soie, rubans de satin. Jupe : importante tournure avec nœuds, deux paniers ornés de franges de soie et de jais ; tablier constitué de drapés et de rubans formant coques. Corsage en pointe devant, fermé par quinze boutons, petit décolleté en pointe, orné devant de deux bandes de perles de jais et entièrement garni d'un double volant de Chantilly. A l'arrière, corsage terminé par deux gros nœuds. Manches en tulle brodé de feuilles et bordé de jais doublé de mousseline. Cette robe de deuil fut rapidement transformée en robe de réception ; les manches, qui devaient être en faille, ont été remplacées par du tulle. Elle évoque celle que portait la duchesse de Chartres, en deuil, et que décrit *la Revue de la mode* de janvier 1884 : «En satin noir et traîne immense, drapée à la mode Louis XV, c'est-à-dire avec des sortes de paniers de satin noir formant ailerons bouffant sur les hanches.»

GRIFFE : Maison Savarre, L. Pothet et M. Poret, srs 7, rue de la Bourse, Paris.

Don Chaumonot. Inv. 62. 9. 28.

27 A. Laferrière

Robe de dîner à traîne

vers 1883

Jupe en satin Duchesse rose saumoné, avec fond de jupe en mousseline de coton quadrillé. Corsage en damas. Robe à fond satin en soie grenat. Doublure du pan et garniture dans le même satin que la jupe. Robe à tournure, largement drapée sur les hanches, à faux gilet, fermée par quinze boutons, décolleté carré, étroit et profond. Manches demi-longues avec nœuds ; manchettes en dentelle mécanique.

GRIFFE : A. Laferrière, 28, rue Taitbout, Paris.

Don Fougères, 1960. Inv. 60. 80. 11.

28 Robe à deux corsages

vers 1890

Faille et velours de soie grenat.

Jupe s'ouvrant sur une seconde jupe à tablier de velours terminé par un motif de dents carrées. Les deux bords de la jupe de faille sont ornés d'une application de fleurs brodées au point de chaînette de soie et de perles.

Corsage de bal, décolleté (garniture disparue). Corsage de dîner, fermé par huit boutons ; petit décolleté ovale, avec tout autour un rabat orné de la même garniture que la robe.

Cette robe présente quelques caractères historicisants, en particulier au bas de la jupe. Assez modeste, elle est représentative des vêtements portés par la classe moyenne.

GRIFFE : Laura Martin, robes, La Rochelle.

Don Sazerac de Forge. Inv. 65. 49. 1.

29 Robe de bal ou de réception

vers 1892

Robe, jupon, collet. Robe en taffetas à poil traînant crème, broché de petites fleurs ; mousseline rose sur satin de soie beige. Jupon en faille rose, volants en tulle de coton brodé, mousseline de soie rose plissée. Robe constituée d'une jupe montée à plis, attachée au corsage ouvert en boléro sur un devant de mousseline plissée, manches bouffantes, décolleté bordé d'une imitation mécanique du *point de Lille*. Jupon cloche, tablier orné de quatre volants imitant l'application de Bruxelles, sur fond de mousseline. Collet de même tissu que la robe, col en Valenciennes mécanique, mousseline rose reposant sur du satin Duchesse crème. Volants de mousseline et bouillonnés en bordure. Capuchon en mousseline. Doublure en satin Duchesse, avec rubans de soie en satin double-face. Modèle historicisant comme en témoignent le tissu d'inspiration Louis XVI et la coupe, évocation de la robe à *l'anglaise*.

Don des enfants et petits-enfants de Mrs. Fellowes. Inv. 63. 20. 45. et 46.

30 Robe de bal ou de réception

1895

Peau de soie gris-bleu. Paniers et tablier en damas. Robe à fond en pékin rayé gris-bleu et crème. Manches recouvertes de mousseline de soie. Nœuds en pékin. Jupe avec tablier orné de bouquets de muguet et deux paniers amovibles. Corsage en pointe devant, décolleté, à grosses manches bouffantes, volant posé en berthe au point de chaînette mécanique. Bouquet de muguet sur l'épaule et ornement de coiffure en tulle et perles. La simplicité, le raffinement caractérisent cette tenue historicisante.

GRIFFE : Maison Clément Gaillardon, robes et manteaux ; 8, rue Vivienne, Paris.

Don Massalska. Inv. 67. 48. 1.

31 Robe de réception

vers 1897

Velours de soie appliqué de fleurs et feuilles en mousseline de soie et brodé de soie, filé or, paillettes et perles. Ruban de satin de soie à la taille et au bas de la jupe. Col et manchettes en lacet, imitant le *point de Milan*, sur mousseline de soie. Jupe à queue, ornée d'un tablier à l'ornementation très riche de différents tons de violet. Corsage fermé, à longues manches froncées, avec le même décor, col officier. Collet avec la même ornementation que la jupe et le corsage, avec en plus bouillonnés et chenilles. Robe de réception portée par une femme d'âge mûr.

GRIFFE : Mme Mennessier, robes et manteaux ; 192, boulevard Saint-Germain, Paris.

Don Galéa. Inv. 62. 108. 131.

32 Robe de bal

1897

Jupe en damas, robe à fond de satin rose et dessin d'ombelles couleur tilleul. Soie. Corsage en mousseline de soie tilleul formant jabot avec applications d'ombelles découpées dans l'étoffe de la jupe ; l'ensemble est rebrodé de paillettes. Epaulettes avec nœuds sur les épaules, faits dans un large ruban de satin double-face en soie tilleul. Jupe cloche.

GRIFFE : Fred ; 20, rue Daunou, Paris.

Don Octave Noël. Inv. 65. 105. 4.

De la femme habillée
à la femme déshabillée,
nudité et décolleté

Le principe selon lequel l'importance du décolleté reflétait celle de la soirée fut progressivement battu en brèche. La remarque faite par Marguerite d'Aincourt dans son étude parue en 1885 sur le costume féminin et selon laquelle «jamais on ne montre les épaules» [15] lors d'un petit dîner était fausse : les élégantes exhibaient leurs épaules dès sept heures du soir.

Les débuts de la IIIe République furent marqués par la multiplicité des types de décolletés, à la différence de ce qu'on voyait plus tôt. Robes de soirée ou de bal pouvaient avoir un décolleté carré, en pointe, en rond, en cœur, trapézoïdal (c'est-à-dire plus large à la poitrine que près du cou) ou encore Henri II (c'est-à-dire carré uniquement devant). Suivant les périodes, les uns étaient plus à la mode que d'autres, c'est ainsi que les décolletés carrés et pointus furent employés énormément jusqu'en 1885, date à laquelle on en vit beaucoup en pointe. Suivant leur profondeur, on disait des femmes qu'elles étaient en quart de peau, en demi-peau, en pleine peau...[16]

Une des créations des années 1880 fut le corsage à *la grecque* avec son ouverture en pointe devant et généralement dans le dos. Il était constitué de deux morceaux d'étoffe froncés ou plissés à la taille, qui formaient à l'épaule comme une bretelle. Paradoxalement, il était conseillé aussi bien aux jeunes filles qu'aux jeunes femmes : «Il y a quelque chose de chaste et d'excitant à la fois dans ces plis étroits à la ceinture qui vont s'élargissant sur les épaules, les encadrant sans avoir l'air de les tenir.» [17]

Mais à côté de ces décolletés que l'on pouvait qualifier de traditionnels, apparurent d'autres types d'ouvertures qui, par leur incongruité, permettaient à la nudité de renouer le dialogue avec l'érotisme. Le premier, au début des années 1880, se rattachait au principe de la manche à crevés. Ainsi le dessus de l'épaule et une partie du bras étaient-ils régulièrement découverts ; mais au lieu d'une seconde étoffe, c'est la peau que l'on apercevait dans l'échancrure.

Plus intéressant encore fut le procédé de découpage : dans un corsage moulant étaient ménagées de très vastes ouvertures situées au-dessus de chaque sein, de sorte que ne restait plus au centre qu'une petite patte montant du buste jusqu'au col officier ; ce même découpage se retrouvait dans le dos. En 1890, on avait vu au Vaudeville ce corsage que les magazines appelèrent «à la du Barry». Il en existait une version sage : la robe à bretelles que l'on portait le jour mais avec une guimpe.

La robe de bal eut ses caractéristiques propres. Avec le développement du corsage cuirasse en 1874, on se mit à lacer les robes du soir, afin de bien faire ressortir la sveltesse du buste et de la taille. Cette pratique assimilait cette fois le corsage au corset et glorifiait la cambrure des reins. Cette particularité s'étendit bientôt, quoique avec moins de succès, aux robes de dîner, comme le rappelle la description de Mallarmé, le 11 novembre 1874, dans *la Dernière Mode* : «Robe en cachemire rose [...] avec sept petits volants ; derrière, huit écharpes garnies chacune d'un entre-deux de gaze blanche brodée avec de la soie plate. Corsage à basques rondes lacé derrière [il a donné son nom aux robes corselets].» On continua d'utiliser le laçage même lorsqu'on eut abandonné le corsage cuirasse.

La seconde innovation fut l'apparition, en 1880, de la bretelle qu'on appelait alors l'épaulette. Ce simple lien qui retenait le haut du corsage était généralement en étoffe. Il semble néanmoins que madame Gautereau dans son portrait par Sargent (Metropolitan Museum de New York) ait eu une bretelle métallique et cela dès 1884. On sait combien cette élégante intervenait directement dans la conception de ses vêtements, qui ne pouvaient donc pas être considérés comme tout à fait représentatifs de la mode de son temps.

Les bretelles étaient généralement ornées de ruches, de plumes, de fourrure, de nœuds ou de perles. Elles étaient considérées par la baronne Staffe comme inconvenantes car elles ne restaient jamais à leur place : «Comment avait-on pu adopter la robe du soir qui semble prête à tomber des épaules ?» [18] Et : «Vous connaissez les corsages décolletés dont la manche consiste en un cordon de perles, un ruban, une fine guirlande de fleurs.» [19]

Mais il était pourtant rare d'avoir, avec ces bretelles, des bras totalement nus ; on les accompagnait d'une sorte de petit volant situé à la hauteur de la poitrine, souvent constitué d'un bouillonné de tulle, de soie, de dentelle qui «ajoutait encore à l'idée d'une femme déshabillée», précisait encore la baronne Staffe. «Ces manches laissaient entre elles et le cordon l'épaule découverte, on les croirait déjà tirées à demi pour se dévêtir.» [20] Ce petit ornement suivait la mode : dans les années 1880, c'était plutôt un volant ; dans les années 1895, la grosse manche bouffante se déploya seulement à la hauteur du milieu du bras, soulignant la rotondité nue de l'épaule ; en 1888, quelques modèles exhibèrent trois rangs de perles sur le bras.

Gants et colliers de chien

La silhouette du soir serait incomplète sans les deux accessoires qui lui étaient indissociables : les gants et le collier de chien. Ils cachaient le soir ce qui était découvert le jour, ou soulignaient une partie du corps en la mettant en valeur.

Sous le Second Empire, les gants étaient plus souvent courts que longs. En 1875, ils étaient mi-longs, collants, fermés de petits boutons, que les manches arrivassent au milieu de l'avant-bras ou qu'il n'y en eût point. C'est en 1881 que se répandit la mode des gants longs, c'est-à-dire bien au-dessus du coude quand les robes étaient à manches courtes ou sans manches. Ils se portaient aussi bien avec les tenues du soir, de dîner, que de visite. Comme le signale *la Revue de la mode* d'avril 1883, le gant devait rejoindre la manche où qu'elle fût : au coude, au milieu de l'avant-bras, à l'épaule. On disposait les bracelets au-dessus de gants. Ainsi le gant ménageait-il toujours une petite zone découverte qui attirait le regard mais, comme le notait la baronne Staffe, «le beau bras est chose rare même chez les femmes à point».[21] On portait des gants de Suède ou de Saxe et non plus des gants de chevreau. Leur couleur était crème ou claire ou, mieux encore, assortie à celle de la robe. Ainsi dans cette nouvelle silhouette les gants prenaient-ils la place des manches, contribuant à irréaliser la femme qui les portait.

Apparu dès 1870, le collier de chien était encore à la mode en 1900. Mallarmé fut un des premiers à en souligner l'effet dans *la Dernière Mode* d'octobre 1874 : «Qu'est-ce... Un petit ruban en velours noir qui, derrière le cou dont il fait le tour, s'attache par une boucle carrée dans laquelle il passe et tombe. Mille lettres en diamant étincellent... Prénoms et noms entrelacés de celle qui porte le collier... Il se fait des parures en pierreries de couleur et en perles ou encore avec une petite frange de diamants.» Cette boucle pouvait d'ailleurs être assortie à des boutons d'oreille en or tout uni. Ce collier semble être une interprétation du ruban de velours supportant un médaillon que toutes les femmes, le jour et le soir, avaient alors au cou. Cependant, très serré, ce ruban avait une tout autre allure. Il eut un très grand succès et connut diverses interprétations. En octobre 1884, *l'Art et la Mode* remarquait : «Le collier de chien s'impose. C'est un galon de grosses perles de jais serré de grenaille avec une tresse d'or plate et haute à fantaisies de chenille où se balancent de petites mûres de jais.» En 1894 on l'appela, la mode étant à la Russie, *collier czarine* ; c'était un biais large de plusieurs centimètres emboîtant le cou avec, devant, une énorme boucle ; bref un véritable carcan.

Il pouvait être remplacé par une garniture assortie à la robe et rappeler ainsi le décor des bretelles, en fourrure, en ruches de mousseline, en plumes teintées. Certains de ces colliers étaient une réminiscence des rubans de cou portés par les femmes au XVIIIe siècle. D'autres étaient de véritables joyaux, constitués par exemple de trois ou cinq rangs de perles maintenus verticalement par des barrettes d'or, parfois influencés par le XVIe siècle.

Toilette de dîner,
l'Art et la Mode, 1884, MMC.

Traînes et queues

Pour différencier les robes du soir de celles de jour, on porta très souvent à cette époque une traîne ; bien que les chroniqueurs aient employé indifféremment les termes «queue» et «traîne», ces mots recouvraient des réalités différentes.

Avec l'effondrement de l'Empire, la traîne de cour, donc d'étiquette, disparut officiellement de France, mais pas du tout des cours européennes, qui, la plupart du temps, les commandaient à Paris et bien souvent chez Worth et Pingat. Les magazines les décrivaient d'ailleurs si longuement que l'on peut parfois y déceler une certaine nostalgie. Le musée de la Mode et du Costume vient d'ailleurs d'en acquérir une, probablement portée par une de nos ambassadrices à l'étranger.

A la différence de la traîne, la queue faisait partie de la jupe, en constituait en quelque sorte la silhouette. Ainsi, entre 1869 et 1875, toutes les robes se terminaient-elles par une queue. Cependant, pour différencier la robe du soir de celle de jour, on éprouvait souvent la nécessité d'allonger encore la queue. Aussi, dans le cas où l'on conservait la même jupe, était-il possible de lui ajouter une pièce d'étoffe attachée au bas de celle-ci par des boutons-pressions, comme en témoignent quelques robes conservées au musée de la Mode et du Costume.

La traîne, au contraire, venait au-dessus de la jupe et, de ce fait, était assez souvent amovible. Avec la disparition du pouf, le développement du corsage moulant le haut du bassin, on se trouva bientôt dans une période intermédiaire ; entre 1875 et 1880 environ, la jupe perdit progressivement sa queue et dans le même temps apparut la traîne. Mais ne pouvant s'attacher à la taille, qu'on voulait alors déliée, elle se glissa sous le corsage cuirasse et resta plus ou moins plissée, collée à l'arrière de la jupe, ne donnant absolument pas le sentiment de la large traîne épanouie à laquelle est toujours associé cet élément vestimentaire. Il y avait là quelque chose d'étriqué, qui disparut bientôt.

En 1880, on aima les robes uniformément rondes, sans queue ni traîne, mais dès 1881, avec le développement de la tournure, la traîne rejoua le soir un rôle considérable. Cela n'empêcha pas la création de modèles à queue. On en trouva deux sortes : les premières se rattachaient plutôt au modèle de la robe à l'anglaise en usage au XVIIIe siècle, la traîne étant directement rattachée au corsage ; les secondes partaient seulement de la taille et certaines traînes pouvaient, comme en 1884, être montées à gros plis ronds soutenus par une mousseline raide formant godet.

La longueur de la traîne était fonction de l'importance de la soirée. Pour les dîners, les petites soirées et le théâtre, les demi-traînes étaient préférées. Elles avaient un mètre quarante de long environ. Elles étaient droites ou carrées ou plus longues mais alors rattrapées en boule et repliées au milieu de jupe, volume évoquant le pouf.

En 1882, Worth conçut un modèle transformable pour la grande duchesse Wladimir ; c'était une robe de dîner à traîne, faite d'une jupe courte en satin ciel, garnie d'ailes d'oiseau vert sombre. Le corsage était en damas de Venise, ciel et vert myrte. La grande duchesse pouvait porter cette traîne sur le bras pour en faire un costume court.

Suivant les périodes, pour les bals, la traîne était recommandée aux danseuses mais déconseillée à celles qui se contentaient de se promener, ou l'inverse.

Manteaux de cour
portés au couronnement du tsar Alexandre II
à Moscou en mai 1896
le Journal des modistes, 1896

Les tissus

On ne s'étendra pas ici sur les différents types de tissus en usage, dont les notices des œuvres exposées constituent le répertoire.

Remarquons néanmoins que ce qui a constitué l'originalité des toilettes du soir, en particulier après 1880, a été le mélange des étoffes, plus audacieux que sous le Second Empire. Alors qu'on recouvrait, vers 1865, un jupon de soie d'une jupe de tulle puis d'agréments en satin, en velours, en dentelle, on ménagea plus tard des contrastes violents. Il ne s'agissait plus cette fois d'ornements mais de parties constitutives du vêtement, comme le rappellent quelques robes réalisées par Worth en 1884 pour la grande duchesse Wladimir et décrites par *la Revue de la mode*. La première était clair-de-lune en satin brodé au plumetis de larges branchages de volubilis dont les cœurs étaient en perles. Deux écharpes de velours et satin se croisaient dans le bas, sous la tunique brodée. Le côté gauche disparaissait sous des flocons de dentelle rousse. La traîne en satin bleu pâle, couverte de dentelles, supportait un nœud immense en velours dont les coques, faites dans la largeur de l'étoffe veloutée, étaient posées en guise de pouf. Deux longs bouts doublés de satin s'étendaient sur la traîne. Le corsage en satin brodé de velours encadrait les épaules. La seconde était en velours et en satin, avec des broderies japonaises sur une vieille guipure... Quant à celles qui voulaient rester discrètes, elles pouvaient se contenter d'une étoffe unie et d'une autre façonnée de même couleur.

L'ornementation

Entre 1870 et 1898, chaque moment de mode a développé un certain type d'ornement. En premier lieu ce fut, jusqu'en 1881, le style tapissier. Les robes constituaient alors un véritable échantillonnage de toutes les techniques possibles ; plus ils étaient nombreux et divers, plus on se rapprochait de l'idéal de beauté alors en vigueur. Parmi les principaux, citons les bouillonnés, les volants, les drapés et la passementerie. Bien qu'on l'employât de préférence le jour, la passementerie eut un certain succès le soir, en particulier de 1878 à 1890. On trouvait aussi des franges, des glands, diverses ganses en résille sur le tablier des robes. Des plumes, des fleurs en guirlandes ou en bouquets, sans oublier les dentelles, et cela jusqu'à l'aube du xxe siècle, complétaient l'ornementation des robes du soir. Jusqu'en 1876, l'accent fut mis avant tout sur le volume, et la femme émergeait difficilement de ce fouillis de tissus. Avec le corsage moulant, le contraste entre le haut du corps et le bas n'en fut que plus fort, le volume étant repoussé vers le bas.

De 1881 à 1890 environ, l'attention se porta sur les lignes, la silhouette et non plus sur le volume. L'ornementation suivit ce principe et se fit plus plate. Cette évolution fut progressive, de sorte qu'il y eut quelque chose de contraint dans le vêtement pendant quelques années. On n'abandonna dans un premier temps ni les écharpes, ni les paniers, ni les volants, mais ils étaient en quelque sorte sacrifiés à la ligne et donc aplatis. En contrepartie, on choisit des tissus de plus en plus lourds et riches avec de gros motifs, comme ceux qu'on employait à la Renaissance. La grande nouveauté fut l'accumulation de tissus différents, comme en témoigne la description d'une robe parue dans *la Revue de la mode* en 1883 : traîne de gaze sur fond de soie, côtés en soie fleurie et imprimée, tablier de dentelle, corsage de velours, gilet de soie, berthe de dentelle, soit sept tissus différents.

La dentelle connut une véritable renaissance. Elle n'était plus seulement un simple ornement mais traitée comme un tissu. Lorsqu'on réutilisait des dentelles anciennes, donc étroites, on s'arrangeait pour donner l'illusion de grandes largeurs : six rangs de dentelle superposés et posés en arrondi pouvaient constituer un tablier. Mais la légèreté de la dentelle était immédiatement annulée par de lourdes écharpes de velours, de satin, posées dessus.

C'est à la même époque que triomphèrent les broderies de perles que Worth avait lancées dès 1857, et qui eurent du succès jusqu'en 1900. Des bandes brodées de perles étaient d'ailleurs vendues, prêtes à être cousues, pour enrichir des robes faites par de simples couturières. La grande mode fut aux perles noires, blanches et surtout mordorées. A une époque où bon nombre de collectionneurs adoraient les céramiques à reflets métalliques, dorés ou argentés, les vêtements aux teintes mystérieuses que l'on retrouve dans les toiles symbolistes leur faisaient écho. Les perles ornaient le buste, le tablier, l'encolure, quelquefois la manche de tulle. Dans les années 1880, elles ornaient plutôt les sorties de bal, les robes de soirée que les robes de bal. Après 1890, elles se répandirent sur toutes les tenues.

Dès 1890, quand les tenues de jour se simplifièrent, les robes du soir s'alourdirent. On assista à une sorte de retour au style tapissier, mais on porta l'accent sur le relief plutôt que sur le volume : le buste se couvrit de protubérances. A nouveau se développèrent rubans, nœuds, résilles, ruches découpées, plissés, volants de dentelle. De lourdes et volumineuses guirlandes de fleurs, de grosses roses ornèrent les robes de bal. Ce goût nouveau pour le relief n'entraîna pas la disparition des broderies mais ce fut les tissus que l'on broda. On y incrusta de la passementerie : ganse ronde, chenille, fils d'or, d'argent, d'acier, perles et paillettes.

Dans le domaine vestimentaire, l'apogée de l'historicisme peut se situer au début de la IIIe République. Ce courant, qui appartint au grand mouvement qui toucha l'ensemble des arts depuis le romantisme, est apparu dès le Premier Empire. Il resta l'apanage des classes aisées, même s'il fut repris dans la confection.

Les périodes ayant particulièrement influencé la mode ont été la Renaissance, les XVIIe et XVIIIe siècles, notamment les styles Louis XV et Louis XVI. Couturiers et grands magasins se sont inspirés du XIXe siècle lui-même, et de l'Antiquité – une excellente présentation de l'historicisme dans la seconde moitié du XIXe siècle a d'ailleurs été réalisée en 1989-1990 par Ann Coleman au Brooklyn Museum à New York. Dans l'analyse et la recherche des sources d'inspiration des tenues réalisées entre 1870 et 1898, il est souvent difficile de faire la part des choses et de retrouver l'origine certaine d'éléments anciens. La raison en est que la mode se plagie elle-même.

On donna des dénominations anciennes à de nouvelles créations pour les inscrire dans la tradition. Ainsi le nœud Louis XV était-il formé de petits volants larges de huit ou neuf centimètres, plissés et rattachés par deux. Le corsage *à la grecque* devait plus au XIXe siècle qu'à l'Antiquité, où il n'était alors qu'une étoffe drapée et attachée par des fibules.

L'esprit dans lequel se développa l'historicisme peut se résumer dans cette remarque de *la Mode illustrée* de décembre 1897, à propos des manches Louis XVI : «Cette réminiscence d'une mode ancienne, modernisée bien entendu et très librement interprétée, comptera selon nous comme une des plus heureuses inspirations de la saison.» La plupart du temps, l'historicisme portait sur un détail vestimentaire. Comme le notait encore *la Mode illustrée* de janvier 1890, on «emprunte tour à tour à l'Antiquité grecque ses belles draperies aussi sévères que gracieuses, au XVIe siècle les ajustements somptueux brodés d'or ou d'argent»... Parfois, il pouvait s'agir des parties constitutives du vêtement, comme la manche, l'encolure, la pièce d'estomac, mais aussi d'éléments qu'on lui ajoutait, comme les paniers ou le fichu. Sans entreprendre ici une étude approfondie de l'historicisme, soulignons-en les caractéristiques majeures dans les robes du soir.

C'est ainsi que la manche fut l'objet de très nombreuses transformations. Selon une approche chronologique, entre 1870 et 1890 ce fut la mode Directoire avec la manche à cinq bouillons s'arrêtant à l'avant-bras en 1874, puis à quatre bouillons en 1883 ou encore à deux en 1884. La mode Empire a servi de modèle au succédané de manche ballon dans les années 1880. La manche à gigot des années 1830 fut reprise dans la manche bouffante à partir de 1893. Quant à la Renaissance, son influence fut dans l'ensemble plus tardive, avec la manche froncée de haut en bas et rattachée par un lien vertical, bien qu'on en trouve quelques exemples dès 1876.

L'encolure connut d'aussi nombreuses modifications. La plus spectaculaire fut la création du haut col dit

Médicis, qui devait beaucoup à la Renaissance. Encadrant le visage et l'engonçant, il fut utilisé pour les sorties de bal entre la fin des années 1880 et 1900. On le trouva aussi en bordure du large décolleté carré des robes de soirée entre 1885 et 1895. Quant à la fraise de la Renaissance, elle fut interprétée en col mousseux pour les sorties de bal courtes.

Parmi les détails rapportés sur le vêtement, ce sont les paniers qui eurent le plus grand succès. C'était un pan d'étoffe formant un plissé volumineux, que l'on portait à la hauteur des hanches et qui évoquait aussi les pans d'étoffe ornant les encadrements supérieurs des fenêtres. On l'employa d'abondance jusqu'en 1874, puis entre 1881 et 1889 et à nouveau sur la jupe à godets, vers 1896.

Il arriva, mais plus rarement, que tout en l'adaptant on copiât un modèle ancien. En dépit de transformations, c'est bien la redingote qui est à la base de la curieuse robe du soir à tournure que publia *la Revue de la mode* en 1884. La redingote à manches courtes et à col relevé sur la poitrine décolletée, ornée de six boutons qui ne ferment rien puisque la veste non seulement n'est pas croisée mais bord à bord, est dégagée comme l'habit masculin porté pendant la Révolution, mais le bas du vêtement n'a plus que deux panneaux étroits tombant jusqu'au sol ! Le modèle de robe du soir proposé pour dames d'âge moyen, dans la même revue, en 1895, et intitulé «toilette de bal Louis XVI», est certes plus conforme à la réalité historique avec son tissu à grosses rayures, sa jupe d'ampleur raisonnable, ses larges revers aux poches et aux manches, ses gros boutons. Pourtant n'est-il pas étrange que ce soit justement un vêtement de ville, de sport même, la redingote, qui ait servi de source d'inspiration à une robe de bal, créant une distorsion entre ces deux mondes ?

Parfois, au-delà du détail vestimentaire, c'est l'esprit d'une époque que l'on recherchait. Dans ce jeu d'influences, les textiles jouèrent un rôle déterminant, les lourds brocarts rappelant le XVIe siècle, et les légères rayures fleuries, le style Louis XVI.

Parmi les particularités de cette époque, il faut souligner l'influence du costume masculin sur la toilette féminine de jour et plus encore du soir. On a déjà vu comment l'habit dégagé du XVIIIe siècle fut repris dans certaines robes de bal. Mais ce sont plutôt des vêtements de la Renaissance qui ont inspiré les couturiers d'alors. Le collet court de bal ne copia-t-il pas la petite cape que l'on voit sur les épaules des contemporains de Catherine de Médicis ?

Il est incontestable que le théâtre pour lequel travaillaient régulièrement les couturiers a joué là un rôle fondamental, qu'il faudra étudier un jour. Mais ceux-ci ne se contentèrent pas d'une source d'inspiration par modèle, bien au contraire, ils se plurent à les mélanger.

Or la combinaison de tous ces détails historicisants, jointe à la nécessité de se conformer à la mode contemporaine donne aujourd'hui un résultat étrange mais qui ne devait pas être très sensible à cette époque. Le procédé était absolument conforme à l'esprit du temps ; là encore triomphait, mais avec une ampleur sans précédent, l'éclectisme que l'on avait déjà constaté sous le Second Empire. Le plus étrange c'est que, pour nous aujourd'hui, cet éclectisme aboutit parfois à un résultat totalement différent de ce qui était attendu. C'est ainsi qu'une robe qui a été décrite comme Louis XV, en raison de ses manches bouffantes et de son encolure bordée d'une grande dentelle, nous paraît plutôt Louis XIII…

Toilette pour grande soirée,
Revue de la mode, 1883, MMC.

Les sorties de bal

Le soir, les femmes utilisaient deux types de sorties : celles dites de théâtre, et celles de bal. Les différences entre les deux n'étaient pas très importantes ; traditionnellement les sorties de bal étaient plus luxueuses et plus claires que les premières, mais cette distinction fut progressivement abandonnée, comme en témoigne en particulier le grand manteau en lampas de soie, orné de grandes tulipes, réalisé par Worth en 1889 et conservé au Brooklyn Museum de New York.

De 1870 à 1898, la sortie du soir évolua considérablement et on peut ainsi distinguer trois grandes phases : de 1870 à 1880; de 1881 à 1887 environ ; puis de 1887 à 1898.

Ainsi, dans un premier temps, ce vêtement était-il conforme à celui employé sous le Second Empire. C'était un burnous, une rotonde descendant jusqu'aux hanches et suffisamment vague pour recouvrir l'ampleur de la jupe et du pouf. Pour plus de commodité, on le fendit en arrière à la hauteur du pouf ou bien on y fit quelques plis. Les manches étaient seulement simulées. Entre 1874 et 1876 se développèrent les fanchons-frileuses, petits capuchons décrits par Stéphane Mallarmé dans *la Dernière Mode* du 20 décembre 1874 et qu'on ajoutait aux sorties ; c'était, écrit-il, «une fantaisie inaugurée à l'Elysée par toutes les femmes élégantes». En tulle blanc, elle «se drape autour du visage et se noue sous le menton. On peut poser son chapeau par-dessus». Pour réaliser ces vêtements, on utilisait des tissus de brocart, de cachemire, blanc ou de couleur claire, des châles de l'Inde ou de la soie ouatinée. On pouvait les border de fourrure de renard bleu, par exemple. Leur ornementation était constituée de passementerie, de boutons, de broderies et de boutonnières simulées, en particulier pour les sorties de théâtre.

C'est à partir de 1880 environ que la silhouette se transforma complètement. On abandonna très vite la rotonde pour suivre fidèlement la forme de la robe. Représentées de profil dans les magazines, les sorties soulignaient le galbe de la poitrine, du dos et de la chute des reins au-dessus du pouf. Ces vêtements du soir paraissaient plus longs que leurs équivalents de jour, les «visites». La coupe des manches ne permettait aucun mouvement ; le col, droit, était généralement fait d'un plissé de soie ou de dentelle.

Entièrement brodées de perles de jais, parfois rehaussées de dentelle, les visites de jour, très souvent noires, étaient d'une extraordinaire richesse décorative. Aussi les sorties du soir offraient-elles un luxe différent, fondé sur l'opposition entre l'intérieur et l'extérieur.

Celles qui étaient relativement simples à l'extérieur avaient une doublure en fourrure. A l'inverse, celles qui étaient simplement doublées étaient en brocart clair orné de grosses fleurs en relief, en velours rose, rouge avec des pendeloques...

Bientôt, les types de manteaux du soir se multiplièrent et Charles Virmaître, dans son *Etude sur la toilette* de 1887, résuma bien l'ensemble des possibilités alors offertes aux élégantes[22] : «La pelisse Louis XVI, en satin changeant [...] avec un petit capuchon froncé et garni de ruches à la vieille et de froufrous de dentelles... la Chlamyde flamme-de-punch, constellée de corail et d'or... La pelisse de satin feuille-de-rose, garnie au cou et tout autour d'une large bordure de roses pompon avec une doublure de cygne... l'immense dalmatique aux plis raides et cassants [ce vêtement, en drap tissé d'argent et d'acier, est couvert de lourdes broderies d'or et de perles avec des franges de perles et une doublure de zibeline] ainsi que la modeste sortie très simple en cachemire de l'Inde gris perle, avec une bordure et une doublure de chinchilla.»

Ainsi la grande innovation était-elle ce fameux manteau qui rappelait d'ailleurs les pelisses portées le jour. Il était droit devant, avec ou sans manches, les reins toujours bien marqués par une dizaine de plis ou de fronces pour laisser la place au petit strapontin. Ces manteaux étaient réalisés généralement dans des tissus très lourds.

Coupée différemment de la rotonde, la cape, très souvent en velours, devint fort à la mode à partir de 1890. Elle se terminait par un haut col arrondi, à la Médicis ; son succès se maintint jusqu'en 1900. Certaines d'entre elles portaient en outre un gros coquillé autour de l'empiècement, qui donnait l'impression d'ailerons.

On retrouva d'ailleurs le même col à la Médicis sur les collets qui, courts, étaient cependant beaucoup plus larges que les capes. On les appela à la Valois, Charles Quint, Henri II, Charles X. Certains, en 1895, étaient ouverts à l'épaule pour laisser passer la manche bouffante. On les fit en fourrure, en hermine notamment.

En 1893, on créa le capuchon-sortie de bal, dans l'esprit du fanchon-frileuse, mais dont la forme rappelait plutôt le collet. La pèlerine, faite de tulle indéplissable ou de mousseline, était ornée de dentelle, de ruches, de rubans qui la rattachaient beaucoup aux vêtements d'intérieur.

Robes de bal et de réception,
la Mode illustrée, 1884, MMC.

Toilettes de bal et de théâtre,
la Revue de la mode, 1876, MMC.

Robes de bal,
le Salon de la mode, 1890, MMC.
A droite, corsage à la «du Barry».

1 *La Revue de la mode*, 19 février 1888.

2 *La Revue de la mode*, 7 février 1886.

3 *La Revue de la mode*, 16 février 1889.

4 *La Revue de la mode*, 27 avril 1884.

5 *L'Art de la mode*, 1881, t. 1.

6 *La Revue de la mode*, 23 février 1883.

7 *L'Art de la mode*, 1881, t. 1, p. 105.

8 *Le Journal des demoiselles*, février 1873.

9 Idem.

10 *Le Journal des demoiselles*, février 1882.

11 *La Revue de la mode*, 20 janvier 1884.

12 Idem.

13 *La Revue de la mode*, 23 février 1883.

14 *Journal des demoiselles*, février 1873.

15 Marguerite d'Aincourt, *Etudes sur le costume féminin*, p. 45.

16 Baronne Staffe, *Indications pratiques concernant l'élégance du vêtement féminin*, p. 114-115.

17 Idem.

18 Baronne Staffe, opus cité, p. 20.

19 Idem.

20 Idem.

21 Baronne Staffe, opus cité, p. 113.

22 Charles Virmaître, *Etudes sur le costume féminin*, (non paginé).

33 Traîne de cour

vers 1890

Velours de soie amande, brodé et appliqué de soie, chenille, pierres et or. Doublure crème en satin Duchesse bordé d'un ruban en satin de soie double-face. On rapprochera cette traîne de celles que portèrent l'ambassadrice de France en Russie et les dames de la cour russe à l'occasion du couronnement du tsar Alexandre II, en 1896.
Acquis à Drouot en 1989.
Inv. 89. 2. 32.

34 Fanchon-frileuse

vers 1873

Nappage de dentelle, bordure en dentelle assortie, capuchon doublé en surah, dentelle mécanique.
Don Fourgeaud. Inv. 60. 19. 28.

35 Charles-Frédéric Worth

vers 1880

Sortie de bal. Technique de la tapisserie en soie polychrome et filé métallique riant. Doublure de satin merveilleux en soie grenat. Franges en cordonnet de soie frisée, mêlées de glands en or. Worth a réutilisé ici un tissu en provenance d'Afrique du Nord. Longue sortie de bal, à petites manches légèrement froncées, encolure ronde, cordon de taille et poche intérieure.
GRIFFE : Worth ; 7, rue de la Paix, Paris.
Don Galéa. 62. 108. 120.

36 Sortie de bal

vers 1892

Velours de soie violet, doublure en damas ; robe à fond satin en soie parme et crème ouaté. Sortie ornée d'un plastron en jais formant deux pointes devant et de même dans le dos, plumes d'autruche teintes en noir en bordure, col Médicis ; à l'intérieur, cordon de taille et petite poche. Des fronces à la hauteur des manches, dissimulées sous le plastron, permettent des manches légèrement gonflées.
Don Blondeau-Allez. Inv. 62. 15. 3.

37 Jeux dans un parc
Eventail plié

vers 1870-1875

Feuille face : papier et gouache ; sbg sur la rampe de l'escalier A. Soldé ; bordure peinture dorée.
Feuille dos : papier et gouache ; smb A. Soldé.
Monture : ivoire repercé, sculpté, incisé ; rivure à rivet métal argent ; œil pierres ; 16 brins.
Ht 28,7 ; hf 13,4 ; 10 pouces 1/2.
Très belle peinture, dans le goût de Lancret, traitée avec la précision d'une miniature. La scène représente une assemblée de quinze personnes se distrayant dans un parc. Au

centre, deux jeunes femmes sautent à la cor-
de tout en regardant leurs compagnons. Au
dos, belle composition florale où des rubans
se mêlent à deux L entrelacés, comme sur le
cartouche du panache. Monture en bel ivoire finement sculpté dans le goût du XVIIIe
siècle, et très élégant cartouche central à
deux Amours musiciens. Cet éventail est
exceptionnel en raison de l'harmonie existant entre la feuille et sa monture. La signature – ici celle du peintre Alexandre Soldé
(1822-1893) – sur les deux faces de l'éventail n'était réservée qu'aux peintres célèbres
et aux éventails de première qualité.
Acquisition Ville de Paris, 1981.
Inv. 81.95.41.

38 Au salon, après dîner
Eventail plié
1890

Feuille : papier peint à la gouache, sbg Henri
Tenré, daté «90».

Monture : écaille jaspée ; sur le panache
chiffre CL en or sous une couronne comtale
; 14 brins.

Ht : 32,5 cm. 12 pouces.

Scène de genre représentant une assemblée
de onze personnes installées au salon après
un dîner élégant. Les femmes portent des
robes de grand dîner à petites manches et
demi-décolleté de couleurs pastel ; les plus
âgées sont revêtues de robes aux couleurs
plus sombres à manches trois-quarts. Henri
Tenré (1864-1926) a probablement réalisé
cette peinture afin de remercier son hôtesse
à l'occasion d'une agréable soirée. *La Revue
de la mode* signalait, en août 1883, que la
princesse de Galles avait un éventail de vélin
représentant une de ses résidences favorites.
Le salon représenté sur cette feuille n'a pas
encore été identifié, mais la précision de son
exécution rappelle les activités de décorateur
de Henri Tenré, dont le musée des Arts

décoratifs possède une œuvre intitulée *le
Salon de Jacques Doucet*.
Collection Jacques-Paul Dauriac.

39 Eventail plié
vers 1895

Feuille face : dentelle Chantilly noire doublée d'une gaze jaune ocré.

Monture : à l'anglaise, brins en écaille cerise, panache en vermeil sculpté, signé Vever
et J. Brateau. Rivure à rivet en vermeil, œil
pierre couleur topaze ; 12 brins.

Boîte : satin grenat, signée dans le couvercle
en lettres dorées «Ane Mon Marret et Bau-
grand/Vever/19, rue de la Paix, 19/Paris/
Grand Prix /Expo. Univle. Paris 1889».

Ht : 31,4 ; hf : 18,3 ; 11 pouces 1/2.

Somptueux éventail dans le goût rococo. Le
décor de la feuille est un pastiche composi-
te, la corbeille de fleurs est traitée dans le
style Louis XV tandis que l'esthétique de la
composition reste celle du Second Empire
corrigée par le goût du faste propre à la IIIe
République. Les panaches sont décorés de
quatre cartouches aux Amours s'inspirant du
style rocaille. Ces panaches ont été créés par
l'orfèvre Vever et sculptés par Brateau. Cette
pièce est particulièrement importante pour
l'histoire des arts décoratifs, car la plupart
des autres éventails de Vever n'ont toujours
pas été retrouvés. *La Revue de la mode*
signalait en octobre 1886 qu'on parfumait
les éventails de gaze ou de dentelle.
Acquisition Ville de Paris, 1989.

1 9 7 4
1 9 0 0

Le soir dans tous ses états

La comtesse Greffulhe en robe de bal,
photographie Paul Nadar, 7 août 1900.

Calendrier mondain

La grande saison

Dans un vibrant hommage à Marcel Proust, Paul Valéry a ainsi brossé le portrait éminemment symbolique du monde de *la Recherche* : «Nul n'y figure qu'au titre de quelque abstraction. Il faut bien que tous les pouvoirs se rencontrent, que l'argent quelque part cause avec la beauté, que la politique s'apprivoise avec l'élégance ; que les lettres et la naissance se conviennent et se donnent le thé.»[1]

Quand un soupçon de nostalgie animait les chroniqueurs, la société des aristocrates était préférée à toute autre. Elle organisait en effet de nombreux bals mémorables, comme la fête de la mille et deuxième nuit chez Paul Poiret (24 juin 1911), le bal des pierreries chez la princesse de Broglie (printemps 1914) ou les bals costumés du comte de Beaumont, entre autres.[2]

Tous les pouvoirs, c'est-à-dire les mondes de l'aristocratie, de la haute bourgeoisie, des financiers, des étrangers ou des demi-mondaines, s'exerçaient dans les mêmes activités mais de manière séparée. Depuis 1900 environ, le lundi était ainsi le jour d'abonnement à l'Opéra de l'aristocratie et de la haute finance internationale, tandis que le vendredi était celui de la haute bourgeoisie et de la haute magistrature. Le lectorat aristocratique des *Modes* préférait la vie estivale de Trouville et de Deauville à celle de Cabourg ou d'Etretat. La saison théâtrale passionnait les lectrices des *Modes* alors que, parallèlement, *Figaro modes* révélait une nouvelle pratique sociale, le dîner au restaurant. Ces catégories sociales du monde scandèrent, chaque année, leurs vies parallèles d'activités immuables. Un surmenage certain menaçait ainsi les Parisiens au sortir de la grande saison, de Pâques au Grand Prix (premier dimanche du mois de juillet).

Quand survenaient des élections générales législatives, comme en juillet 1906, la grande saison ne durait alors qu'un mois – chose rare, il est vrai – et enchevêtrait tant de «dîners privés, matinées, soirées, five o'clock teas, bals roses, sauteries blanches, raouts, parties de bridge, excursions en mail-coachs, promenades au bois, cotillons aux cercles du bois de Boulogne» que nombre de lectrices des *Modes* se plaignaient d'épuisement.

Tous les ans, à pareille saison, les chroniqueurs de mode se plaisaient à rappeler l'emploi du temps d'une élégante.

Sportive, elle se levait tôt, puis se rendait au Bois pour sa promenade matinale : toilette du matin. L'après-midi se déroulait de vernissage en essayage, de vente de charité en thé et en visite : toilette d'après-midi. Pour les thés et certains vernissages, une toilette différente devait souvent être passée. Le déshabillé se portait pour des réceptions intimes chez soi, puis on revêtait, à vingt et une heures, la robe de dîner ou de restaurant. On dînait avant le spectacle, on soupait ensuite. Une invitation au bal nécessitait encore une toilette spécifique. Les chroniqueurs dénombraient cinq ou six toilettes par jour en moyenne, parmi lesquelles figuraient grosso modo quatre ou cinq types de robes du soir (les robes de grand et de petit dîners, la robe de théâtre, la robe de bal et la robe d'Opéra) et deux catégories de manteaux (la sortie d'Opéra et le manteau de restaurant).[3] De fait, le lexique des désignations des robes du soir nous a semblé d'une richesse excessive, comme si le caractère particulier de chaque réception et celui de chaque femme devaient transparaître dans la robe. Etaient ainsi proposées des robes du soir pour jeunes filles, pour jeunes femmes, pour femmes adultes et pour femmes plus âgées.[4] *L'Art et la Mode* étudia même (26 octobre 1900) un modèle de robe du soir pour femme enceinte. Des robes pour le cabaret côtoyaient des robes pour le dîner au restaurant, qui se révélaient différentes de celles réservées au dîner prié. Nous ne saurions démêler cet écheveau inflationniste qui marqua l'apothéose des genres de la robe du soir et annonça, en corollaire, la fin de leur diversification forcenée dès 1910, avec Poiret.

Retenons seulement que la robe du soir de la Belle Epoque s'accompagnait d'un manteau pour former une toilette du soir, bien qu'il n'eût pas encore été question de les assortir, la femme conservait son manteau, l'été, quand elle dînait dans les restaurant des cercles du Bois ; le théâtre et ses rites de passage autorisait aussi toutes les recherches et toutes les conjugaisons de fourrures, dentelles, guipures, tissus pour un seul manteau.

Tous les mois, le magazine *les Modes* avait pour habitude de recenser les bals blancs et les bals roses de la société parisienne. De Pâques à juillet, ils se comptaient par dizaines. Les bals blancs étaient exclusivement composés de jeunes filles. On admettait pour un bal bleu «des danseurs, mais pas de jeunes femmes». «Naturellement, précisait Camille Pert dans *le Dernier Cri du savoir-vivre*, les mères accompagnent leurs filles.»[5] Les bals roses se composaient de jeunes femmes et de danseurs ; les jeunes filles en étaient exclues.

«Ma robe sera-t-elle blanche ? ou bleue ? ou rose ?», voilà la question… «Si la jeune fille n'a, pour son premier bal, que ce choix, limité, en matière de coloris, les jeunes filles plus âgées qui n'en sont pas à leur première saison et qui ont déjà épuisé la gamme des nuances naïves et tendres peuvent opter pour des verts, des pailles, des rouges ou des mauves.»[6] Le tulle point d'esprit restait d'emploi le plus courant. Seules les garnitures, de ce fait, ont apporté variété et fantaisie à ce type de robe : des rubans de satin ornent les trois volants superposés de tulle de la robe présentée dans cette exposition. Ailleurs, des dentelles de Valenciennes ou des galons brodés agrémentaient la toilette. Un consensus s'opéra autour de la fleur artificielle, «rebrodée à même l'étoffe et serpentant en minces guirlandes». Une guimpe complète le petit décolleté carré de la robe des collections du musée (cat. n° 44). Blancs, les bas, les souliers et les gants de suède s'assortissaient à la robe de bal. La jeune fille ne portait pas de bijoux, hormis une broche ou une barrette de perles. *Fémina*, le 1er septembre 1907, tolérait un collier de corail blanc ou rose très pâle et préconisait un petit éventail en ivoire ou en corne blonde.

Bals de la grande saison

Lieux de villégiature

Bien après que, le 2 juillet 1896, Boni de Castellane eut donné pour le Tout-Paris un bal à l'occasion de l'anniversaire de son épouse, Anna Gould, les chroniqueurs aimèrent à rappeler les fastes de l'orchestre de deux cents musiciens, des quatre-vingts danseurs de ballet de l'Opéra, des soixante valets de pied en livrée rouge, de quatre-vingt mille lanternes vénitiennes pour les quelque trois mille invités.[7] Seuls les bals travestis ont égalé de leur magnificence un tel événement et rendent l'étude du travesti passionnante mais hors de propos ici.

Le portrait photographique – ô combien symbolique ! – de la comtesse Greffulhe par Paul Nadar permet d'aborder le type de la robe de bal selon la terminologie baudelairienne, alors à son zénith. Car, si l'adéquation du type de robe à son occasion d'usage a toujours été de mise, seule la personnalité de la femme qui a revêtu tel ou tel type de robe a permis la sublime fusion en une «totalité indivisible» d'elle-même, de la robe et de ses accessoires. Lors d'une réception à l'ambassade d'Angleterre en 1900, la comtesse Greffulhe, vêtue d'une robe de satin blanc, brodée d'or, aux plis amples, arborait, splendide, «un rang de perles d'une longueur incalculable, montant en arceau dans les cheveux, soutenu par un laiton invisible, et descendant en cascade dans le dos pour s'enrouler autour de la taille, après avoir fait deux fois le tour du cou». Arbitre incontestée de la mode, et peut-être ainsi à l'origine de l'engouement du port d'écharpes de tulle sur un décolleté, la comtesse se posait en déesse baudelairienne comme si «les mousselines, les gazes, les vastes et chatoyantes nuées dont elle s'enveloppe, [étaient] les attributs et le piédestal de sa divinité»[8].

De 1900 à 1914, la pratique des bals dans les cercles privés, auxquels tout homme du monde se devait d'appartenir, dût-il y perdre une fortune, se développa pendant la grande saison. Pendant le mois de juillet, les cercles du bois de Boulogne et de l'île de Puteaux organisèrent des bals au cours desquels on dansait le cotillon. La robe de bal d'une telle soirée était «du type [de celle] des bals des casinos sélects de Deauville ou de Dinard», précisaient les Modes en juillet 1903. Le décolleté en épaule et le grand chapeau étaient de rigueur. Parfois le chroniqueur de la même revue préférait au chapeau la «grâce d'une coiffure légère».

Pour ces réunions souvent en plein air, le choix du manteau retenait toutes les attentions. En juillet 1905, les Modes notèrent ces «merveilles de manteaux en mousseline de soie, en forme d'une mante à l'encolure dégagée et dont les manches énormes paraissaient presque courtes»[9].

Rester à Paris après le Grand Prix eût été de mauvais goût. Trouville, Deauville et les différentes stations balnéaires de la côte bretonne comme Dinard pendant la «grande semaine» (septembre) demeuraient des destinations privilégiées. La journée se compliqua à nouveau d'activités multiples : étude des courses, golf, bain, promenade, déjeuner, courses jusqu'à dix-sept heures, bridge, visites, dîner vers vingt heures, opéra, spectacle de music-hall ou concert jusqu'à minuit, acte de présence dans les salles de jeu, souper, et rentrée vers deux heures du matin.[10]

Une nouvelle réglementation sur les jeux de hasard en 1907 favorisa la multiplication des salles de jeux des casinos, car il devait exister un salon pour les petits jeux (whist, bésigue), un pour les petits chevaux, un ou plusieurs pour le baccara.[11] C'est au casino, encore, que des représentations théâtrales avec les têtes d'affiche parisiennes, Sarah Bernhardt, les Brasseur, Sacha Guitry, Réjane… étaient proposées.

Le casino de Trouville, que dirigeait le directeur des Folies-Bergère, présenta des attractions variées et des numéros de la belle Otéro et de Félix Galipeaux entre autres. En ce même lieu de divertissement, le théâtre, le music-hall, le restaurant, la salle de bal (pour danser valses et bostons) et les salles de jeu se trouvaient réunis, dans un abrégé de la vie parisienne.[12]

Les tissus des robes de casino étaient identiques à ceux qu'utilisaient les jeunes filles pour la saison des bals blancs : tulle, mousseline, gaze, crêpe et liberty souple. Les couleurs restaient généralement claires, bien que toute nuance fut admise. Une profusion de dentelles et de broderies les distinguait toutefois de la robe de jeune fille, précisait Fémina (15 août 1907).

Dès le 1er juillet 1903, Fémina notait «ces toilettes de mousseline ajourée, délicatement incrustée, plissée de mille plis […] aux dentelles ou guipures finement appliquées, et ces […] nuances des transparents». De même que la robe de dîner, la robe de casino devait être peu décolletée ; des manches couvraient les bras. Ce type de robe se portait encore, au mois de mars, en villégiature sur la Riviera. Le mondain, en véritable nomade, se rendait de Deauville ou Trouville à Dinard pour la grande semaine, puis à Biarritz. Pour les dîners dans les grands hôtels de la ville, l'hôtel Victoria ou l'hôtel d'Angleterre, les femmes étaient en décolleté, les épaules nues, et apparaissaient selon l'expression du temps «très en bijoux» (Fémina, 15 juillet 1907). Le chroniqueur précise que certaines femmes dînaient en chapeau, à la mode anglaise, «tandis que d'autres étaient en cheveux, avec un diadème comme à l'Opéra».

Pour celles qui ne retournaient pas à Paris assister aux premières théâtrales, le mois d'octobre se passait dans un château, pour les chasses d'automne. Les invitées passaient, pour les dîners et les réceptions du soir, de simples robes de petit dîner, peu décolletées, pourvues parfois d'une guimpe transparente, et à demi-manches[13]. Mais il était recommandé d'apporter çà et là quelques détails fantaisistes laissés à l'appréciation de chacune, tantôt dans les couleurs des étoffes, tantôt dans l'aspect du collet ou de la mante «jetés sur les épaules au moment de passer sur la terrasse ou pour traverser les immenses couloirs», ou encore dans un détail du drapé de la jupe…[14]

Bal blanc, huile sur toile d'E. Avy, vers 1900.
Musée du Petit-Palais, Paris.

Madame et mademoiselle de la Rochetaillée,
photographie Paul Nadar, juin 1903.
Les Modes ont publié ce portrait à l'annonce
du contrat de mariage de mademoiselle
de la Rochetaillée avec le prince de Broglie.

Robe du soir ou de dîner
pour jeune fille ou jeune femme,
photographie Reutlinger,
la Mode pratique, 1901 (haut gauche).

Toilette du soir pour jeune femme,
photographie Reutlinger,
la Mode pratique, 1901 (haut droit).

Toilette de dîner pour dame d'âge moyen,
photographie Reutlinger,
la Mode pratique, 1900.

Le restaurant Le Meurice (vue intérieure), 1909.

Paris
à la belle époque

Est-il époque plus mythique ? Au faîte de sa puissance, avec son important empire colonial et les ouvrages qu'elle a exposés dans les différents pavillons de l'Exposition, la France s'enivre des drapeaux de Wagram. La représentation de l'*Aiglon,* d'Edmond Rostand, inaugura triomphalement le théâtre Sarah-Bernhardt ; l'actrice, âgée de cinquante-six ans, interprétait le jeune duc de Reichstadt.

Au début du XXe siècle, le théâtre étendit sur Paris une souveraineté dont on a aujourd'hui perdu la notion. *Figaro modes* (15 avril 1903) citait en exemple les recettes impressionnantes que faisaient les salles de théâtre et énumérait les «couturiers, modistes, marchands de gants, bijoutiers, éventaillistes, opticiens, confiseurs, photographes, restaurateurs de nuit...» que le théâtre propulsait sur le devant de la scène.

Les actrices, certaines maîtresses de souverain ou d'aristocrate, gagnèrent par le biais du théâtre une forme de reconnaissance sociale. Bien qu'elles ne fussent que des demi-mondaines, leur qualité d'arbitres de la mode les autorisait à être photographiées dans *les Modes,* interviewées dans *Figaro modes* et décrites dans *Fémina* – c'est depuis la fin du Second Empire que les actrices étaient proposées comme modèles dans les magazines de mode. Réjane, Cléo de Mérode, Lanthelme ou Liane de Pougy posèrent aussi bien dans leur costume de scène que dans leur costume de ville. Les actrices, comme les femmes du monde, se côtoyaient encore dans les cabarets ou dans les salles de music-hall de Montmartre, alors à la mode. Au cabaret du Chat noir comme à celui du Rat mort se rendaient tant d'artistes, d'intellectuels et de femmes, du monde ou non, que le journaliste de *la Vie parisienne* s'autorisait à écrire, le 18 décembre 1909 : «Une salle de music-hall est bien plus belle que la salle de l'Opéra, et bien plus représentative puisque les demi-mondaines y voisinent avec les femmes du monde.» Les cabarets de Paris pouvaient se targuer d'une équipe de chanteurs exceptionnels, parmi lesquels figuraient Bruant, Mayol, Dranem, qui ont interprété *les Petits Pois, Ma Tonkinoise* ou *Vous êtes si jolies,* succès internationaux.

Troisième volet des activités nocturnes parisiennes, le dîner dans les restaurants des grands hôtels ou dans les grands restaurants Paillard, Volney et Durand se développa de manière significative.

Dans ses colonnes, le 15 mars 1904, *Figaro modes* effectua un reportage photographique dans les salons de réception de l'hôtel de la comtesse B. Ducos. La suite de grand salon, de petit salon, et de salon de réception tendrait à prouver la permanence de l'usage de recevoir à dîner dans des conditions optimales. Or, il n'en était rien. Il devint de plus en plus difficile de concilier un bon service domestique, un nombre suffisant d'invités, et un vaste espace de réception. Les chroniqueurs relataient l'idée incongrue d'une hôtesse qui pratiquait deux séries de réception. Les invités de l'une ou l'autre série s'imaginaient toujours «n'avoir été conviés que pour la réunion la moins sélect»[15]. A partir des années 1903-1905, la pratique de louer une salle de restaurant d'un grand hôtel pour y donner un dîner se développa. L'équipement en électricité de ces hôtels pourrait fournir une explication à cet engouement. On dînait ainsi au restaurant pour se rendre ensuite plus commodément aux spectacles des théâtres ou des cabarets ou bien on y soupait «après une petite fugue au music-hall»[16].

Dîner au restaurant ne demandait pas une tenue de grand dîner au large décolleté. Alors que les manuels de savoir-vivre réclamaient pour les dîners dans les restaurants des couleurs sombres et discrètes, deux caractéristiques constantes ont régi l'aspect de la robe de dîner : le demi-décolleté et les demi-manches, qui en ont fait un type, au-delà de l'évolution de la silhouette. Jusqu'en 1905 environ, la femme compléta sa tenue d'un chapeau de grande dimension, mais, avec la nouvelle réglementation sur le port du chapeau au théâtre, elle l'abandonna pour une coiffure du soir.

Que l'on dînât en plein air ou non, le manteau de restaurant se révéla le complément indispensable de la robe. En juin 1906, *les Modes* présentaient un «manteau de restaurant» de drap, «bleu le plus souvent mais aussi fraise, tilleul, argent, et en taffetas noir». Les manches d'un tel manteau devaient rester très larges, et des broderies en agrémentaient les devants. On note aussi des manteaux de guipure, de dentelle ou de mousseline de soie en double ou triple épaisseur, de tons dégradés pour les effets de transparence, plus courants, et aussi plus proches des sorties de bal ou sorties d'Opéra.

Les transformations qu'apporta le couturier Paul Poiret dans l'esthétique des formes et des couleurs ne permirent plus, à partir de 1910, de distinguer le manteau de restaurant d'un autre manteau du soir. Le type n'est même plus cité. De manière générale, tous les modèles du soir, robes ou manteaux, de Paul Poiret, ont d'abord dérouté le public parce qu'ils étaient inclassables. Le couturier écrivait ainsi à sa femme, pendant un voyage à Londres, que les Anglaises, à la vue d'une de ses robes, s'écriaient «avec des pamoisons : "Oh ! charmant, délicieux, mais pourquoi est-ce faire ? thé ? dîner ? Opéra ?".»[17]

La fréquentation des théâtres s'ordonnait selon une hiérarchie bien établie. L'Opéra, l'Opéra-Comique, ouvert depuis 1885, la Comédie-Française, réouverte en 1901 après un incendie, figuraient au premier rang d'importance. Venaient ensuite les théâtres Sarah-Bernhardt, le Vaudeville, les Variétés, les Bouffes-Parisiens et le théâtre de la Porte-Saint-Martin, ou théâtres «d'à-côté». Le 2 avril 1913, le théâtre des Champs-Elysées des frères Perret fut inauguré.[18]

Nous avons déjà cité le succès considérable que remporta Sarah Bernhardt dans la pièce d'Edmond Rostand, l'*Aiglon*. En 1910, le dramaturge triompha encore avec Chantecler, qui lança une nouvelle mode de chapeaux à plumes. Des auteurs tels que Georges Feydeau, Maurice Donnay, Tristan Bernard, Octave Mirbeau, entre autres, placèrent le genre de la comédie bourgeoise à son zénith.

Une nouvelle forme d'association se répandit encore au début du siècle et favorisa de mémorables soirées théâtrales ou musicales. Plusieurs personnes du monde se cotisaient et offraient ainsi à leurs relations des matinées ou des soirées culturelles. Quand la Société des grandes auditions musicales, que présidait la comtesse Greffulhe, fit représenter en 1903 au théâtre Sarah-Bernhardt *la Damnation de Faust,* de Berlioz, l'événement fut jugé d'importance considérable. La même association proposa, en 1905, une série de soirées d'opéras italiens[19]. Le 19 mai 1909, le théâtre du Châtelet présenta encore trois ballets inédits que dansait une troupe jusqu'alors inconnue, celle des Ballets russes, avec Diaghilev comme chorégraphe. Les historiens du costume ont souvent analysé les influences qu'ont eues les couleurs, les costumes et les décors de ces ballets sur le renouvellement des formes et des couleurs de la mode de la fin de la décennie.

Pour le souper, dessin anonyme,
Fémina, 15 octobre 1912.

Abonnée du lundi ou du vendredi, ou non, la spectatrice revêtait sa plus belle toilette, autrement dit une robe de bal. La femme la plus élégante réservait une première loge ou, à défaut, une baignoire et un fauteuil de balcon. Pendant l'entracte, tandis que certains hommes se rendaient au foyer des danseuses, elle se promenait dans les couloirs, ou restait dans sa loge, se levant parfois «pour s'offrir aux regards des spectateurs de l'orchestre ou des balcons»[20]. Pour la première représentation du *Crépuscule des dieux*, le 20 octobre 1908, les spectateurs avaient profité d'un entracte d'une heure pour dîner, en grande tenue, au buffet de l'Opéra.[21]

Une traîne, un grand décolleté en épaules, quelquefois des manches très courtes, des enroulements ou des superpositions de tulle, gaze, mousseline de soie, incrustées de dentelles et rebrodées de soie, perles ou paillettes, caractérisaient ce type de robe. Un diadème de diamants ornait la coiffure et l'éventail restait l'indispensable accessoire[22]. *La Vie parisienne* (3 mars 1900) brossa le portrait contrapuntique de certaines abonnées du mardi à la Comédie-Française qui, dans les première ou deuxième loges, offraient des décolletés avec moins de diamants et «plus de manches longues qu'à l'Opéra. Quelques bras, sans gants, étaient nus, mais ils étaient rares».

La sortie des abonnés fut toujours un moment privilégié de la soirée à l'Opéra. Tous les chroniqueurs s'accordaient pour dire qu'il n'existait pas de spectacle plus élégant ni plus somptueux.[23] Un escalier spécial leur était réservé pour rejoindre le Tombeau, salle qui ouvrait sur la rue Halévy, où ils attendaient que les domestiques aient avancé leur voiture.

Les Manteaux de théâtre, dessin Manon,
Fémina, 15 octobre 1912.

Autres théâtres

Alors qu'il est ici hors de propos d'étudier l'interaction de la mode sur la scène et dans la salle, nous suggérons toutefois le parallélisme existant entre la saison des premières, avril et octobre, et la publication des numéros spéciaux de mode des magazines féminins (deux fois par an). Mais si le théâtre fut une grande école d'élégance – les actrices pouvaient passer jusqu'à seize tenues pour une seule représentation ! – *les Modes* en dénonçaient les effets trompeurs. Si la pièce se déroulait dans un milieu modeste, pourquoi montrait-on des robes très élégantes, qui sous-entendaient un budget conséquent ? Car « rares étaient les artistes qui avaient l'abnégation de sacrifier leur luxe personnel à leur rôle dans la pièce »[24]. Sur un mode humoristique, G. Coquiot opposait dans *Voici Paris* « les couturiers qui n'auraient aucun goût à habiller mesdames Julia Bartet, Berthe Bady [...], qui jouent trop avec toute leur âme, à ceux qui habillent Robinne ou Jeanne Prouvost uniquement soucieuses de faire des "effets" de toilette »[25]. Mais toutes les modes que la scène proposait ne suscitaient pas forcément des imitations. *La Vie parisienne* évoquait à ce propos la toque de théâtre qu'arborait Réjane dans la pièce *Heureuse* et qui rencontra peu de succès (14 mars 1903).

Plus ou moins décolletée et riche selon la catégorie de théâtre à laquelle elle était destinée, la robe de théâtre acquit une spécificité par sa couleur. Certes, les magazines présentaient souvent de nombreux modèles de robes de théâtre de couleurs diverses. Mais, pour s'accorder avec les teintes cramoisies et dorées des tentures et des stucs de théâtre, aucune couleur ne surpassa le noir, le blanc ou l'or : « Au théâtre, le noir ou le blanc, le noir et blanc dominent. »[26] *La Vie parisienne*, dans la description des toilettes d'une élégante première de la pièce *la Bascule*, de Maurice Donnay au théâtre du Gymnase, relevait les nombreuses « robes blanches, très ouvragées, brodées d'or, d'argent, endentellées, qui dominaient ». La comtesse Greffulhe, pour une de ces soirées d'opéra italien au théâtre Sarah-Bernhardt, arborait une toilette de Chantilly noir sur fond de soie mauve, un diadème de diamants dans les cheveux[27]. Même la robe « Théâtre des Champs-Elysées », que Paul Poiret a dessinée pour l'inauguration du théâtre, en 1913, était en satin broché ivoire, recouverte d'un tulle blanc ! Se conformait-il alors à cet usage ou désirait-il assortir la robe au doux coloris du bâtiment de ciment ? Nous ne saurions trancher.

Plutôt noire ou blanche, sinon noire et blanche, la robe de théâtre s'est toutefois rencontrée dans tous les coloris. A partir de 1904-1905, un goût prononcé pour des superpositions d'étoffes atténua, au moyen d'un tulle noir pailleté, les bleus acier, les mauves ou les rouges cerise, ou créa des effets de transparence ou d'irisation inédits, comme si l'action de la lumière importait plus que la couleur. Rappelons que les théâtres généralisaient à cette époque l'usage d'un équipement électrique qui remplaçait l'éclairage au gaz ![28]

Hormis la tenue de soirée qu'une présence à la Comédie-Française, à l'Opéra-Comique – en particulier les soirs de première, de générale ou de répétition en costumes – exigeait, une tenue de ville très élégante suffisait pour les théâtres « d'à côté » et les théâtres secondaires. Les robes au corsage montant étaient, elles aussi, de couleurs claires ou noires ; ou bien une blouse habillée accompagnant n'importe quelle jupe habillée d'après-midi suffisait ! (*Fémina*, le 1er octobre 1907). Les chapeaux restaient discrets, les gants étaient de chevreau blanc.[29] Les manteaux qui accompagnaient ces demi-toilettes n'offraient pas le luxe des sorties de bal ou d'Opéra, qui, de l'avis de *Fémina*, le 1er juin 1902, étaient devenues « le vêtement le plus magnifique de la garde-robe féminine ». Affectant la forme d'une redingote ou d'une mante, ces manteaux de grande toilette conjugaient l'emploi de la fourrure, de la guipure, de la dentelle ou du satin sur un même modèle. Brocarts et lamés d'or et d'argent furent plus usités, à partir de 1908-1910, pour ces fameux manteaux très enveloppants, souvent resserrés au niveau des hanches ou des genoux par des drapés de style byzantin ou orientalisant. La silhouette prit alors une forme triangulaire. Pour les petits théâtres, des modèles de manteaux en drap assez identiques à ceux « de restaurant » étaient encore proposés jusqu'à la fusion de ces types de manteaux en un seul à la fin de la période.

Polémique autour du chapeau de théâtre ou "petit chapeau Greffulhe"

Bien que les textes des magazines de mode aient rarement relevé du genre comique, la polémique du port du chapeau au théâtre a cependant inspiré nombre de chroniques humoristiques. Pour preuve, cette anecdote que rapportait le chroniqueur des *Modes* en novembre 1904. Un spectateur s'était rendu au théâtre avec un tableau et, assis dans un fauteuil de l'orchestre, l'avait posé devant lui en écran et répondait à sa voisine : «Moi aussi, j'ai bien le droit d'avoir mon Gainsborough, et il est authentique ! » La polémique inspira ici une fable, là une prosopopée d'un «monsieur de l'orchestre». Une caricature de Sem, publiée dans *l'Illustration* le 30 octobre 1909, accabla le volume excessif des chapeaux de théâtre. Déjà le dessin d'Abel Faivre suppliait les élégantes en ces termes : «Ornez vos cheveux d'une simple rose/Ou bien encore de bijoux/Que l'on voie au moins quelque chose/Quand on se met derrière vous.»[30]

Aux yeux des contemporains, le chapeau était l'un des accessoires les plus importants de la toilette. Toutes les sortes de matériaux, couleurs et façons se rencontraient. Les modistes faisaient toujours grand cas du chapeau de style : grand chapeau qualifié de «style Louis XV» (*sic*), marquis de dimension plus réduite de style Louis XVI ou charlotte plate. Les chroniqueurs citaient aussi ces chapeaux de fantaisie, de grande dimension, de type Gainsborough, Rembrandt, ou Lamballe. En accord avec l'évolution de la mode, deux types de chapeaux sont ici présentés. Jusqu'en 1907 environ, comme l'illustrent la reproduction photographique de Paul Nadar, beaucoup de capelines, garnies bien sûr sur le dessus, basculèrent d'un côté et révélèrent un dessous de passe qu'agrémentaient aussi des plumes de marabout, et d'autres oiseaux.

Le modèle du chapeau cloche fut abondamment décrit à partir de l'hiver 1907. La calotte ronde, assez haute et large s'enfonçait bien sur la coiffure, mais disparaissait souvent sous des drapés de tulle, de mousseline de soie ou de volumineux arrangements de fleurs, de plumes et d'oiseaux de paradis.

En harmonie avec les couleurs d'une robe de théâtre, un grand chapeau de tulle noir et blanc qui «semble si séduisant qu'on ne put se résoudre à ne pas le porter [au théâtre], où il serait en valeur»[31], fut encore décrit.

Dès la fin de l'année 1903, le gouvernement madrilène interdit le port du chapeau au théâtre.[32] A Londres, des vestiaires spéciaux avaient été aménagés. A Berlin, en 1906, les directeurs des théâtres étaient «plus avancés» qu'en France[33]. A Paris, dans le souci de conserver une clientèle assidue et fortunée, les directeurs des différents théâtres optèrent pour l'interdiction du port du chapeau aux fauteuils d'orchestre. Il semble que l'arrêt ait été prononcé à l'Opéra, pour s'étendre à l'Opéra-Comique et à la Comédie-Française[34]. Les théâtres officiels entérinèrent généralement la nouvelle réglementation au cours de l'année 1905. Le théâtre du Gymnase interdit le grand chapeau en 1906, et le théâtre du Vaudeville priait, en septembre 1906, les habituées de l'orchestre et du balcon de venir en petit chapeau[35]. Le directeur du théâtre portait la réglementation à la connaissance du public par voie d'affichage au-dessus du bureau où l'on délivrait les billets, ou sur les billets et sur les programmes. Le programme du théâtre Hébertot libella ainsi, en 1907, un avertissement au public : «La direction, se regardant comme tenue à rembourser sa place à tout spectateur empêché pour une raison quelconque de *voir* le spectacle, compte que les dames voudront bien ne pas porter de *chapeau* aux *places d'orchestre*. Cette abstention, de rigueur dans tous les théâtres d'Europe et d'Amérique...»[36]. Ces injonctions visaient en réalité à éviter nombre de procès, comme celui qu'intenta monsieur B. au théâtre Sarah-Bernhardt. Ce monsieur avait pris en location, le 8 mars 1905, deux fauteuils de la première galerie. Le chapeau d'une spectatrice assise dans un fauteuil de premier rang de la galerie lui cachait une partie de la scène ; il réclama alors en justice à Sarah Bernhardt «dix francs, différence entre le prix payé par lui et la place nouvelle mise à sa disposition et cent francs de dommages et intérêts». Le tribunal rappela au plaignant «qu'il avait été averti par voie d'affichage que les dames admises aux fauteuils d'orchestre devaient seules se trouver sans chapeau, et qu'il devait s'attendre, n'ayant pas loué de fauteuils d'orchestre, à trouver devant lui une spectatrice portant un chapeau»... et déclara sa plainte sans fondement[37]. Le discours policé du magazine de mode ne rend, on l'imagine aisément, jamais compte de tels procès, ni même de la violence de certaines polémiques. Une argumentation comme : «le grand chapeau est une erreur absolue à l'orchestre, et même au balcon où, la lumière venant de haut, il projette sur le visage une ombre désastreuse»[38] espérait seulement tirailler l'amour-propre, supposé coquet, de la femme. Rappelons enfin que ce «cher grand chapeau qui nous fait si jolies» était toujours autorisé dans les loges : « Les hommes [seront] placés en arrière, mais, frère ou invité, auront assez de courtoisie pour supporter sans mot dire cet édifice qui, à défaut de la scène, leur réserve toujours un joli spectacle.»[39]

Dans ce contexte, fut-il opération médiatique mieux réussie que l'exposition des chapeaux de théâtre qu'organisa la comtesse Greffulhe au profit de la Société philanthropique ? La manifestation couvrit cinq pleines pages du magazine *les Modes* en juin 1906. *La Vie parisienne* et *l'Illustration* ont aussi mentionné que la comtesse Greffulhe, animée du désir de réduire les grands chapeaux de théâtre à des dimensions raisonnables, fonda «une ligue pour la conquête du petit chapeau», association dont faisaient partie les princesses Eugène Murat, Albert de Broglie, Edmond de Polignac, la duchesse de Guiche, la comtesse de Ganay, etc. Avec leurs adhésions, elles proposaient des modèles pour le futur petit chapeau, et (le contraire eût été surprenant) déclarèrent à l'unanimité le diadème avec une plume noire festonnant les cheveux de la comtesse comme étant le modèle rêvé ! Dès que ces modèles furent présentés aux modistes, ceux-là s'empressèrent, toute réticence vaincue, de confectionner de nouveaux chapeaux qui furent exposés dans les salons de l'hôtel Greffulhe, rue d'Astorg. La comtesse organisa ensuite, au profit de la Société philanthropique, une vente aux enchères. «Le succès dépassa les meilleures prévisions : les mêmes modèles furent vendus plusieurs fois.» *Les Modes* énuméraient les maisons de mode (Jane Taty, Virot, Marie Gillot, Alphonsine, Deffontaine, Gélot, Saillard, Esther Meyer, Hertz, Boyer, Auguste Petit, Lewis, Léontine, Suzanne Talbot, Camille Roger, Bonni, Steiner, Loys, Carlier, Lespiaut, Honorine) qui avaient plus œuvré à la création d'un nouveau format de chapeau qu'au renouvellement du genre.

La passe était en général supprimée, mais, bien qu'allégées, les garnitures d'aigrettes, de marabout, de fleurs, d'animaux, ou de rubans, restaient. Cette coiffure se distinguait de la coiffure de bal par «un soupçon de calotte en dentelle d'or ou en argent qui supportait pierreries, nœud, fleurs, aigrettes, ou oiseau de paradis ou deux plumes couchées, et était maintenue par de grandes barrettes très haut et très en avant»[40].

Les chapeaux ou coiffures de théâtre affectèrent la forme «de papillons, de coiffes hollandaises ou de calottes d'enfants de chœur». Notons encore ces couleurs caractéristiques du théâtre : «Ces coiffures sont en cabochons de jais noir ou en satin blanc brodé de perles fines.»[41]

Le port du chapeau au théâtre,
caricature de Sem,
l'Illustration, 30 octobre 1909.

Chapeau de Lewis, photographie Paul Nadar, 1904.

Exposition «Chapeaux de théâtre»
organisée par la comtesse Greffulhe,
photographie Paul Boyer,
les Modes, juin 1906.

Redfern,
robe du soir,
vers 1900, cat n°40.

Worth,
robe de théâtre,
vers 1903, cat n°43.

Robe de bal pour jeune fille,
vers 1903, cat n°44.

Worth, robe de dîner,
vers 1903, cat n°45.

Manteau du soir attribué à Drecoll,
vers 1905, cat n°46.

Beer,
robe du soir,
vers 1912, cat n°48.

Camille Marchais,
chapeau du soir,
vers 1900, cat n°53.

Réceptions privées

Depuis le déjeuner, l'emploi du temps de la femme citadine alternait visites et réceptions. Le soir, le caractère intime ou non de la réception conditionnait sa toilette. Si le théâtre de Boulevard a souvent donné au déshabillé, robe pour recevoir dans l'intimité, un caractère très ambigu, son luxe ne s'en rapportait pas moins à la robe du soir. Autant de déshabillés ou de tea-gowns que de toilettes de ville se trouvaient dans les bagages d'une mondaine en villégiature à Monte-Carlo.[42] La tea-gown au sens strict était une robe d'intérieur très habillée, que l'on passait pour recevoir ses amis à l'heure du thé. Nombre de modèles pour dîners intimes, à col montant, étaient en fait des tea-gowns. «Les étoffes souples comme les météores, les charmeuses, les tissus liberty, les crêpes de Chine et les mousselines sont les tissus préférés de ces robes», que l'on revêtait à partir de dix-neuf heures[43].

«Espèce de toilette de bal», comme la définit *la Vie parisienne*, cette toilette d'intérieur tombait droit ou était à peine retenue à la taille par une ceinture. Destinées à être portées dans un appartement bien chauffé, ces robes supprimaient volontiers le col, pour adopter un décolleté «qui devait rester discret»[44]. Les couleurs restaient tendres bien qu'en décembre 1907 ou en octobre 1909, dans *les Modes* comme dans *Fémina*, on ait pu apprécier une «touche de noir» : «Comme tea-gown ou même comme robe de dîner, un pardessus en tulle noir à taille remontée, et avec les devants largement ouverts, voilera d'une note mélancolique une [robe] Princesse dans les tons rosés ou pastel.» Ce «pardessus» de tulle noir était lui-même rebrodé d'un filetage d'or éteint. Le port du gant n'était évidemment pas de mise, et l'idéal consistait à assortir le soulier de satin et le bas de soie avec ces claires toilettes d'intérieur.

Ce dernier conseil de *Fémina* (15 octobre 1905), qui enjoignait à ses lectrices d'utiliser comme robe d'intérieur une ancienne robe de bal en la complétant d'un «pardessus» de voile d'un ton différent, ne prouverait-il pas que l'intimité du soir n'excluait en rien le luxe de la tenue de soirée «en représentation» ?

Tea-gown
la Mode pratique, 1905.

Toilette d'intérieur,
la Mode pratique, 1906.

Dîners et bridges

Raouts ou réceptions non dansantes, dîners suivis de réceptions, grands dîners de plus de huit couverts et petits dîners se succédaient de janvier à février, puis de Pâques à juin. *La Vie parisienne* signalait en termes ironiques la nouvelle pratique consistant à employer des causeurs salariés, ou à organiser un dîner qu'animait une chanteuse professionnelle[45]. Pour un classique grand dîner, les invitées se paraient de leurs bijoux comme pour se rendre à un bal ou à un grand théâtre. Les robes très décolletées adoptèrent «la tenue de bal comme façon, mais non comme étoffe, car la robe de tulle, de crêpe ornée de fleurs ne s'y met pas. Les plus jolies robes [...] étaient en velours de couleur foncée, telle que bleu saphir, grenat, vert, noir et garnies de dentelle», comme le précisait en 1908 Paul Brocart dans *Une Parisienne, les usages du siècle*[46]. Les magazines de mode ont proposé pour les robes de ce type toutes les couleurs, avec cette réserve que l'éclat de la robe de l'hôtesse ne surpassât pas celui de ses invitées.[47] Le petit dîner exigeait une toilette demi-décolletée, avec des manches qui recouvraient les bras. On dînait toujours déganté.

Parallèlement à cette formule de réception du soir, se développa la pratique du «dîner-bridge», ou du «ten-o'clock-bridge» après le dîner avec, en corollaire, la création d'une «bridge's gown»[48], pour reprendre l'appellation anglophone alors en usage. Dès 1904, la femme «moderne» avait remplacé son «jour» de réception du soir par un bridge. Les soirées dans les châteaux, au cours du mois d'octobre, étaient consacrées au billard pour les hommes, au bridge pour les femmes. En janvier 1907, *les Modes* signalèrent même des «déjeuners-bridge, des thés-bridge, des dîners-bridge, des sauteries-bridge» et reconnurent «le bridge comme le puissant narcotique pour rendre insensible à tout, surtout à la politique». Ailleurs, le bridge était doté du pouvoir d'assurer une bonne digestion, après un dîner.[49] En décembre 1911, *les Modes* proposaient un modèle de robe pour le bridge créé par la maison de couture Boué Sœurs, ici reproduit. La jupe en taffetas bleu est incrustée dans le bas d'une dentelle ton sur ton. Le corsage montant de couleur tilleul est au contraire imprimé d'un motif de roses. Des demi-manches cachent le bras et la naissance de l'avant-bras. L'ensemble reste d'une grande simplicité, d'un aspect «petit dîner».

Comme beaucoup de pratiques culturelles du début du XXᵉ siècle, les modes du déshabillé et de la robe de bridge sont reprises des usages anglo-saxons. Elles ont aussi jeté les bases du thème de la robe du soir à porter chez soi ou dans l'intimité de quelques amis, thème promis, tout au long du siècle, au plus grand succès.

Boué Sœurs, robe pour le bridge,
photographie Félix,
les Modes, décembre 1911.

1 Cité par princesse Bibesco, *Au bal avec Marcel Proust*, Paris, Gallimard, 1980, «Cahiers Marcel Proust», p. 77.

2 A partir des années 1910, une succession de bals costumés sur le thème de l'Orient défraya les chroniques ; voir G. L. Pringué, *Trente Ans de dîners en ville*, Paris.

3 Ces exemples d'emploi du temps abondent. Proposons cette sélection avec *la Vie parisienne*, 18 avril 1903 ; idem 9 mai 1903 ; idem 11 juin 1904 ; idem 10 juin 1906 ; *Fémina*, 15 juillet 1906 ; idem 15 octobre 1911...

4 Voir les planches de *la Mode pratique* ; voir aussi *l'Art et la Mode*, 20 janvier 1900, les robes du soir pour personnes âgées.

5 Camille Pert, *le Dernier Cri du savoir-vivre*, p. 132.

6 *Fémina*, 15 janvier 1908, p. 87.

7 Boni de Castellane, *Mémoires*, p. 7.

8 *L'Art et la Mode*, 23 juin 1900, p. 489. Sur la question du goût de la comtesse Greffulhe pour les écharpes de tulle voir *l'Art et la Mode*, 5 janvier 1901. La plupart des photographies des *Modes* posent une écharpe de tulle sur un décolleté de robe du soir. Baudelaire, *Ecrits esthétiques*, Union générale d'éditions, «10/18», p. 393.

9 *Les Modes*, janvier 1905 ; idem juillet 1905. Sur l'édifice des cheveux que l'on relève de façon à en découvrir les racines, on dispose aussi nattes et bouclettes postiches, voir *Fémina*, 1er novembre 1907.

10 Voir l'excellente étude de Gabriel Desert, *la Vie quotidienne sur les plages normandes du Second Empire aux années folles*, Paris, Hachette, p. 144.

11 Opus cité note 14, p. 206.

12 Opus cité note 14, p. 231.

13 *Les Modes*, octobre 1903.

14 *Fémina*, 15 septembre 1903, supplément, «Toilettes de château», p. 4 ; idem 15 septembre 1913, p. 502.

15 *Figaro modes*, 15 juin 1903, p. 8.

16 *Les Modes*, février 1903 ; idem novembre 1909, p. 26. *La Vie parisienne*, le 4 mars 1905, cite la grande nouveauté «des salles à manger de location» et ajoute sur un mode ironique que «beaucoup apprécient cette innovation parce qu'ils comprennent qu'à domicile ils n'ont pas les mêmes convives un peu propres qu'ils ambitionnent d'inviter».

17 Cité par Guillaume Garnier dans le catalogue de l'exposition «Paul Poiret et Nicole Groult, maîtres de l'Art déco», p. 179 ; voir aussi Palmer White, *Poiret le magnifique*, p. 87.

18 *Figaro modes*, 15 juin 1903, p. 8 ; idem mai 1905. *Les Modes*, juin 1906. Pour le programme de l'inauguration du théâtre des Champs-Elysées, voir *Cinquantenaire du théâtre des Champs-Elysées*, fascicule non paginé, 29 mars 1963.

19 *La Vie parisienne*, 20 mai 1905. Voir aussi E. de Gramont, *Mémoires*, 1929, p. 23 : «Les compositeurs russes que révélèrent les Grandes Auditions musicales».

20 *Fémina*, 15 mai 1901.

21 *Fémina*, 15 décembre 1908.

22 *Fémina*, 15 mai 1909, p. 156.

23 Voir le reportage sur l'abonné de l'Opéra dans *Fémina*, 1er décembre 1906.

24 *Les Modes*, mars 1908, p. 12.

25 G. Coquiot, *Voici Paris !*, Paris (sd), p. 55.

26 *Les Modes*, Noël 1903, p. 24 ; voir aussi supplément de *Fémina*, 1er mai 1912 : «Au théâtre on porte cette année surtout le crêpe blanc».

27 *La Vie parisienne*, 9 novembre 1911 ; idem 20 mai 1905.

28 *La Vie parisienne*, 29 septembre 1905.

29 C. Pert, *le Dernier Cri du savoir-vivre*, Paris, Librairie universelle, 1904, p. 184.

30 *Le Rire*, n° 105, 4 février 1905. Voir aussi dans la revue *le Manteau d'Arlequin*, samedi 12 octobre 1907, n° 3, p. 11, la fable *le Cigare et le Chapeau*, document aimablement porté à notre connaissance par le conservateur en charge du fonds ART à la Bibliothèque historique de la ville de Paris.

31 *Grand Chic parisien*, n° 10, 1908.

32 *Figaro modes*, 15 janvier 1904.

33 *Le Journal*, 28 août 1906.

34 *Les Modes*, novembre 1902.

35 Voir *l'Illustration*, 15 décembre 1906 et 22 septembre 1907 ; *le Journal*, 19 septembre 1906 pour le théâtre de Vaudeville.

36 Programme du théâtre Hébertot, 1907, fonds ART, Bibliothèque historique de la ville de Paris.

37 Je remercie tout particulièrement madame M. F. Lary d'avoir porté à ma connaissance les thèses suivantes : Robert Fallo, *Droits et devoirs du spectateur au théâtre*, et l'ouvrage de Jacques Delagrange, *Droits et obligations des directeurs de théâtre envers le public devant les tribunaux*.

38 *Les Modes*, novembre 1904.

39 *Les Modes*, novembre 1902 et novembre 1904.

40 *Les Modes*, novembre 1905.

41 *Figaro modes*, janvier 1905, p. 19.

42 *La Vie parisienne*, 23 février 1901.

43 *La Vie parisienne*, 26 octobre 1901. La citation est extraite de *Fémina*, 15 octobre 1908, p. 486.

44 *La Vie parisienne*, 9 février 1907. Sur l'aspect du déshabillé, voir *Fémina*, 15 octobre 1901 et 15 octobre 1908, p. 1486.

45 *La Vie parisienne*, 15 juin 1901.

46 *Une Parisienne, les usages du siècle*, p. 88.

47 *Fémina*, 1er octobre 1907, p. 439 : l'hôtesse devait porter une robe déjà connue de ses invitées.

48 *Les Modes*, mars 1906. Voir aussi, surtout sur la question de la généralisation de la pratique du bridge par les femmes, l'ouvrage *Eléments du jeu de bridge à l'usage des dames et jeunes filles*.

49 *Fémina*, 15 septembre 1906 ; *les Modes*, avril 1907.

40 Redfern
Robe du soir
vers 1900

Tulle de soie et tulle de coton vert d'eau reposant sur un satin crème, broderies de lamé argent, ruban de taffetas vert d'eau, tubes, fils métalliques, fils de soie, perles argent, strass, fleurs de velours et de soie.
Forme Princesse à traîne.

Haut légèrement drapé sous la poitrine. Petites épaulettes. Des bords de l'encolure au dos, en passant sur le haut du bras, petite berthe brodée. Des épaules pendent deux pans rectangulaires de tulle de soie brodés, à l'ourlet, de strass. Application d'un bouquet de fleurs en soie et velours sur le côté gauche du décolleté.

Bas bordé d'un ruché de tulle identique. Robe entièrement brodée de motifs floraux disposés en guirlandes verticales plus ou moins resserrées. Cette robe fut portée par Anna Gould, comtesse Boni de Castellane.
GRIFFE : Breveté Redfern, Paris
Don des enfants et petits-enfants d'Anna Gould. Inv. 68. 40. 4.

41 Doucet
Robe du soir
vers 1900

Mousseline de soie imprimée reposant sur un tissu crème remplacé lors d'une restauration. Corsage de même étoffe reposant sur une mousseline crème. Doublure en taffetas crème. Berthe-pèlerine de tissu bleu turquoise double-face (satin-faille) brodé de perles, soie, filé cannetille façonnée en cuivre (?) et rubans étroits de taffetas. Tulle brodé à la machine (point de chaînette) en imitation de carrick-macross (application de mousseline sur tulle). Corsage et jupe séparés.

Corsage à manches trois-quarts drapées en mousseline de soie imprimée de guirlandes de fleurs roses. La berthe-pèlerine bordée de tulle brodé, la ceinture et le revers des manches sont en tissu double-face bleu turquoise brodé.

Jupe en même mousseline. Les motifs de la berthe-pèlerine bordée de tulle, des manches bouffantes et de la ceinture plissée sont des réminiscences de la mode des années 1833-1834. Voir *le Journal des dames et des modes*, 25 avril 1833, n° 183, 25 juin 1833, p. 279 et 9 août 1834.
Nous ignorons si la robe était un costume de scène ou un élément de la garde-robe personnelle de Cléo de Mérode (cf. A.E. Coleman, *The Opulent Era*, p. 165).
Don Cléo de Mérode. Inv. 61. 103. 5.

42 Anonyme
Manteau d'un déshabillé
vers 1903

Dentelle Chantilly noire mécanique, guipure blanche, tulle de soie blanc, dentelle. Broderies d'application de roses en panne de velours de soie, et en mousseline de soie coton au point lancé et de rubans de taffetas. Forme cape. La dentelle Chantilly mécanique noire borde entièrement le tulle blanc.
Le déshabillé ou la tea-gown sont le plus souvent constitués de deux éléments : la robe et son «pardessus» ou «tunique» ou «manteau».
Prêt musée des Arts décoratifs.
Don Doboujinsky et Gastine. Inv. 57. 183.

43 Worth
Robe de théâtre
ou de grand dîner
vers 1903

Satin Duchesse, tulle de soie crème, brodés de paillettes noires. Corsage et jupe séparés. Corsage en satin Duchesse pailleté, manches trois-quarts en tulle avec, en application, trois bandes superposées de dentelle mécanique façon Chantilly, découpée. Décolleté bordé de dentelle similaire et de tulle illusion de soie. Sur les épaules, application de perles noires brodées sur une bande de tulle ; sur l'épaule gauche, ruban de soie noire double-face (velours-satin). Un nœud de même velours est cousu sur le ruban, dans le dos. A la ceinture, application de six rangs de perles noires brodées sur tulle.

Jupe à traîne en satin Duchesse à un volant en tulle de soie entièrement brodé de paillettes noires, bordé d'un ruché de tulle. Le volant repose sur un deuxième volant de tulle et un troisième de mousseline. En haut du volant, application de dentelle mécanique découpée. Fond de faille crème.

«Au théâtre, le noir ou le blanc, le noir et le blanc dominent, peu de couleurs et surtout de moins en moins de corsages différents des jupes, combinaisons savantes et harmonieuses d'une blouse très ornée travaillée de plis d'incrustations et d'une jupe de même ton pour une impression d'ensemble» (*les Modes*, Noël 1903).
GRIFFE : Worth, n° 46 895. Inv. 86. 70. 3. Acquisition.

44 Anonyme
Robe de bal de jeune fille
vers 1903

Tulle de coton, taffetas et satin blancs. Jupe, corsage et guimpe séparés. Corsage en tulle à demi-manches, plastron travaillé de plis. En application, guirlandes de roses en organza. Ceinture de satin.

Guimpe en tulle travaillée de plis ; le col baleiné est montant. Jupe à trois volants de tulle ourlés chacun d'un ruban de satin, reposant sur un taffetas crème. En garniture, à mi-hauteur, rubans de satin noués et guirlandes de roses. Le petit décolleté carré du corsage, l'emploi d'un tulle de coton blanc, les guirlandes de fleurs artificielles et les rubans en garniture destinent manifestement cette robe à une jeune fille. Pièce indépendante, la guimpe était plutôt portée pour un dîner ou pour une cérémonie officielle que pour un bal.

Don Broussais. Inv. 61. 48. 28.

45 Worth
Robe de dîner
vers 1905

Mousseline de soie, taffetas, tulle blancs, satin vert. Mousseline de soie imprimée de fleurs (pensées) mauves et vertes, reposant sur un taffetas crème.

Haut : manches trois-quarts (les manches avaient été raccourcies) ; bordure des manches et du décolleté et plastron en tulle avec application de dentelle mécanique.

Jupe à un volant de mousseline et de tulle avec application de dentelle mécanique fixé par un point de chaînette épousant le contour des fleurs imprimées. Le point de chaînette est lui-même rebrodé au point de bourdon pour plus de relief. Large ceinture de satin vert, formant un nœud dans le dos. Une femme devait compter dans sa garde-robe un certain nombre de «robes blanches», que recensait la Vie parisienne du 10 juin 1905 : «une robe de Grand Prix, une robe d'après-midi, une robe de broderie anglaise, et une robe de dîner au bois». Son décolleté modéré et ses manches trois-quarts engagent à la proposer comme exemple de robe pour un dîner d'été, dans un restaurant ou dans un cercle privé, généralement suivi d'un cotillon.

GRIFFE : Worth, n° 70 633.
Inv. 87. 3. 46.

46 Attribué à Drecoll
Manteau du soir
vers 1905

Velours de soie bleu-noir brodé de pendeloques et de perles irisées acier. Doublure en satin de soie. Manteau à traîne. Petit col droit montant. Manches longues. Sur le col et en haut des manches perlage plus serré. Ce manteau fut exécuté en 1905 pour une réception à la cour de Nicolas II, puis offert à l'actrice Véra Korène, sociétaire de la Comédie-Française qui l'a porté sur scène en 1937 pour jouer *Un caprice*, de Musset.

Don Véra Korène. Inv. 79. 31. 1.

47 Callot Sœurs
Robe de dîner
vers 1911

Velours de soie jaune d'or, tulle de soie.
Corsage et jupe séparés. Corsage drapé et noué sur le devant. Décolleté brodé de tulle de soie lui-même brodé de filé argent ; aux manches, deux volants de même tulle reposent sur un satin de soie crème. La jupe, fendue sur le devant, est légèrement entravée. Sur les hanches et dans le dos, basque bordée d'une bande de zibeline et de tulle similaire.

Bibl. : I. Penn, D. Vreeland, 1978, p. 64.
Don Mostiker. Inv. 61. 57. 1.

48 Beer
Robe du soir
vers 1912

Tulle de soie, dentelle et mousseline de soie. Robe à taille haute.

Haut : décolleté en pointe devant et dans le dos. Broderies de paillettes argent en raies parallèles à partir des épaules. A la pointe du décolleté devant, grosse fleur brodée de paillettes irisées, à la base de laquelle pend

une frange de perles or et irisées enfilées.
Bas : tulle entièrement brodé de paillettes irisées, et de motifs végétaux brodés lamé et filé or, dont les contours sont cernés de perles or, argent et de verre. Petite traîne. Demi-manches en dentelle de soie crème, recouvertes de pans de mousseline, aux extrémités desquelles pendent des glands de perles or et blanches et des fils.

GRIFFE : Beer ; 7, place Vendôme, Paris, Nice, Monte-Carlo, n° 83 956.
Don Ortiz-Linares. Inv. 79. 61. 4.

49 Beer
Cape du soir
vers 1912

Panne de velours en soie coquille d'œuf. Doublure crêpe satin et soie crème incrustés de tulle de soie brodé de perles et de paillettes irisées. Plumes de cygne à l'encolure. *Les Modes* notaient, dès janvier 1903, le succès des paillettes irisées et le «chatoiement loïfulleresque» de leur scintillement.

GRIFFE : Beer ; 7, place Vendôme, Paris, Nice, Monte-Carlo.
Don Ortiz-Linares. Inv. 76. 61. 2.

50 Poiret
Robe à jupe-culotte
printemps 1913

Mousseline de soie verte garnie de franges en rayonne ; fond en satin de soie prune.

Haut : manches longues régulièrement froncées sur le dessus et sur le creux du bras. Effet de fichu drapé à l'avant, taille haute (le fond est fixé sur une haute ceinture d'épais gros-grain baleiné).

Bas : culotte de harem, bordée de franges en rayonne.

Avec ce modèle, Poiret a jeté les bases du thème de la toilette d'intérieur, robe ou

pyjama du soir, à porter chez soi pour recevoir dans l'intimité quelques amis. Ce thème sera promis, tout au long du siècle, au plus grand succès.
GRIFFE : Paul Poiret à Paris, printemps 1913.
Don SHC 1920.

51 Doeuillet
Sortie d'opéra
vers 1913

Velours coupé façonné vert à fond lamé. Soie et filé or. Col en satin de soie vert brodé de perles et filé or. La doublure en satin de soie orange tango transparaît à travers le fond du velours. En garniture, passementerie avec glands en soie et filé or. Manteau drapé à col pèlerine, ample du haut, étroit du bas, à petite traîne.
GRIFFE : Doeuillet ; 18, place Vendôme, Paris.
Don des légataires de M. Henry Viguier. Inv. 68. 55. 13.

52 Callot Sœurs
Robe
hiver 1916-1917

Satin crêpe vert foncé, satin noir. Haut de satin et de tulle de soie champagne et de tulle de soie noir. Broderies de filé or et de perles vert-blanc.
La robe et le pan arrière formant cape, cousu au niveau des bretelles, sont constitués d'une large bande de satin vert encadrant une bande noire. La broderie forme sur le devant et sur le pan arrière de la robe un quadrillage entrecoupé de motifs étoilés.
Le haut du corsage est constitué de satin champagne recouvert de tulle champagne et noir, sur lequel viennent se croiser les bretelles de satin brodées. Robe portée par la mère d'Edmonde Charles-Roux.

GRIFFE : Callot Sœurs, Paris (nouvelle marque déposée).
Prêt musée des Arts décoratifs.
Inv. 57 030.

53 Camille Marchais
Chapeau
vers 1900

Chapeau en peluche de soie beige clair, garni de nœuds de ruban en satin rose, de pivoines et de feuillage en velours vert d'eau sur la passe ; de tulle, de pivoines, de feuillage et de boutons de roses sous la passe. La passe qui est légèrement relevée sur le côté gauche est entièrement bordée d'une ganse.
GRIFFE : Camille Marchais ; 17, rue de la Paix, Paris (imprimée or au fond de la calotte).
Don Aubron. Inv. 84. 181. 1.

54 Margueritte
Chapeau
vers 1900

Chapeau en forme de charlotte plate. Structure de laiton, recouverte d'un tulle de soie rose brodé sur le dessus d'un fil métallique argent. Passe relevée sur le côté. Un tulle de soie non brodé est drapé autour de la grande calotte plate. En garniture sur la passe, trois roses de lamé argent et sous la passe gauche une plume d'autruche. Le tulle sous la passe est plissé.
GRIFFE : Maison Margueritte ; 12, rue Halévy, Paris.
Don Lyé. Inv. 58. 32. 1.

55 Caroline Reboux
Chapeau
vers 1906

Chapeau de velours noir monté sur laiton, à large passe relevée sur le côté droit ; garni de deux plumes de paradis noir sous la passe, et d'une plume sur la passe, près de la calotte.
GRIFFE : Caroline Reboux ; rue de la Paix.
Don Paule Gaspart. Inv. 78. 73. 7.

56 Valentine About
Chapeau
vers 1912

Casque en lamé or, broderies de fils métalliques or, tubes or, perles vertes ; sur le haut du casque, grosses plumes d'autruche noires retombant.
GRIFFE : Valentine About ;
24, rue Royale, Paris.
Don Jamot. Inv. 17 260 D. 45.

57 Attribué à Georgette
Chapeau
vers 1914

Casque en satin noir bouillonné, monté sur laiton ; bourrelets transversaux en velours noir ; doubles ailes, symétriques, de velours, montées sur un fil de laiton et maintenues par deux barrettes de perles acier.
Don La Granville. Inv. 58. 173.

58 Gustave-Roger Sandoz
    Diadème

1900

Tiare triangulaire avec un fleuron argent au
centre, verre, monture à jour.
Réalisé par Gustave-Roger Sandoz avec
MM. Marie et Joly pour l'Exposition univer-
selle de 1900.
Don Sandoz. Prêt musée des Arts décoratifs.
Inv. 25 951 A.

59 «Le cortège de l'Aurore»
    Eventail plié

1900

Feuille face : cabretille gouachée, sbd G.
Lasellaz, dentelle au point à l'aiguille.
Monture : à l'anglaise, gorge signée, au 5e
brin, J. Vaillant, et bouts en nacre, panaches
en ivoire signé à la tête J. V. ; rivure en métal
doré en forme de fleur ; 14 brins.
Ht : 33,7 cm ; hf : 23 cm ; 12 pouces 1/4.
Cet éventail, créé par A. J. Rodien pour
l'Exposition universelle de 1900, obtint la
médaille d'or. Il fut exposé ensuite comme
objet de vitrine dans sa boutique par
Mme Salvanhac-Rodien.
Don Salvanhac-Rodien. Inv. 66. 44. 14.

Bibliographie sélective, XIXe siècle

Ouvrages historiques

Marguerite d'Aincourt
Etudes sur le costume féminin, Paris, Rouveyre, 1883.

Anderson Black
Histoire des bijoux, Paris, 1974.

Victor du Bled
Le Bridge et les Bridgeurs, Paris, 1913.

Jacques Boulenger
De la valse au tango, Paris, Devambez, 1920.

François Caradec, Alain Weill
Le Café-Concert, Paris, atelier Hachette/Massin, 1980.

Jacques Charles
Du caf'conc au Concert Mayol préface, Paris, Maison des
écrivains, 1950.

Jacques Delagrange
*Droits et obligations des directeurs de théâtre envers le
public devant les tribunaux*, Paris, 1906.

Gabriel Désert
*La Vie quotidienne sur les plages normandes du Second
Empire aux Années Folle*s, Paris, Hachette, 1983.

Suzanne Desternes et Henriette Chaudet
L'Impératrice Eugénie, Paris, 1964.

Robert Fallo
Droits et devoirs du spectateur au théâtre, Paris,
thèse de doctorat de droit soutenue le 13 mars 1907.

Eugène Fontenay
Les Bijoux anciens et modernes, Paris, Quantin, 1887.

Jules Frey
Les Femmes qui ont du chic, Paris, Dentu, 1877.

E. Gomez-Carillo
Psychologie de la mode, Paris, 1910.

Philippe Jullian
La Belle Epoque, New York, Metropolitan Museum,
1982.

Hubert Juin
*La Parisienne, les élégantes, les célébrités et les petites
femmes*, 1880-1914, Paris, André Barret, 1978.

Kerkhoff
Le Costume à la cour et à la ville, Paris, Dubuisson,
1865.

Harold Kutz
L'Impératrice Eugénie, Paris, 1967.

Jacques Laurent
Le Nu vêtu et dévêtu, Paris, 1979.

Diana de Marly
The History of Haute Couture, 1850-1950, Londres, 1980.

Aurélien Scholl
La Vie parisienne par Parisis, 1886 à 1890, Paris, L. Boulenger.

Septfontaines
L'Année mondaine, Paris, Firmin-Didot, 1889.

Hippolyte Taine
Notes sur Paris, 1867, Hachette.

Trick
Eléments du jeu de bridge à l'usage des femmes et des jeunes filles, 1906.

André Valdès
Encyclopédie illustrée des élégances féminines, Paris, 1892.

Henri Vever
La Bijouterie française au xixe siècle, 1906-1908, Paris, Fleury, tomes II et III.

Gaston Worth
La Couture et la Confection des vêtements de femme, Paris, Chaix, 1895.

Jean-Philippe Worth
A Century of Fashion, 1928.

Joyaux de S.A.I., madame la princesse Mathilde, catalogue de vente, Paris, 1904.

Mémoires

Vicomte E. de Beaumont-Vassy
Salons de Paris et mémoires du xixe siècle, Paris, 1868.

Emile Blavet
La Vie parisienne par Parisis, Paris, L. Boulenger, 1886.

Mme Carette née Bouvet
Souvenirs intimes de la cour des Tuileries, Paris, P. Ollendorf, 1889-1891, 3 volumes.

Boni de Castellane
Mémoires, Paris, Perrin, 1986.

André Castelot
La Féerie impériale, Paris, 1975.

Elisabeth de Gramont
Mémoires. Les Marronniers en fleur, Paris, Grasset, 1929.

Arthur Léon, baron Imbert de Saint-Amand
La Cour du Second Empire, Paris, Dentu, 1898.

Frédéric Loliée
Les Femmes du Second Empire, Paris, Juven, 1906.

Pauline de Metternich
Souvenirs (1859-1871), Paris, Plon, 1922.

Comtesse de Pange
Comment j'ai vécu 1900, Paris, Grasset, 1962.

Gabriel-Louis Pringué
Trente Ans de dîners en ville, Paris, Pierre Adam, 1948.

Laure Rièse
Les Salons littéraires parisiens du Second Empire à nos jours, Toulouse, Privat, 1962.

Manuels de savoir-vivre

Anonyme
Une Parisienne. Les Usages du siècle. Lettres. Conseils pratiques. Le Savoir-Vivre, édité spécialement pour les magasins du Bon-Marché, Coulommiers, Paul Brodard, 1908.

M. Chambon
Dictionnaire du savoir-vivre, Paris, P. Lethielleux, 1906.

Jules Clément
Traité de la politesse et du savoir-vivre, Paris, Bernardin-Béchet, 1879.

Gustave Coquiot
Voici Paris !, Paris, Ollendorff, 1913.

Ermance Dufaux
Le Savoir-Vivre dans la vie ordinaire et dans les cérémonies civiles et religieuses, Paris, 1883.

Gaston-Jollivet
L'Art de vivre, Paris, 1887.

Camille Pert
Le Dernier Cri du savoir-vivre, Paris, Librairie universelle, 1904.

Emmeline Raymond
La Civilité non puérile mais honnête, Paris, Firmin-Didot, 1875.

Marie de Saverny
«La Femme chez elle et dans le monde», Paris, *Revue de la mode*, 1876.

Baronne Staffe
Usages du monde, règles du savoir-vivre dans la société moderne, Paris, Victor Havard, 1889.
Indications pratiques concernant l'élégance du vêtement féminin, Paris, 1908.

Expositions

«The Opulent Era, fashions of Worth, Doucet and Pingat», catalogue rédigé par E. A. Coleman, New York, The Brooklyn Museum, 1er décembre 1989-26 février 1990.

«Au temps des petites filles modèles», Paris, MMC, 1958-1959.

«Costumes français du XVIIIe siècle à nos jours», Paris, MMC, 1956-1957.

«Poufs et tournures», Paris, MMC, 1959-1960.

«Elégances parisiennes au temps de Marcel Proust», Paris, MMC, 1969-1970.

«Cent ans de costumes choisis dans les collections du musée, 1735-1960», Paris, MMC, 1978.

«L'atelier Nadar et la mode» 1865-1913, Paris, MMC, 1978.

«Hommages aux donateurs», Paris, MMC, 1980.

«Chapeaux, 1750-1760», Paris, MMC, 1980.

«La mode et ses métiers», Paris, MMC, 1981.

«Modes en dentelle», Paris, MMC, 1983.

«Indispensables accessoires, XVIe-XXe siècle», Paris, MMC, 1984.

«Uniformes civils français», Paris, MMC, 1983.

«De la mode et des lettres du XVIIIe siècle à nos jours», Paris, MMC, 1983.

«Paul Poiret et Nicole Groult, maîtres de l'art déco», Paris, MMC, 1986.

«La mode au musée», Paris, MMC, 1987-1988.

«L'éventail à tous vents», Paris, Louvre des Antiquaires, 1989.

«L'art en France sous le Second Empire», Paris, Grand Palais, mai-août 1979.

«Dix siècles de joaillerie française», Paris, musée du Louvre, 3 mai-3 juin 1962.

Périodiques

L'Art de la mode

Le Conseiller des dames et des demoiselles

Grand Chic parisien

L'Illustration, 1900-1910

Journal des demoiselles

Le Moniteur de la mode

Les Modes

Revue de la mode, gazette de la famille

La Vie parisienne, 1900-1910

1 9 3 0

Le rythme et l'éclat

1 9 2 0

«Y a du jazz-band partout !
C'est le grand succès de Paris
Qui rend les hommes fous !...»

Refrain de la revue de Mistinguett,
Paris qui jazz, 1921.

Le rythme et l'éclat

Georges Barbier,
affiche lithographique pour le bal des petits lits blancs,
jeudi 25 janvier 1923.

Dancingmania

Inconnu avant guerre, le «dancing» apparut et se développa à partir de 1919. Un critique d'art contemporain, André Warnod, distinguait trois catégories de dancings : en premier lieu les salles des palaces comme le Magic City ou L'Apollo, puis les petits dancings renommés pour l'originalité de leur décor et pour leur clientèle cosmopolite, et enfin les établissements plus communs, souvent d'anciens bals publics.[1] Dans le prologue du recueil de nouvelles *Ouvert la nuit*, Paul Morand lança l'aphorisme «C'était plusieurs fois la nuit», image des ivresses nocturnes que n'ont pas manqué d'analyser les écrivains et les chroniqueurs contemporains. Aussi bien dans ce recueil de 1922 que dans un autre de 1928, intitulé *Magie noire*, les nuits de fête se chargeaient de tels excès qu'elles plongeaient les protagonistes de ces nouvelles dans des états proches de la démence. Les femmes, désormais plus libres puisqu'elles sortaient non accompagnées, se rendaient dans des boîtes de nuit qui diffusaient des rythmes exotiques enivrants et offraient des partenaires d'autant plus merveilleux qu'ils étaient inconnus. Rappelons seulement, pour mesurer l'ampleur de ce bouleversement, ces remarques de Boni de Castellane, qui s'était rendu, en 1894, à un bal où chacun dansait avec un inconnu : «O triomphe de la démocratie ! C'était le commencement des dancings tels qu'on les connaît aujourd'hui.»[2]

Dès juillet 1913, le chroniqueur du magazine *les Modes* rapportait que «pour l'amour de la danse, on avait vu des jeunes femmes dont le nom s'inscrivait aux meilleures pages de l'armorial de France, et qui pour un empire n'auraient dansé dans un des salons de leur monde avec un cavalier qui ne leur aurait point été présenté, danser dans telle ou telle salle des "casinos" parisiens [...] avec de parfaits inconnus». Sur un mode plus ironique, Maurice Sachs, dans une chronique des années folles intitulée *Au temps du Bœuf sur le toit*, dépeignit ces «femmes bien» qui, avec de nouveaux partenaires de danse, le plus souvent d'origine antillaise, découvraient de nouveaux hommes ![3] Car, conséquence ou non d'une guerre meurtrière qui avait privé le pays de plus d'un million d'hommes, la profession de danseur mondain se développait. Une chronique du journal *Paris-Midi*, que signa de manière régulière Roger Vailland, en évoquait la fonction. Peu rémunéré, le danseur pouvait espérer quelques pourboires. «Mais il ne faut compter que sur trois ou quatre "clientes" par soirée. Et sur les gains, il faut retirer les frais de tailleur, chemisier et bottier, qui sont d'une importance capitale.»[4] La lecture d'un seul volume sur les dix que compte le roman de Guy de Téramond *les Bas-Fonds. Dancings ! Roman des exploits et des crimes des danseurs mondains* permet d'apporter quelques précisions sur l'organisation de cette nouvelle profession. Sous l'autorité du directeur du dancing, un chef de piste répartissait entre les clientes, «êtres de luxe auxquelles tout est sacrifié», une escouade de danseurs.[5] A Paris, les dancings de la rive droite différaient de manière sensible de ceux de la rive gauche. Ils foisonnaient place Pigalle, rue Pigalle, rue Blanche, rue Notre-Dame-de-Lorette et rue de Clichy. Les lecteurs du magazine *Vogue* se rendaient de préférence au Florence, rue Blanche, au Florida et au Perroquet, une boîte de nuit située au-dessus du Casino de Paris, 16 et 18, rue de Clichy, plus sélects. L'été, dans leurs différents lieux de villégiature, ils n'avaient pas même la nostalgie de ces boîtes de nuit parisiennes quand ils se rendaient au Florida ou au Florence de Biarritz !

Dans le quartier de Montmartre, on dansait à L'Abbaye ou à L'Impériale. Rendez-vous de l'esprit moderne, le bar-dancing Le Bœuf sur le toit ouvrit au 28, rue Boissy-d'Anglas (proche de l'église de la Madeleine), le 15 décembre 1921. Une affiche de Paul Colin célébrait le talent des deux pianistes de jazz de l'établissement, Jean Wiener et Clément Doucet.[6] En mars 1954, dans *Nouveau Fémina*, André Fraigneau évoquait son atmosphère : «Aucune couleur. Tout était noir et blanc. Quelque chose comme une eau-forte. L'éclairage très bas n'était donné que par des cubes de verre servant de vases de fleurs à chaque table noire. Au bar, d'autres cubes, non moins stricts, mais plus vastes, servaient d'aquarium.» Chaque nuit, après le théâtre, les gens du monde étaient sûrs de rencontrer des poètes, des écrivains, des auteurs dramatiques, des musiciens ou des peintres comme Pablo Picasso, Max Jacob, Georges Auric, Robert Desnos, Fernand Léger, Louis Aragon, Darius Milhaud...

Sans le luxe des boîtes de la rive droite, Le Jockey, première boîte de nuit à Montparnasse, fut inauguré en novembre 1923. Avec le succès qu'y rencontra Kiki de Montparnasse, Le Jockey fut pendant des années la boîte à la mode. On venait y danser, après le théâtre.[7] Dans le quartier, de nombreux autres établissements ouvrirent encore Le Cri-Cri, La Horde, La Cigogne, rue Bréa, etc. Au carrefour Vavin, croisement des boulevards de Montparnasse et Raspail, étaient groupés quatre bars américains-dancings-brasseries-restaurants, Le Dôme, La Rotonde, Le Sélect et La Coupole (depuis 1927), que fréquentaient aussi artistes et gens du monde. On ne saurait omettre, dans le XVe arrondissement, Le Bal nègre de la rue Blomet, «où l'atmosphère était calculée pour donner aux possesseurs de Rolls-Royce l'impression d'un bouge».[8]

«Murs rouges laqués, lanternes rouges et bleues, clair-obscur ; à gauche, orchestre de tango, à droite, de jazz» : Maurice Sachs plantait le décor type d'un vrai dancing.[9] Le dancing Le Colimaçon, que décrivit Guy de Téramond, offrait un décor cocasse d'escargots multicolores, sertis dans un enchâssement d'or. Des figures géométriques d'un vert cru, «rappelant sans doute les feuilles de salade, s'interposaient entre les carapaces». Au plafond était suspendu un grand vélum mauve. Le Jockey collait pêle-mêle au mur affiches et dessins et multipliait les graffitis. Et le magazine l'Art et la Mode (16 mai 1925) proposait d'aller contempler les tableaux modernes accrochés aux cimaises du café La Rotonde.

Grâce au phonographe, il restait un dernier endroit où l'on dansait pendant ces années de dancingmania : chez soi ou... chez les autres. Le phénomène de la surprise-partie repris des Américains se répandit en effet au début des années vingt. «Sans prévenir, on débarquait à dix heures du soir chez des amis qui ne se doutaient de rien, qui allaient peut-être se mettre au lit et chez qui l'on dansait jusqu'à l'aube. La mode s'en était tellement répandue qu'il y avait grand nombre de maisons où l'on ne se couchait pas sans ressentir l'affreuse appréhension de voir une foule tomber chez soi au milieu de la nuit.»[10]

Démonstration du pas de la cloche de la maxixe, danse apparentée au tango, photographie Talbot, *les Modes,* décembre 1913.

Cours de tango,
dessin Albert Guillaume, *Fémina,* 22 mai 1913.

Redfern, «Le Frisson nouveau»,
robe de tango,
la Gazette du bon ton, février 1914.

Couverture illustrée d'un des dix volumes du roman de Guy de Téramond.

Que danser ?

On ignore qui a importé d'Argentine le tango. Plusieurs promoteurs de cette danse sont désignés, parmi lesquels figurent tantôt Mistinguett et le professeur Bayo, tantôt un couple de danseurs anglais installés à New York, Irène et Vernon Castle.[11] Après son apparition en Europe courant 1912, le tango détrôna rapidement la valse ou le cotillon. *Les Modes* proclamèrent déjà l'année 1913 année du tango ! (décembre). Sur un rythme lent à deux temps, les danseurs ondulent, serpentent, semblent ramper verticalement l'un contre l'autre. La danseuse s'abandonne à l'autorité de son partenaire. La maxixe brésilienne et la forlane, danses «moins indécentes», que recommandent les autorités religieuses, s'apparentent au tango. Les orchestres jouent encore les marches rythmées des one-step et des two-step.

L'entrée en guerre des Américains en 1917 coïncida avec la naissance du jazz en Europe. On avait bien ici ou là entendu quelques rythmes de jazz ou admiré ces Noirs américains qui, en 1902 au Nouveau Cirque et en 1904 à l'Olympia, avaient présenté la danse du cakewalk. Mais rien n'avait laissé présager le succès que rencontra la première de la revue *Laisse-les tomber*, le 11 décembre 1917, sur la scène du Casino de Paris. Devant l'orchestre se dressait un immense escalier que descendirent douze girls vêtues en officiers anglais. Alors surgit, coiffée d'un panache de plumes et parée comme un oiseau, l'actrice-chanteuse Gaby Deslys. Son partenaire, un danseur américain, Harry Pilcer, mimait, sur le rythme alors inconnu du ragtime, quelques attitudes d'ivrogne.

Les revues de Mistinguett *Boum, Parikiki* puis, durant l'hiver 1920-1921, *Paris qui jazz* – au cours de laquelle elle chantait, dans un costume dessiné par Paul Poiret, *Mon homme*, de Willemetz et Yvain – consacrèrent les rythmes du jazz. A l'origine lents, ils se sont accélérés. *Fémina*, qui publiait de manière régulière une page de leçon de danse, expliqua, dès le 1er mars 1919, les quatre temps du fox-trot. D'allure saccadée, la danse consiste en une marche avant, une marche arrière, une de côté, un, deux, trois, tour, et un pas de polka. Les pieds s'écartent à peine l'un de l'autre. Les danseurs gardent leurs épaules immobiles au contraire du shimmy, qu'ils exécutent avec un tremblement d'épaules. Le quick-fox-trot ou le quick-step accélèrent le rythme du fox-trot.

«Angle du buste avec les jambes, angle des cuisses avec les mollets. Angle de la cheville avec le pied et angle de celui-ci avec le sol. Angle double des jambes arquées et fermées en parenthèses, rien que la ligne brisée [...], quatre temps syncopés, coupés, saccadés. L'idéal est de prendre un temps infini pour couvrir un petit espace. Le danseur a l'air de vouloir vaincre la danseuse et le parquet. Elle recule pouce à pouce.» A partir du 2 octobre 1925, le Tout-Paris accourut au théâtre des Champs-Elysées pour découvrir la *Revue nègre* que menait Joséphine Baker et sa danse fétiche, le charleston.[12] On rapporte que Jean Cocteau s'y rendit cinq ou six fois consécutives pour admirer la danseuse et

écouter la musique de Sydney Bechet et de Louis Douglas. En mars 1926, *Fémina* présenta cette nouvelle «danse excentrique à la mode : le charlestone [*sic*], que l'on pratique couramment à l'instar du fox-blues et du tango, dans la plus élégante société parisienne». Joséphine Baker répandit encore la danse du black-bottom, danse comique qui s'exécutait sur un rythme de fox-trot.

Démonstration de charleston,
photographie O'Doyé, *Fémina*, mars 1926.

La robe pour danser : structure et ornementation

1913 - «Les "robes de tango" que nous appellerons "robes à danser" sont fort étroites du bas.»
1919 - «La robe à danser est une robe nouvellement entrée dans notre garde-robe féminine ; elle est forcément large.»
1925 - «Nous allons danser le charleston cet hiver [...]. La trépidation mettant tout le corps en mouvement, mieux sera de choisir un modèle de robe flou... »[13]

Existerait-il autant de types de robe que de danses ? Dans sa collection de l'été 1914, la couturière Jeanne Paquin proposa un modèle de robe à danser qu'elle baptisa «Tango», robe aux chevilles, «réalisée dans des étoffes colorées et fluides, dont la jupe était taillée en amphore par un habile groupe de plis ou de godets», comme la décrit Dominique Sirop dans une récente synthèse sur l'art de la couturière.[14] L'ampleur arrière de la jupe se ramassait et pouvait être fixée au moyen d'un lien intérieur de satin, cousu au creux du genou (cat. n°60).
Le chroniqueur des *Modes* (décembre 1913) décrit aussi des robes de tango «fort étroites du bas» en précisant que «les mouvements menus des pieds, l'espèce de balancement sur place des différents pas s'accommodaient de cette étroitesse». Si la danseuse ne ramassait pas en arrière l'ampleur de sa jupe, elle la ramenait en avant, la drapait ou la croisait. Dans les deux cas la jupe, résolument courte, s'affranchissait de la traîne et laissait ainsi apparaître la chaussure et son laçage de cheville. Etroite du bas, la jupe s'amplifiait souvent aux hanches d'une tunique en forme. Quelques volants pouvaient orner ce niveau. A ce propos, *la Gazette du bon ton* (mai 1914) applaudissait à la «jupe du soir faite de volants de tulle posés sur un fond plus court que les volants», et s'exclamait : «C'est évidemment la transparence absolue, l'effet de jambes obligatoire, mais lorsqu'on les a jolies, qu'importe !» Le corsage, de mousseline ou de tulle, se caractérisait par sa légèreté. Dépourvu de manches, celui en tulle rose présenté par mademoiselle Calvat du théâtre du Palais-Royal tirait habilement parti des effets de transparence.[15]
Après la guerre, la robe à danser abandonna son étroitesse du bas pour adopter une ligne générale plus ample, ou plus floue, comme aimaient à le répéter les contemporains. Les débats abordèrent la question de laisser visible ou non l'ampleur de la jupe. *Fémina* citait en avril 1919 ces «robes à danser, en tulle, très froncées, élargies de volants et de paniers qui s'envolent à chaque pas et donnent à la femme qui danse [...] l'air d'un grand papillon». Des fronces encore, mais sur les côtés de la jupe, dégagent les panneaux droits brodés et perlés qui ornent le dos et le devant de la robe d'Agnès que le musée Galliera conserve dans ses collections (cat n° 64). Le drapé encore permit une ampleur que les couturiers ont exploitée aussi bien sur le dos que sur le devant. Les collections de l'hiver 1924 proposaient nombre de robes à danser en velours, au drapé retenu sur une hanche. La jupe était souvent coupée légèrement en forme et s'évasait en godets.[16] Quand la

robe suivait de manière uniforme la ligne du corps, sans dégager une quelconque ampleur, la solution consistait à la fendre sur un côté. La robe de crêpe Georgette rose entièrement brodée de perles et de strass de Jean Patou (musée Galliera) est fendue de côté sur une hauteur de quarante centimètres pour apporter souplesse et fluidité aux panneaux de dos et de devant. La présence d'un fond de robe uni en crêpe de même ton ne permet pas, étant donné qu'il n'est pas fendu, d'imaginer un désir d'impudeur (cat n° 68).
Avec le succès foudroyant des rythmes très vifs du charleston et du black-bottom, qui mettaient tout le corps en mouvement, les couturiers conçurent un type nouveau de robe de danse. Le principe fut de laisser voler autour de la silhouette autant de voiles, d'écharpes et d'ailes que possible.[17] De mousseline de soie ou de tulle, ces panneaux flottants, de coupe carrée, rectangulaire ou arrondie, sont fixés aux épaules ou à la taille ou encore sur les coutures de côté (cat n° 69), comme le propose la robe de Suzanne Talbot des collections du musée, qui déploie deux rectangles de mousseline de soie noire de taille différente.
Ces étoffes, qui entrent en mouvement au moindre souffle, reprenaient les saccades de la danse en les atténuant toutefois par leur légèreté. Afin de rendre encore plus floues ces robes de danse, Lucien Lelong proposa dans sa collection d'hiver 1926-1927 un ensemble de robes d'une «ligne kinétique», selon son expression.[18] L'idée d'envol ne se matérialisait plus au moyen d'éléments rapportés, qui présentaient l'inconvénient de retomber assez mollement pour presque disparaître pendant la station debout immobile. L'emploi, pour cette jupe à deux ou trois volants superposés, de tissus mélangés extrêmement légers, comme la dentelle et la mousseline de soie, le tulle et la dentelle, permit des effets de volume et de transparence, que la danseuse fût ou non en mouvement. Posé à clair sur les épaules, le corsage blousait un peu. La plupart des robes de danse des années 1927 et 1928 furent de ce type : on ne saurait trouver ailleurs meilleur exemple de traitement du *sfumato* !
En 1922, *la Gazette du bon ton* proposa à ses lecteurs un cahier de huit croquis de robes «parfaites pour danser». Inspirées en effet des «costumes de femmes de couleur de l'Afrique centrale, grandes danseuses le soir autour des feux de la tribu», ces robes offraient des modèles «d'ornements sauvages, tresses de paille, colliers de bois, qui suivent les ondulations du corps, s'entrechoquent et volent tout autour dans la frénésie de la danse». Est-il possible de recenser tout ce qu'on a pu rapporter, à fin d'ornementation, sur une robe à danser ?
L'examen de la robe de Suzanne Talbot (cat n° 69) révèle ainsi que trois séries de franges de cordonnet de soie noire, partiellement guipées de laminette or, sont cousues en superposition sur le crêpe romain beige. Un réseau de cordonnet structure le décolleté, qui monte devant et plonge à l'arrière jusqu'à la taille. Telle autre robe de Worth, de mousseline et de dentelle de

soie jaune canari, propose, sur les images d'une casca-de d'eau ou d'un ruissellement de lumière, des franges superposées de perles de cristal enfilées sur toute la jupe (cat n° 62). Car, précisait *la Gazette du bon ton*, les «effilés de perles dansent autour des tangos, une danse infiniment expressive et stylisée».[19] Les collec-tions du Metropolitan Museum de New York ont aussi la fortune de conserver un type de robe de danse unique, à la jupe en franges de plumes d'autruche, qui tire son inspiration des multiples spectacles des revues dans lesquelles apparaissaient Gaby Deslys ou Mistinguett, tout en plumes [20] (cat n°66).

De cinq à sept aussi, on aimait danser. Les tangoteurs de l'après-midi se rendaient au thé-tango du Sans-Souci, rue Caumartin, au Tabarin, à L'Apollo où au Sélect Dancing, thé dansant le plus élégant où les orchestres et les jazz-bands se relayaient.[21] Au contrai-re de la robe à danser du soir, celle de l'après-midi gar-dait une sobriété de bon aloi. Les «crêpes imprimés noir et blanc et les mousselines semées de grosses fleurs» contrastaient avec les effets brillants du soir, constatait *Vogue* en août 1924. En novembre 1923, Rosine, la rédactrice d'*Art, goût, beauté*, opposait les garnitures du soir, «broderies, pierreries, or, argent et plumes», à celles du jour, «rubans, galons, lacets», dont la simplici-té contrastait avec la richesse des tissus.

La robe à danser d'après-midi se rapprochait en fait de la robe de petit dîner. Son corsage échancré et sans manches, sa jupe courte, ne s'ornaient, ni pour l'une, ni pour l'autre, de perles ou de broderies.[22] Dans un souci d'économie, que justifiait l'achat d'une très belle robe du soir, le journaliste des *Modes* (mars 1922) autorisa même le port de presque toutes les robes d'après-midi pour les petits dîners ! Mis à part l'éten-due du décolletage — et encore ! — les différences entre une robe de thé dansant et une robe de petit dîner se révèlent ainsi difficilement perceptibles.

FEMME AMAGUILLA
(AFRIQUE)

N° 5 de la Gazette du Bon Ton
Année 1922. — Croquis N° XXXVIII

Eh bien! dansez, maintenant,
album de caricatures,
dessins Roger Chastel et Pierre Mourgue.

Planche d'un cahier de «robes à danser inspirées des costumes de femmes de couleur de l'Afrique centrale»,
Gazette du bon ton, 1922.

Pour les jeunes filles et leur sœurs cadettes

Robe de Suzanne Talbot, 1927, cat n°69.

Depuis les années 1900, le bal blanc, antichambre du mariage, consacrait la jeune fille âgée de dix-huit ans environ. Une différence sensible séparait la robe de la jeune femme de celle de la jeune fille, que les journalistes de mode détaillaient dans leurs colonnes de manière régulière. On préférait pour celle-ci la mousseline, le tulle, les crêpes transparents, le taffetas, aux lamés, aux satins et à la dentelle (sauf en garniture) qui «détruisaient la grâce juvénile». L'usage de la mousseline de soie, de tulle et de crêpe Georgette est ainsi prôné dans presque tous les cas. «Pour elle, ajoutait *Vogue* le 1er mars 1928, pas de décolletés trop hardis, pas de drapés ni de broderies lourdes, mais des volants, des nœuds, des ceintures étoffant la taille, des jupes amplement froncées accusant la minceur du buste, longues sans excès mais surtout jamais trop courtes.»[23] Etaient réservées à la jeune fille les couleurs les plus tendres, rose très pâle, bleu turquoise, vert d'eau ou, mieux encore, blanc.

Si la coupe se révélait peu compliquée, de multiples travaux d'aiguille, de petits plis lingerie, des fronces, et des plissés agrémentaient toutefois la toilette. La robe de style introduisit aussi une diversification dans le type de la robe à danser de la jeune fille. Quand une berthe de dentelle ornait un corsage, quand la jupe était formée de larges volants superposés, les chroniqueurs, alors poètes, découvrirent une toilette romantique à «la grâce surannée» ou au «charme très Second Empire».[24]

A partir de 1925, le cas de la robe à danser de la jeune fille de douze à dix-huit ans fut souvent posé. Quand les jeunes filles avaient dépassé l'âge de dix-huit ans, elles s'habillaient, qu'elles fussent mariées ou non, comme les jeunes femmes.

Le 15 janvier 1927, *Jardin des modes* adressa à des jeunes filles âgées de seize ans — et non de dix-huit ans — le reproche «d'essayer de corriger la jeunesse de [leur] visage par la sévérité et la complication du costume». La très jeune fille ou «petite demoiselle» acceptait dans sa garde-robe une robe à danser, qu'elle ne portait encore que lors de réunions privées. Aux tons pastel «toujours un peu mélangés de gris», elle devait préférer des coloris frais et délicats comme ceux des fleurs.[25] Si les couleurs rose et blanc dominaient, des plis, des fronces et des volants favorisaient une ampleur floue, de mise pour une robe de grande fillette. Le ruban de velours, de métal ou de crêpe en garniture recueillait tous les suffrages.

Dans les cheveux, courts ou coiffés en bandeaux, la grande fillette disposait «petits nœuds, cache-peigne, étroits bandeaux, couronnes plates». Un manteau de velours – blanc, gris clair ou sable, de forme droite – complétait la toilette.[26]

Jean Patou,
robe, vers 1926, cat n°68.

Doucet,
manteau du soir,
entre 1910 et 1920, cat n°61.

Agnès,
robe, vers 1925, cat n°64.

Elisa Lauth,
diadèmes et bonnets du soir,
vers 1925, cat n°72.

Soirée de Gala

Comme le comte d'Orgel dans le roman de Radiguet, il faut ouvrir «le bal après la guerre». Nombre de maisons aristocratiques ont cependant fermé. Pendant la guerre, comme le décrit avec précision Françoise Thébaud dans son ouvrage *la Femme au temps de la guerre de 14*, un système de galas de bienfaisance s'était mis en place pour venir en aide aux soldats, aux veuves et aux orphelins.[27] Des dames patronnesses unirent leurs efforts pour organiser tombolas, spectacles payants et galas de danse. *Les Modes* de février 1923 entérinèrent l'extension du phénomène et précisèrent qu'il avait «bien fallu avoir recours aux réunions d'un caractère en quelque sorte impersonnel qu'étaient les galas de charité qui, tout en conservant, grâce au tact des organisateurs, une note éminemment sélecte, s'adressaient néanmoins à un public plus étendu que les réceptions privées et très fermées des maîtresses de maison qui composent l'élite de la société». La plupart des barrières sociales qui faisaient obstacle à l'irruption dans le monde des étrangers, des provinciaux, des artistes... bref, de ceux qui n'en étaient pas, étaient ainsi tombées. Si les dancings travaillaient, sinon à une égalité, du moins à un brassage des différentes catégories sociales, les galas ont élargi le cercle des relations. Les journalistes de la presse écrite quotidienne y étaient conviés et rendaient compte dans leurs chroniques de la présence de telle ou telle personnalité mondaine, intellectuelle ou politique. Les magazines de mode déléguaient un chroniqueur mondain, André de Fouquières (*Fémina*) ou Pierre de Trévières (*les Modes*), qui détaillait dans les colonnes des revues les modèles de couture que lançaient les invités du Tout-Paris et les mannequins. Chaque gala de bienfaisance ou soirée mondaine se singularisait par une surprise artistique, *great attraction* sensationnelle par le choix plus ou moins inspiré des artistes.[28] *Fémina* cita ainsi l'exemple d'un gala donné au profit de l'œuvre de l'enseignement catholique en Carinthie et des Russes malheureux, avec mademoiselle Spinelly et monsieur Harry Pylcer, la comédienne et le danseur, pour ouvrir le bal. Une soirée charitable au profit des Amis de l'enfance, que patronna le soir suivant (février 1923) la comtesse Gérard de Ganay, organisa un concours de danse présidé par un éminent professeur. On reconnaissait dans le jury le comte de La Rochefoucauld, André de Fouquières, le prince Achille Murat, le comte de Rosambo, qui, à l'issue des exhibitions, distribuèrent des prix de boston, de tango, de shimmy, etc. Les relations de galas de ce type abondent dans les magazines de mode.

D'autres soirées ont été les premières de créations artistiques tout à fait remarquables. En mai et juin 1924, le comte Etienne de Beaumont organisa les Soirées de Paris à La Cigale, un ancien café-concert du boulevard Rochechouart. Six représentations de ballets, dont Massine était le chorégraphe, se succédèrent. Armand Lanoux dans un ouvrage intitulé *Paris 1925* énumère les annonceurs de ces soirées – Jeanne Lanvin, Séligman, *Vogue*, la Bankus Trust Company - et leurs dames

patronnesses – la duchesse d'Audiffet-Pasquier, la princesse de Caraman-Chimay, la princesse Lucien Murat, les duchesse, marquise et comtesse de Noailles, la marquise de Polignac, la duchesse de Rohan et Misia Sert. Le comte de Beaumont fit appel aux artistes compositeurs et peintres-décorateurs Darius Milhaud, Eric Satie, Jean Cocteau, Jean Hugo, Georges Braque et Pablo Picasso...[29] Personne n'ignore par ailleurs combien la princesse de Polignac favorisa l'éclosion des remarquables œuvres musicales de Stravinsky, de Poulenc ou de Satie. Protectrice de Diaghilev, elle ne fut pas étrangère au succès du chorégraphe lors de la soirée de gala qui se tint dans la galerie des Glaces de Versailles pour la restauration du palais, fin 1923.[30]

Etant donné le nombre et l'intérêt de ces galas, il nous a semblé indispensable d'opérer une sélection. Trois galas ont retenu notre attention. Le magazine *Fémina* (juin 1923) organisait depuis la fin de la guerre des «galas de mode» au cours desquels défilaient les mannequins des maisons de haute couture, ou bien se succédaient les vedettes des affiches de spectacle. A Biarritz, lieu de villégiature de la côte basque, un «dîner des merveilles» à l'hôtel du Palais se déroula selon une ordonnance précise. Le spectacle débuta par un défilé de mannequins qui présentaient les derniers modèles de la collection hiver 1926-1927, «des maisons Agnès, Chantal, Doucet, Drecoll, Jenny, Lanvin, Martial et Armand, Max, Nicole Groult, Premet, Philippe et Gaston, Redfern et Jane Regny». On procéda ensuite à une loterie qui attribua aux gagnants des flacons de parfum offerts par les grands couturiers puis une ovation salua l'exhibition finale de la danseuse Madame Argentina.[31] Les spectateurs, après avoir dîné, dansèrent jusqu'au matin.

Douze modèles de couturiers
présentés lors du défilé du bal de la couture
au théâtre des Champs-Elysées le 4 février,
photographies Roll, *l'Art et la Mode,* 28 février 1925.

Le bal des petits
lits blancs

Le bal
de la couture

L'Œuvre des petits lits blancs a été fondée en 1917 par madame Henri Lavedan, l'épouse de l'auteur dramatique, pour envoyer des enfants atteints de tuberculose dans des sanatoriums. Monsieur Léon Bailby, directeur du journal l'Intransigeant, apporta un soutien actif à l'Œuvre, qui donna ainsi un premier bal en février 1921, au théâtre des Champs-Elysées avec le concours de Jacques Hébertot. En mars 1921, l'échotier d'Art, goût, beauté rendit compte de ce gala «très en toilette». Les bals se succédèrent de 1921 à la guerre, puis reprirent dès 1947 jusqu'en 1978. Les programmes de la manifestation peuvent être consultés à la Bibliothèque de l'Opéra. De 1927 à 1930, ils affectent la forme d'un carnet de bal ; un cahier à spirale pour les années trente, puis un gros livre broché pour les années cinquante détaillent le programme varié de la soirée et diffusent de nombreuses annonces publicitaires de maisons de couture. On relève ainsi dans le programme de 1927 le nom des maisons Vionnet, Agnès, Talbot, Lanvin, Lecomte, Jenny, Worth... Le bal commençait à vingt-deux heures. Sur l'immense Pont d'Argent, scène «permettant aux milliers de spectateurs de voir et d'entendre tout ce que la France comptait de héros, de vedettes et de célébrités en tout genre»[32], les invités de renom défilaient à partir de vingt-trois heures.
En 1923, Mistinguett, invitée, traversa le Pont vêtue d'un costume d'argent et coiffée de plumes roses. A ces attractions succédait une tombola.[33] Le Pont d'Argent du bal du 4 février 1930 présenta, dans le but d'élire une Mademoiselle Europe, vingt-quatre jeunes filles. Un film parlant fut ensuite diffusé et Mistinguett mena enfin la revue de music-hall. En fait le bal des petits lits blancs était l'indispensable étape élégante de la vie parisienne.

Bien qu'il n'ait pas été possible de retrouver la date du premier bal de la couture, certains indices permettent de supposer qu'il fut organisé à la fin de l'année 1921 ou au début de l'année 1922. A partir de ces dates en effet, et à intervalles réguliers, les magazines de mode en firent mention. Qu'il ait eu lieu deux ou trois ans après la fin de la guerre semble plausible. Sous la présidence de la Chambre syndicale de la couture, le bal était donné au profit de la Caisse d'encouragement à l'apprentissage et de secours aux ouvrières par «la plus florissante, précise l'Art et la Mode du 28 janvier 1922, de nos industries nationales». Le chroniqueur ajoute que «certaines maisons envoyèrent jusqu'à dix-sept mannequins parés de modèles somptueux» avec pour conséquence que «les nombreux étrangers qui avaient fait le voyage de Paris dans l'intention de respirer la mode en cette solennité élégante, et que les bons plagiaires surtout, qui ne vivent que de nos inspirations, durent s'en retourner pleinement satisfaits». Le même magazine publia, le 28 février 1925, un cahier de quatre pages de photographies de modèles – fait extraordinaire quand on feuillette ce magazine que jusqu'alors seuls des dessins imprimés agrémentaient ! Douze photographies de modèle par page et cette annonce, «Quelques photos prises pendant le défilé des mannequins», laissent imaginer l'exhibition de près de quatre-vingts ou cent modèles. Les maisons de couture suivantes étaient présentes : Juliette Courtisien, Louiseboulanger, Lina Mouton, Lucile, Basselier, Cros, Sandra, Paquin, Charlotte, Dorat, Philippe et Gaston, Nicole Groult, Lucien Lelong, Blanche Lebouvier, Martial et Armand, Premet, Redfern, Drecoll, Jeanne Lanvin, Worth, Cheruit, Bernard.
Dès 1922, l'Art et la Mode réservait plusieurs pleines pages aux croquis des modèles de couture et d'accessoires du soir remarqués au bal de la couture.[34]

La robe de gala

«Les grands créateurs de la mode parisienne préfèrent être représentés par leurs robes du soir. C'est là qu'ils mettent leur esprit d'invention, leur originalité, leur sens de la femme [...]. On le voit bien chaque fois qu'une maison organise un défilé de mannequins [...] pendant un gala mondain : ce ne sont que robes du soir, émerveillement de lamés, de mousselines, d'étoffes diaprées [...]. Ces robes permettent de jouer des gammes de couleurs, de la richesse des étoffes, des effets décoratifs, de la joie des lignes nouvelles, tout ce qui est impossible avec les robes de jour.» Comme l'écrivait *Vogue* le 1er mai 1924, la robe de grand soir a autorisé tous les rêves dans des tissus lamés, brochés d'or ou d'argent, les satins, les velours, les crêpes et les dentelles métalliques. Une traîne la caractérisait parfois comme la robe de Jenny en satin blanc (vers 1924) des collections du musée Galliera, qui accroche au décolleté triangulaire du dos une longue traîne rectangulaire et qui fut portée par la duchesse de Gramont. De 1918 à 1925, période pendant laquelle la jupe tombait jusqu'à mi-mollet, on préféra draper ou broder la robe. 1926 a consacré la robe courte, cuirassée de strass et de perles. Est-ce la simplicité apparente de la coupe de ces robes du soir, «tuniques tubulaires et écourtées, soutenues aux épaules par deux barrettes»,[35] qui a entraîné en corollaire l'enrichissement de leur parure ? Les plus fines dentelles métalliques furent même rebrodées de strass et de perles multicolores comme une robe d'Agnès conservée au musée Galliera.

Un article de *la Gazette du bon ton* (numéro 6 de 1924-1925), au style lyrique, illustré de vignettes représentant des robes perlées de Jeanne Lanvin, énuméra toutes les qualités de perles utilisées. On trouvait «parmi les perles soufflées qui se différencient en olives soufflées, en olives plates, en boules ou en pastilles striées, et dont l'extrême légèreté permet des broderies par masses, de belle allure pesante et plaquant au corps, toute la gamme des ors, or jaune, or vif, or verdi, vieil or, jusqu'au cuivre et toutes les teintes de l'argent, de l'argent blanc à l'acier bruni» et le noir. Des perles fines multicolores, des «perles diamantées», petits morceaux de cristal taillés comme des diamants, étaient encore mentionnées.

D'une grande richesse ornementale, la robe de gala se distinguait aussi par le choix des accessoires qui la complétaient : la coiffure (bonnet, diadème, ou ruban), l'éventail et le nécessaire. *Vogue* (1er juin 1928) rapportait ainsi que, lors de soirées à l'Opéra, «la duchesse de Gramont, la comtesse Etienne de Beaumont et la vicomtesse de Rohan aimaient à poser sur le devant de leur loge un éventail géant [de plumes] qui retombait en jet d'eau». Car l'éventail de plumes d'autruche, de paon, de goura, de coq ou de condor donnait en fait la mesure du chic de chaque femme.[36] Pendant ces années, le maquillage ne fut pas moins important. Alors qu'avant la guerre la femme se fardait peu le soir, Kiki de Montparnasse, les Dolly Sisters et, dans une moindre mesure, les actrices hollywoodiennes comme Greta Garbo, Gloria Swanson et Louise Brooks divulguèrent ensuite une nouvelle mode de maquillage faite de paupières fardées, de pommettes rondes et rouges et de lèvres rouges arquées. Pour transporter ses produits de maquillage, la femme emportait avec elle un nécessaire, pratique et élégant. Les précieux objets, comme les clips, les bracelets et les longs pendants d'oreille en diamants et pierres précieuses des joailliers Boucheron, Boivin, Cartier ou Van Cleef & Arpels mériteraient à eux seuls une étude séparée. *La Gazette du bon ton* du mois de septembre 1922 en présenta quelques exemplaires qui combinaient les matières précieuses aux décors raffinés. Depuis 1924, l'engouement pour les bijoux fantaisie des couturiers, objets d'ornementation plus qu'objets de valeur, exprime bien l'importance qu'accordait la femme des années vingt à chaque détail de sa parure.[37] L'art de Chanel, aussi sobre qu'accumulatif (une quantité infinie de bijoux fantaisie et un mouchoir de soie noué au poignet complétaient une simple robe noire) traduisit à la perfection cette fantaisie très personnelle qui se dégageait de la mode du soir de ces années. Vêtue d'une robe que la qualité du tissu et la disposition de l'ornementation rendaient imprévisible dans ses moindres expressions, la femme transportait, comme l'exprime avec poésie la princesse Bibesco, «son boîtier pour la poudre [...], son bâton [de rouge], [...] son écharpe, son foulard à deux coins, un petit lacet pour le cou [...], mille riens [...] qu'elle tourmente [...], qu'elle manie, qu'elle anime, qu'elle prend et qu'elle laisse et qui ne sont que des explications de soi-même».[38]

Tenues remarquées au bal des petits lits blancs ;
de haut en bas et de gauche à droite :
modèles de Nicole Groult, de Clé, modèles anonymes,
modèles de Worth, de Lewis, de Paul Poiret...
L'Art et la Mode, 18 février 1922.

«Black and White»,
robe du soir de Jean Patou,
été 1927, cat n°70.

Modèle de petit soir
de Suzanne Talbot (à gauche),
août 1927, cat n°69.

Ensemble du soir de Jean Patou :
manteau, dalmatique, robe,
février 1926.

Des couturiers ensembliers

L'exposition internationale des arts décoratifs de 1925 comportait la classe nouvelle des ensembles de mobilier, distincte de celle du meuble. Guillaume Janneau, alors inspecteur des beaux-arts, justifiait que «ce n'est pas dans la tour d'ivoire qu'il faut composer un siège, un meuble d'usage, un objet domestique, mais dans l'appartement où ce meuble et cet objet trouveront place».[39] Le décorateur, consacré «ensemblier», étendit par conséquent son activité à tout ce qui touchait à l'aménagement intérieur : meubles, tapis, tissus, faïences... Des grands magasins – Galeries Lafayette (1921), Printemps (1922), les Grands Magasins du Louvre – assuraient, avec l'ouverture d'ateliers de décoration, la diffusion de cette conception du décor.[40] Dans le domaine de la mode, la question de l'assortiment – autrement dit de la relation qui s'opérait tantôt entre l'accessoire et le costume principal, en l'occurrence la robe, tantôt entre la robe et le manteau – a souvent été posé. Si la femme désirait un ensemble d'accessoires assortis à sa toilette, il était simple de réaliser un diadème dont la matière et le décor brodé étaient en tous points similaires à la robe. Le musée Galliera en conserve quelques exemples. Une robe du soir de satin vert broché or à motifs de poissons portée par la princesse Murat vers 1926 possède sa paire de souliers assortis, recouverts du même satin broché.[41] *Vogue* décrit même, le 1er décembre 1921, des éventails aux feuilles de dentelle ou de soie peinte auxquelles sont accrochées des voilettes, en harmonie avec les coloris des robes ! Le goût résidait si bien dans l'homogénéité des genres que «l'ensemble», robe et manteau ou robe et cape, devint, à partir de 1922-1923, le comble du raffinement. L'ensemble se portait le matin, l'après-midi ou le soir. «Le manteau ou la cape rappelle la robe soit par le tissu, souvent le même, soit par la garniture, soit par la couleur, quelquefois simultanément», analysait *Jardin des modes*, le 15 novembre 1923. Par ailleurs la femme ne quittait désormais guère son manteau ou sa cape, qu'elle se trouvât dans un restaurant en plein air ou dans un dancing à l'atmosphère surchauffée ! Le manteau ne glissait jamais complètement des épaules ou bien celui-ci était déposé, ouvert, sur le siège de sorte que la femme s'asseyait dessus.[42] On ne saurait trop souligner l'importance qu'acquit la doublure dans ce double jeu de l'envers et de l'endroit, de l'ouvert et du fermé. Plusieurs combinaisons étaient possibles : tantôt la doublure était identique au tissu de la robe, tantôt elle apportait un élément de contraste entre le manteau et la robe de même étoffe.

Pour la saison d'été 1926, les couturiers proposèrent d'intercaler entre la robe et le manteau doublé un vêtement spécialement conçu pour accompagner la robe. Ce vêtement intermédiaire transformait une robe de danse largement décolletée en une robe à dîner pour les soirées au restaurant ou au casino. *Jardin des modes* (15 avril 1926) proposait ainsi la dalmatique de Jean Patou, les boléros perlés de Worth et de Poiret, les châles de mousseline de soie de Louiseboulanger, les petits fichus de Chanel, les capes de tulle de Chantal et les écharpes de lamé de Chéruit. Trois photographies de Scaïoni, publiées dans le même magazine, le 15 juin 1926, détaillaient une robe et un manteau de Patou et sa fameuse dalmatique : écrin de la robe, ce vêtement droit, sans manches, de même tissu, se conservait sur la robe, tandis que le manteau restait au vestiaire.

1 André Warnod, *les Bals de Paris*, Crès et Cie, 1922, p. 296.

2 Boni de Castellane, *Mémoires*, p. 99.

3 Maurice Sachs, *Au temps du Bœuf sur le toit*, p. 157.

4 Roger Vailland, *Chronique des années folles à la Libération, 1928-1945*, Paris, Editions sociales, Messidor, 1984, p. 90.

5 Guy de Téramond, *les Bas-Fonds. Dancings ! Roman des exploits et des crimes des danseurs mondains*, Paris, J. Ferenczi et fils, 1929, p. 44-45.

6 «Le Bœuf sur le toit» est aussi l'intitulé d'un ballet de Cocteau qui fut créé le 21 février 1921 à la Comédie des Champs-Elysées, avec les frères Fratellini. Voir l'affiche de Paul Colin pour «le Bœuf sur le toit» dans l'ouvrage de Pierre Faveton, *les Années 20*, Paris, éditions Temps actuels, 1982, p. 135.

7 Jean-Paul Crespelle, *la Vie quotidienne à Montparnasse à la grande époque, 1905-1930*, Paris, Hachette, 1976, p. 130.

8 Anonyme, *Paris en huit nuits*, 1931, p. 45.

9 Opus cité note 3, p. 194.

10 Idem, p. 86.

11 C. de Néronde, *les Danses nouvelles, le tango, la maxixe, la forlane*, p. 23. Voir aussi le catalogue de l'exposition «Dance, a very social history», 1986, p. 40.

12 Maurice Sachs, opus cité, p. 194. Voir aussi dans *Fémina*, 1er mars 1919, la leçon de fox-trot, juin 1923, celle de fox-blues et de samba.

13 *Les Modes*, décembre 1913, p. 14 ; *Fémina*, 1er août 1919, p. 21 ; *l'Art et la Mode*, 12 décembre 1925, p. 1686.

14 Dominique Sirop, *Paquin*, Paris, Adam Biro, 1989, p. 38.

15 *Fémina*, 1er août 1919, p. 21.

16 *Jardin des modes*, 15 novembre 1924, p. 417 sq. ; *l'Art et la Mode*, 10 décembre 1924.

17 *L'Art et la Mode*, 12 décembre 1925, p. 1686.

18 *Fémina*, décembre 1926, p. 39.

19 *La Gazette du bon ton*, 1924-1925, n° 2, p. 96 ; voir aussi *l'Art et la Mode*, 19 décembre 1925.

20 Cat n° 66 modèle de Louiseboulanger, 1926. En 1919, Poiret avait dessiné pour son épouse Denise une robe de forme droite, à la jupe ornée de franges de fourrure de singe et d'or (cat «Poiret», 1985, n° 188).

21 André Warnod, opus cité, p. 53 et p. 296 et Arthur Comte, *l'Année vingt*, p. 236.

22 *Vogue*, 1er février 1926 ; *Jardin des modes*, 15 avril 1926 ; *l'Art et la Mode*, octobre 1925.

23 *Vogue*, 1er mars 1928, p. 42 ; voir aussi *Jardin des modes*, 15 janvier 1927, p. 15 ; 15 juillet 1927, p. 235 ; et *Fémina*, mai 1912, p. 39 et octobre 1922, p. 37.

24 *Fémina*, mai 1922, p. 39 (modèles d'André Swaub) et octobre 1922, p. 37 (modèles de Jeanne Lanvin).

25 *Jardin des modes*, 15 juillet 1926, p. 298.

26 *Jardin des modes*, 15 novembre 1923, p. 1074 ; *Jardin des modes*, 15 janvier 1927, p. 15.

27 Françoise Thébaud, *la Femme au temps de la guerre de 14*, Paris, Stock, 1986.

28 *Fémina*, janvier 1923, p. 4. Ce n'est plus le cotillon qui ouvre le bal, il faut la great attraction...

29 Armand Lanoux, *Paris 1925*, Paris, Grasset, 1975.

30 A. Gold et R. Fizdale, *Misia, la vie de Misia Sert,* Paris, Galllimard, «Folio», 1981, p. 296.

31 *Fémina*, novembre 1926, p. 25 sq. Le lendemain, un semblable gala se déroulait à Saint-Sébastien où «toute la haute société espagnole avait tenu à assister à cette représentation [...] qui fut, en quelque sorte, la consécration de la mode et du goût français».

32 Nous remercions la baronne Seillière de nous avoir communiqué l'opuscule sur l'Œuvre des petits lits blancs dont nous avons extrait cette phrase.

33 *Fémina*, mars 1923, p. 34. Pour le bal de 1924, voir la chronique de George Barbier dans *la Gazette du bon ton*, mars 1924, n° 7.

34 *L'Art et la Mode*, 28 janvier 1922, p. 68-69. Voir aussi les cahiers de photographies dans le numéro du 6 mars 1926 du même périodique et le compte rendu du gala de l'Opéra dans *l'Art et la Mode* du 3 mars 1928.

35 *La Gazette du bon ton*, 1924-1925, n° 2, p. 94.

36 *La Gazette du bon ton*, 1924-1925, n° 5, p. 239.

37 Jane Mulvagh, *Fantaisies, les bijoux chic et toc*, Paris, Le Chêne, 1989, p. 52 et *l'Art et la Mode*, 17 mars 1928, p. 321.

38 Princesse Bibesco, *Noblesse de robe*, Paris, Grasset, 1928, «Gabrielle ou le génie de l'accessoire», p. 145-151.

39 Cité par Y. Brunhammer dans *le Style 1925*, Paris, éditions Baschet et Cie, sd, p. 15. Voir le rôle de précurseur de Poiret dans le même ouvrage, p. 15 et dans le catalogue de l'exposition Poiret 1985.

40 P. Faveton, opus cité note 6, p. 218.

41 Don Murat. Inv. 61.65.33.

42 *Fémina*, 1er décembre 1926 ; *Vogue*, 10 octobre 1924, p. 56 ; *l'Art et la Mode*, 7 novembre 1919, illustration de couverture.

60 Paquin

«Tango», robe à danser

été 1914

Tulle et satin de soie blancs, rebrodés au point de chaînette de motifs de fleur appliqués. Corsage à manches trois-quarts, à col montant baleiné, plastron en tulle rebrodé en chaînette. Large ceinture en moire blanche. Jupe à effet de tablier à plis cousus, bordé de volants de tulle.

GRIFFE : été 1914. Paquin, Paris, Londres, Buenos Aires, n° 71536.

Don Edknayan.

Inv. 60. 29. 4. Prêt UFAC.

Biblio. : D. Sirop, *Paquin*, 1989, p. 106. n° 12.

61 Doucet

Manteau du soir

entre 1910 et 1920

Crêpe cannelé en soie rose brodé de filé d'argent et de soie artificielle rose, bordure de cygne rose. Doublure de satin de soie glacé parme et rose. Forme kimono, à manches droites bordées de plumes. A mi-hauteur sur le côté gauche, fermoir en métal garni de plaques roses estampées. Haut entièrement brodé, bas brodé seulement sur le devant : alternance de motifs stylisés en forme de volutes et de grosses fleurs.

Le 15 mars 1912, un modèle de facture assez similaire (mais anonyme) était proposé aux lectrices de *Fémina* (p. 173) : «Manteau de forme kimono "demi-long", brodé et garni de même à l'encolure et aux manches de plumes.»

GRIFFE : Doucet Paris n° 68 998.

Don Fougères. Inv. 60. 80. 10.

62 Worth

Robe du soir

1924

Dentelle de soie mécanique et mousseline de soie jaune. Haut : la dentelle, brodée de perles cristal disposées parallèlement dans le sens vertical, repose sur une mousseline de soie. Fond constitué de deux épaisseurs de mousseline reposant sur un crêpe de Chine. Bretelles de mousseline de soie couleur chair. Bas : sur la mousseline, application de six bandes horizontales de tulle de soie sur lesquelles sont fixées les franges doubles de perles de cristal enfilées. Fond de deux épaisseurs de crêpe de Chine.

Robe portée pour les fiançailles de la donatrice en 1924. A noter, ce commentaire extrait de *l'Art et la Mode* (28 janvier 1915) : «les fourreaux n'ont plus rien de rigide. Une robe tout en franges de cristal montre toujours la jupe coupée en deux ou trois hauteurs».

GRIFFE : R. Worth n° 93760.

Don Wormser. Inv. 72. 28. 1.

63 Attribuée à Eugénie et Juliette
Robe du soir
vers 1925

Crêpe Georgette crème brodé de paillettes, de perles argent et cristal et de strass. Robe et tunique séparées, à manches longues. Le haut de la robe, faisant fond uni, a été remonté. Le bas de la robe, comme celui de la tunique, est découpé en larges festons de hauteurs différentes. Tunique pourvue d'un empiècement triangulaire sur le devant non brodé. Manches droites ; les bordures des quatre crevés de chaque manche, comme l'ourlet de celles-ci, sont brodées de perles et de strass. Broderies de motifs de fleur et d'éventail stylisé.

Cette robe – portée par Mme George Washington-Stephens, l'épouse d'origine italienne d'un diplomate anglais – était assortie à un manteau d'Eugénie et Juliette, en satin blanc brodé d'un paysage japonais (MMC. 62.67.3).

Don SHC. Inv. 62. 67. 2.

64 Agnès
Robe du soir
vers 1925

Crêpe Georgette gris, brodé de perles, de paillettes et de soie de diverses couleurs. Fond de robe en crêpe de Chine avec application d'un tulle de coton brodé à la machine d'une imitation d'un dessin de point de gaze, au niveau de la poitrine.

Haut : décolleté en pointe devant et dans le dos. Sur le devant broderies de roses et de raies verticales parallèles.

Bas : sur les hanches, deux panneaux de crêpe Georgette gris, froncés, encadrent les panneaux dos et devant brodés de roses et de raies verticales parallèles resserrées. Une ceinture de crêpe Georgette gris, cousue de part et d'autre du motif brodé central, se noue à l'arrière au niveau de la taille réelle. L'effet de taille basse, au niveau des hanches, est donné par une épaisse raie horizontale de paillettes grises brodées délimitant les broderies du haut et du bas de la robe, et par les panneaux latéraux froncés.

GRIFFE : Agnès made in France haute couture, Mme Havet, Paris, 7, rue Auber.

Don Seneault-Guinebert. Inv. 70. 96. 1.

65 Jeanne Lanvin
Ensemble du soir
vers 1926

Lamé or (en lamé soie et laminette or), tulle de soie beige, velours de soie corail ; application d'un galon brodé de laminette or et soie corail (point de chaînette). Robe-tunique en lamé or à manches longues et larges en tulle de soie bordées de quatre bandes de galon brodé, appliquées. Décolleté en pointe. Manteau sans manches de velours de soie corail incrusté, à l'encolure et sur les bordures, de lamé or et doublé entièrement du même lamé. Le manteau se ferme bord à bord.

GRIFFE : Jeanne Lanvin Paris Unis France n° 3899.

Don Sednaoui. Inv. 62. 81 5 UFAC.

66 Louiseboulanger
Robe à danser
vers 1926

Haut de satin beige, sans manches, au décolleté en pointe. Jupe de plumes d'autruche teintées de couleurs beige et brun. Au niveau de la taille, basse, travail de broderies gansées formant des motifs de C entrelacés.

Mrs. Wolcott Blair, la donatrice, aurait commandé la robe en 1928. Mais les photographies de deux modèles similaires déposées aux Archives de la Seine (carton 206, n° 23 et 24) permettent de proposer la date du mois d'août 1926. La présence d'une jupe en lamé ou en mousseline, dépassant sous la jupe de plumes, distingue les deux modèles déposés de la robe du Metropolitan, qui en est dépourvue. La robe s'inspire de ces toilettes «tout en plumes» qu'arboraient les meneuses de revues, Gaby Deslys ou Mistinguett. Voir l'exemple d'une robe en plumes d'autruche dans *l'Art et la Mode*, 18 octobre 1924.

Prêt Metropolitan Museum of Art, Costume Institute, New York.

Inv. 1973. 6.

67 Attribuée à Chanel
Robe à danser
vers 1926

Soie. Robe-chemise à large décolleté ovale devant et dans le dos. Le bas s'évase en godets. Broderie de fils métalliques et de paillettes noires et or d'une superposition de motifs en forme de créneaux. Fond de robe en crêpe de soie noir.

Prêt Metropolitan Museum of Art, Costume Institute, New York.

Don George Gudefin. Inv. CI 65. 47. 2. ab.

68 Patou
   Robe du soir
   vers 1926

Crêpe Georgette rose brodé de strass, de perles cristal et argent. Décolleté en pointe dos et devant. De la pointe du décolleté devant au bas de la robe, broderie d'une bande de végétaux stylisés. De part et d'autre de la bande et sur toute la robe, rangées de franges superposées alternativement appliquées ou non, maintenues par une rangée perpendiculaire de strass ; franges de perles argent, cristal et blanc.

Bas : trois panneaux brodés (deux devant, un dos) sont rapportés sur le fond, sauf la bande centrale.

GRIFFE : Cannes, Biarritz, Monte-Carlo, Deauville / Jean Patou Sports, Paris 7, rue Saint-Florentin n° 14 237.

Don Damido. Inv. 81. 331.

69 Suzanne Talbot
   Robe à danser
   1927

Crêpe romain en soie beige, mousseline de soie noire ; en garniture, franges de cordonnets noirs, guipés de laminette or sur 14 cm en moyenne. Robe-chemise : un réseau de cordonnets guipés de laminette, posé à clair, structure le décolleté rond devant ; profond décolleté du dos plongeant, maintenu par une attache de même matière au niveau du décolleté. Décolletés du dos et du devant bordés de franges de cordonnets partiellement guipés d'or. Sur la jupe, deux niveaux de frange (35 cm chacun) guipés sur 14 cm. Le panneau arrière de la jupe est plus long que le panneau avant (10 cm). Deux rectangles flottants de mousseline noire sont cousus sur les coutures latérales : à droite (du dessous du bras au bas de la jupe) H 82 cm, l 46 cm ; à gauche (de l'épaule à mi-hauteur de jupe) H 82 cm, l 85 cm. L'examen des modèles de couture de Suzanne Talbot déposés aux Archives de la Seine a permis

de retrouver le modèle analogue de petit soir (carton n° 438, 9 août 1927, n° 1612). Le décolleté du corsage est rond, et le tissu de la robe de couleur plus sombre. La donatrice de la robe a sans doute commandé ce modèle, modifié à sa convenance. Elle est photographiée portant le modèle de grand soir.

GRIFFE : Suzanne Talbot couture Modes modèle déposé ; 10, rue Royale Paris ; 14, rue Royale [sous la griffe, bolduc avec cette inscription :] Mme Labourdette n° 5528.

Don Labourdette. Inv. 77. 37. 3.

70 Patou
   «Black and White»,
   robe du soir
   août 1927

Crêpe de soie blanc, strass, perles irisées blanches. Décolleté devant rond, décolleté du dos en pointe bordé de broderies. Sur le devant, deux bandes brodées incrustées en diagonale. Bas constitué de six panneaux alternativement unis et brodés. Sur les côtés et le milieu devant, panneaux noirs de forme triangulaire brodés de motifs d'inspiration extrême-orientale encadrant un panneau blanc de forme identique brodé ; ces panneaux, formant un soufflet, sont découpés en arrondi. Pas de fond de robe.

GRIFFE : Jean Patou Biarritz, Cannes, Monte-Carlo ; 7, rue Saint-Florentin, Paris. [Bolduc avec le numéro] 67 906.

Prêt Maison Jean Patou.

71 Châle du soir
   vers 1925

Lamé façonné sans envers (sergé de soie vert dégradé, lancé de laminette or). Deux angles sont ornés de plaques rectangulaires brodées sur les deux faces de pierres cristal et de perles or.

Don Bro de Comères. Inv. E. 20. 393. D. 57.

72 Elisa Lauth
   Ensemble de douze bandeaux
   et tiares et de quatre bonnets
   du soir.

Tiares :

1. Montures de fil de fer recouvertes de tarlatane blanche.

a) La tarlatane est découpée suivant les motifs. Broderies de perles noires et argent. Inv. 89. 133. 1.

b) et c) Broderies de strass, perles et tubes argent, strass.
Inv. 89.133.4 et 89. 133. 5.

2. Montures de fil de fer recouvertes de tulle or.

a) Broderies de tubes noirs, perles noires irisées, fil de fer torsadé or.
Inv. 89. 133. 27.

b) Broderies de tubes or et bleu.
Inv. 89. 133. 28.

c) Le tulle est découpé suivant les motifs. Broderies de fil de fer torsadé or, tubes or, topazes.
Inv. 89. 133. 26.

Bandeaux :

support de tulle ; application de dentelle argent ; broderies de tubes, perles argent et strass.

a) Bordure envers d'un ruban lamé argent
Inv. 89. 133. 12.

b) Broderies de perles fines, tubes argent.
Inv. 89. 133. 9.

c) Support de tulle or. Bordure envers d'un ruban de lamé or. Broderies tubes et topazes, fil or.
Inv. 89. 133. 21.

d) Lamé or (envers de soie blanche).
Inv. 89.133.15.

e) Bordure de fil de fer torsadé or, tulle or. Broderies de velours amande, fil de fer torsadé or et argent. Perles cristal.
Inv. 89. 133. 20.

f) Support de deux épaisseurs de tulle or. Application de dentelle or. Broderie de motifs floraux : perles or et velours violet dégradé, fil or.
Inv. 89. 133. 22.

Bonnets du soir :

a) Ganse argent.

Inv. 89. 133. 49.

b) Résille de ruban lamé argent cloutée de strass. Motifs découpés de lamé gaufré argent brodé de tubes et de strass.

Inv. 89. 133. 48.

c) Lamé or drapé. Broderies de tubes or et noir.

Inv. 89. 133. 33.

c) Dentelle or. Broderies de tubes or, perles, or, cannetille et paillettes (feuilles).

Inv. 89. 133. 38.

Le magasin d'Elisa Lauth se situait au 21, rue Saint-Augustin, Paris 2e.

Don Gervais.

73 Ensemble d'accessoires

vers 1925

Ensemble constitué d'un briquet, d'un fume-cigarette, d'un étui à cigarettes, d'une montre plate, et d'un poudrier.

Laque coquille d'œuf, laque noire.

Collection Souillac, Paris.

74 Fume-cigarette

vers 1926

Ecume ivoire, chaîne d'or, perles de corail. Ecrin d'origine *Au Bosphore*, Paris. Semblable à celui qu'arbore Louise Brooks dans le film de Pabst, *Loulou*.

Collection Souillac, Paris.

75 Bracelet

vers 1925

Or, cristal de roche, turquoises, émail. Poinçon de maître illisible. Ecrin de la Maison Fontana, Paris.

Collection Souillac, Paris.

76 Collier perles de verre tressées or, argent et noir terminé par deux glands.

vers 1920-1930

Don Lavedan.

Inv. 51. 12. 182. Prêt UFAC.

77 Collier perles de verre en forme de goutte.

vers 1925-1930

Don anonyme. Prêt UFAC.

78 Poudrier

vers 1925

Matière plastique bleue incrustée de strass disposés en cercle et garnie d'un gland de passementerie bleu dans lequel est dissimulé un bâton de rouge à lèvres.

Don anonyme. UFAC.

79 Poudrier

vers 1925

Matière plastique rouge incrustée de strass et passementerie. Un petit mouchoir en crêpe rouge est noué sur l'anse en cordon de passementerie. Bâton de rouge à lèvres dissimulé dans le gland.

Don Brès. Inv. 75. 7. 502. Prêt UFAC.

80 Perugia

A. Paire de chaussures

vers 1925

Tige en lamé or brodé or de griffons affrontés, à bout pointu, bride en T dégageant largement le coup-de-pied et se fixant au quartier par deux boutons latéraux dorés en forme de rose, doublure et semelle intérieure en peau dorée. Talon Louis XV de section hexagonale gainé de cuivre gravé et doré.

GRIFFE : Perugia [modèle déposé n° 11.069 et 25.857].

Inv. 58. 37. 5.

B. Pochette assortie

Pochette de même tissu, brodé d'arabesques sur le rabat, motif de griffons affrontés. Paillettes or sur les bordures.

GRIFFE : Perugia Paris

Don de Lima, fils de Mistinguett.

Inv. 58. 37. 5b.

81 Perugia

Paire de chaussures

vers 1925

Tige de cuir argenté, à bout pointu, claque en losange entièrement pavée de strass. Bride se fixant au quartier par deux boutons latéraux ronds pavés de strass. Talon pavé de strass. Doublure et semelle intérieure en peau blanche.

GRIFFE : Perugia, 21, avenue Notre-Dame, Nice ; 11, Faubourg-Saint-Honoré, Paris.

Modèle déposé Perugia PRE 6475

n° 1 77 88.

Ces chaussures, comme les précédentes ont été portées sur scène par Mistinguett.

Don de Lima, fils de Mistinguett.

Inv. 58. 37. 6.

1 9 4 0
1 9 3 0

Les vagabondages
de la mode du soir

Jean Patou,
robe de grand soir,
vers 1931 (détail), cat n°85.

Une mode duelle

Masculin-féminin ou le smoking et l'habit du soir

C'est en termes de dualité, nouveau schéma de fonctionnement, que la mode du soir des années trente s'ordonna. Le soir emprunta ainsi au jour ses blouses, ses vestes et ses tailleurs ; la femme adopta le smoking et l'habit masculins et le pyjama ou le déshabillé de la nuit devinrent enfin robes du soir à part entière. Les robes de «grand soir» et, en contrepoint, de «petit soir» se sont partagées aussi toutes les rubriques des magazines. On observa ce phénomène unique de dualité à partir de 1926 avec la question du port du smoking, mais il ne connut son plein épanouissement qu'en 1930 avec le pyjama et en 1934 avec le tailleur. Emprunté à la garde-robe masculine, l'habit est cité à compter de 1936. La vulgarisation de l'usage du cocktail depuis 1928 a fondu l'heure de distraction de dix-huit heures à dix-neuf heures avec celle du dîner, du concert, du théâtre, du cabaret, ou du bridge. Nul n'aurait plus pensé retourner chez soi se changer pour une nouvelle activité. Le petit soir pouvait ainsi se prolonger jusqu'à l'aube, comme le grand soir. Le tailleur, le pyjama, le smoking ou le déshabillé vont parfaitement remplir, comme une robe, leur fonction de toilettes du petit soir. Nous avons préféré dégager en premier lieu leur singularité afin de mieux rendre compte de leur caractère novateur. Il ne saurait être question de recenser ici les manifestations à caractère grand soir, dont la nature plus solennelle, alliée à la beauté et à la culture de certaines femmes du monde, a servi de faire-valoir aux créations des couturiers. Les pompes des croisières inaugurales des transatlantiques et des soirées de l'exposition des arts et techniques de 1937 largement évoquées dans les magazines ne sauraient encore occulter les efforts d'un comité d'animation parisien qui tenta, à plusieurs reprises, de relancer les nuits parisiennes, alors que les conséquences de la crise économique se faisaient partout sentir.

Tout a été dit sur le type de la garçonne des années vingt. En matière de mode, l'emprunt le plus singulier, mais non le plus ancien, de la garde-robe féminine au vestiaire masculin reste sans doute le smoking. Il apparut au cours du printemps 1926 et la couturière Anna fut souvent considérée comme étant à l'origine de cet engouement.[1] Elle proposa, en avril 1926, un smoking du soir composé d'une robe en lamé or uni à la jupe finement plissée et d'une veste en lamé or. *Vogue* ajouta à la même date que la robe de forme simple pouvait être plissée entièrement ou en partie et la robe en lamé uni s'accompagner parfois d'une veste en lamé broché de couleur. Trois pièces formaient la toilette : la robe, ou la jupe, le gilet et la veste smoking. Deux fois sur trois, la jupe était plissée. Son ourlet s'arrêtait au-dessous du genou, comme celui de tout autre toilette à cette date. Sous la veste – le plus souvent de satin blanc, de grain-de-poudre noir ou de lamé or – s'entrevoyait un gilet de soie crème ou de lamé fermé par quatre ou cinq boutons. Un ou deux boutons, ou un double bouton quand la veste se fermait bord à bord, assuraient la fermeture de la veste. Les revers du col châle de la veste smoking étaient souvent traités dans la même étoffe que celle de la veste. Parfois, dans un souci de conformité au modèle masculin, ils étaient en satin de soie, du ton de la veste.

Que l'actrice Jeanne Renouardt ait porté au gala d'ouverture de l'Apollo Music-Hall un tel smoking, créé par Jeanne Lanvin, ou que le smoking en lamé argent de la comtesse de Ganay ait été remarqué lors d'une soirée en juillet 1928 laisserait supposer la singularité de la tenue.[2] Il semble bien que la mode du «smoking féminin» – qui n'a duré, sous cette forme du trois-pièces, que deux années au grand maximum – a été appréciée exclusivement par des femmes dont la beauté, la notoriété et l'arbitrage en matière de mode depuis longtemps reconnus autorisaient le port d'un tel vêtement.

Alors que *Vogue* défendait le nouveau smoking, *Fémina*, en avril 1926, qui s'adressait à un public moins avant-gardiste, opposa avec vigueur que «pareilles excentricités restaient rares».

L'expression «smoking du soir», récurrente dans les périodiques de mode des années trente, aurait-elle annoncé la réapparition de ce type de costume dont deux pièces, la veste et le gilet, étaient directement issues du vestiaire masculin ? De fait, non. Le smoking féminin des années trente a plutôt réinterprété le smoking masculin. Le port du gilet fut en premier lieu abandonné. L'appellation «smoking» désigna encore toute catégorie de veste dont la coupe ajustée rappelait celle des vêtements masculins. Ainsi, quand le smoking réapparut vers 1935-1936, c'est-à-dire dix années après sa première version, il devint synonyme de veste de «coupe tailleur», croisée ou droite.[3] Tel modèle du *Jardin des modes*, le 1er juin 1936, soulignait la carrure, pinçait la taille – la basque tombant à plat ou s'évasant sur les hanches. La jupe tombait toujours droit. Jean Patou, en novembre 1936, proposa encore une jaquette

courte à pointes et intitula cette réinterprétation du gilet masculin veste Eton (Vogue).

L'habit court devant et long derrière, la basque plongeante, constitua la nouveauté des collections de l'hiver 1935-1936. La dimension des basques allait du plus petit format au plus grand, puisque certaines représentaient «simplement un effet de tournure, tandis que d'autres s'allongeaient en traîne».[4] En illustration, une série de croquis de René Gruau décline ainsi l'habit à godets, l'habit croisé, l'habit brodé, l'habit très long ou la basque courte ou en pointe, réalisés de préférence en velours, des couturiers Goupy, Patou et Madeleine Lemoine.

Tel autre modèle de Maggy Rouff oppose avec fantaisie le haut de l'habit en velours à la basque en drap souple dans le tissu de la jupe.[5]

Dans la terminologie de la mode des années trente, porter le smoking comme l'habit signifiait en réalité arborer un «tailleur du soir» dont la veste reprenait les caractéristiques de la coupe des vêtements masculins. En 1936, l'habit et le smoking ont apporté une certaine fantaisie à la veste du tailleur du soir en usage depuis le début de l'année 1934. Après avoir porté la veille une robe de grand soir de type Vénus, la femme vêtue d'un tel costume valorisait un Mars conquérant : l'allure fascinante de Marlène Dietrich en frac dans le film *Agent X27* (1931) n'exprimait-elle pas déjà cette ambivalence de la sexualité ?

Mais, si ce type de veste du soir a été relativement éphémère, rappelons la façon magistrale avec laquelle en 1950 Schiaparelli composa une toilette du soir baptisée Frac (collection de l'UFAC). Sur le thème de l'automne, la veste et sa longue basque queue-de-pie de satin crème sont entièrement brodées, par François Lesage, de motifs de marrons en vison et strass, de feuilles en lames métalliques recouvertes de soie et martelées, et de chenilles.

Smoking du soir,
Art, goût et beauté, avril 1926.

Toutes en habit

Modèles d'habits,
dessins René Gruau, *Fémina,* octobre 1936.

Habit de velours de O'Rossen,
dessin Haram-Lowe, *Fémina,* octobre 1936.

Le tailleur du soir

«La mode du soir fait semblant d'imiter la mode du jour.» Ce fut en ces termes que le journaliste de *Vogue* annonça, en février 1934, les débuts du tailleur du soir. Ce tailleur se portait pour les dîners au restaurant, les cocktails, les concerts ou les soirées intimes. Plusieurs formules furent adoptées. Une robe peu décolletée se complétait d'une veste assortie, ou bien une jupe et une veste – formule la plus courante – exigeaient une blouse de couleur identique ou non, «autre avantage» permettant de renouveler plus souvent l'aspect de la tenue. Un chapeau et des gants se révélaient les compléments indispensables d'un tailleur du soir, précisait *Vogue*, à la même date.

Bien que, dès sa création, le tailleur du soir eût transposé celui du jour, avec les mêmes manches longues, le même col montant et la même coupe «sévère», jugeait encore *Vogue*, quelques différences se révélèrent pour le soir : une jupe plus longue aux chevilles, un tissu différent (satin, lamé, crêpe), et des broderies plus riches. En janvier 1936, *Vogue* distinguait deux catégories de tailleur du soir, le premier à jupe courte et le second à jupe longue. Pour un cocktail, au restaurant ou au cinéma, le tailleur court se portait sous un manteau. L'aspect – certes sévère, mais net – des manteaux de Schiaparelli taillés comme des redingotes ajustées et pourvus de six coutures dans le dos était cité en exemple. Seuls les revers brodés de paillettes distrayaient leur sévérité. Ils accompagnaient un tailleur à jupe courte pour le cinéma ou le dîner.[6] Le tailleur à jupe longue opposait encore de manière plus fréquente la veste brodée ou pailletée à la jupe droite, unie et plus sobre.

Jusqu'à la fin de la décennie, les vestes des tailleurs furent déclinées sur de nombreux modes. De type habit, smoking, veston, veste, jaquette longue ou tunique-redingote, elles étaient très souvent agrémentées de broderies. Schiaparelli porta le genre de la veste courte brodée à son apogée, avec une série de collections exceptionnelles, de 1935 à 1939.[7] Les vestes ou les boléros brodés de ses ensembles de dîner attiraient à chaque collection la curiosité du public, parce qu'elles étaient ordonnées autour d'un thème précis : les papillons (été 1937), le cirque (été 1938), le *Printemps* de Botticelli collection païenne (automne 1938), le cosmos (hiver 1938-1939), la commedia dell'arte (printemps 1939). Ces différents thèmes ont renouvelé dans la fantaisie l'art des brodeurs, des dessinateurs de tissus et des créateurs d'accessoires (boutons).

La longue jaquette, que l'on nommait encore tunique, connut un succès moindre, bien que certains couturiers l'eussent traitée avec brio. En octobre 1935, Marcel Rochas opposait la mousseline noire entièrement plissée de la robe au lamé à motifs persans bleu pâle et argent de la longue jaquette. Une coiffure de longues plumes de paradis blanches complétait la tenue (*Jardin des modes*, 15 octobre 1935). Ce type de veste longue était souvent proposé sans col. *Vogue*, en juin 1936, qualifiait de «spirituel» cette veste d'Alix ; la basque de sa tunique s'animait d'un mouvement ondulatoire original

qui la détachait des hanches. La robe était de crêpe bleu, tandis que la tunique était en lamé broché bleu nuit. Le modèle de couleur rouge des collections du Metropolitan Museum de New York que nous proposons dans l'exposition semble d'inspiration similaire (cat n°97).

Ces vestes étaient aussi bien portées à nu, c'est-à-dire sur la lingerie, que sur un corsage. Pour un bridge du soir, un cocktail, un dîner au restaurant, une séance de cinéma, une blouse simple à manches longues ou demi-longues ne différant de celle d'après-midi que par la qualité de son tissu suffisait. On employa aussi bien des lamés que des crêpes ou des étoffes fines et transparentes comme le tulle ou la dentelle, la mousseline de soie ou l'organza. Porter une blouse avec un large décolleté dans le dos rendait la toilette très habillée, une fois la jaquette ôtée. Le corsage, qui apparaissait dans l'échancrure des revers de la veste, autorisa aussi une profusion de nœuds, de jabots, de cravates et de volants au niveau du col.[8]

Modèles de vestes du soir,
Jardin des modes, 15 décembre 1937.

Tailleur du soir à paillettes,
vers 1935.

L'intimité du soir

La récente exposition sur l'œuvre de Poiret organisée au Palais Galliera a souligné la contribution importante de ce couturier au renouvellement de la structure de la tenue d'intérieur. A partir de 1911, Poiret présenta ses premiers modèles de pantalons de harem, qu'il destinait à l'intimité bien que nombre de femmes les eussent arborés aux courses ou ailleurs. Les collections du musée comprennent un modèle du printemps 1913, une robe à jupe culotte de harem en mousseline de soie vert vif sur fond de satin de soie prune (cat n° 49). Les pyjamas et les déshabillés faisaient partie de la garde-robe de la femme des années vingt. *L'Art et la Mode* conseillait (8 janvier 1927) le port d'un pyjama – culotte et veston croisé de satin de couleur – à des femmes «aussi minces qu'un jeune garçon», mais précisait que le pantalon du pyjama pouvait être très aisément remplacé par une petite jupe de soie légère. Souvent une longue redingote ample ou une longue veste complétèrent le pyjama comme la tea-gown. Dans les périodiques des années vingt, nous n'avons jamais trouvé mention du pyjama ou du déshabillé parmi les tenues de réception, mêmes intimes, du soir. Ce fut en novembre 1929 seulement, que le journaliste apprécia le pantalon pour l'aisance familière qu'il entraînait dans les mouvements et dans les attitudes. La femme pouvait ainsi croiser ses jambes sur le bras d'un fauteuil ou bien s'étendre sur un divan, comme le fit, à la manière d'une Pauline Borghèse ou d'une Juliette Récamier, la marquise de Paris que Hoyningen-Huene a photographiée pour *Vogue* (février 1931, p. 44). Les femmes les plus élégantes, comme la marquise de Paris, la comtesse Jean de Vogüe ou la comtesse Jean de Polignac, adoptèrent ainsi le pyjama du soir pour le dîner, indifféremment chez elles ou chez des amis. Il semble bien que le pyjama du soir d'Augustabernard, en crêpe blanc incrusté au corsage de crêpe jaune, croisé et noué à la taille, qu'arbore la marquise de Paris, soit une variante du modèle que conserve aujourd'hui l'UFAC (cat n° 83). Comparer ce pyjama du soir à un pyjama de plage restait la distraction favorite des journalistes de mode. «On y retrouve les grands décolletés : ne faut-il pas que la ligne de hâle des épaules et du dos corresponde tout à fait exactement avec l'échancrure de la robe du soir ?», interrogeait *Jardin des modes* (15 juillet 1930). Les pyjamas de plage comme ceux du soir étaient si amples du bas, «coupés en forme, travaillés de plis, de godets qu'ils ressemblaient à une jupe», notait encore *Vogue* en janvier 1931 ; leurs différences n'apparaissaient de manière évidente que s'ils étaient directement confrontés. Le corsage d'un pyjama du soir ou d'un déshabillé restait plus sobre que celui d'une robe du soir. L'ensemble, rarement brodé, offrait toutefois variété et recherche dans le choix des tissus. Le modèle de Madeleine Vionnet des collections du musée alterne les faces mates et brillantes d'un crêpe satin vert et croise en la drapant une ceinture dans le dos. Une longue traîne de satin gris blanc complète cet autre déshabillé de Vionnet des collections du musée. La collection de l'été 1930 de Louiseboulanger, émule

de Vionnet, comprenait encore une série nouvelle de «robes de studio», qui prétendirent «détrôner le pyjama habillé»... et prendre la place des anciennes tea-gowns. L'opération consistait à superposer une jupe ample, touchant le sol, sur un pantalon de soie, qu'elle laissait deviner.[9] Une veste à larges manches d'une soie de ton opposé ou de lamé complétait cette tenue tellement inspirée «des jupes mauresques ou des longues gandouras tunisiennes». En ce centenaire de la conquête de l'Algérie, la femme recevait, ainsi parée, ses amis pour dîner ou jouer au bridge. Pour cette décennie que le souci du confort préoccupait, les déshabillés, les pyjamas ou les robes de studio autorisèrent une décontraction complète favorable à l'accueil intime et chaleureux des amis.

Pyjama féminin de Molyneux,
photographie O'Doyé, *Fémina*, janvier 1926.

La marquise de Paris
en pyjama du soir d'Augustabernard,
photographie Hoyningen-Huene,
Vogue, février 1931.

La comtesse Jean de Vogüe
et la comtesse Jean de Polignac
en pyjamas du soir de Jeanne Lanvin,
photographie Hoyningen-Huene,
Vogue, février 1931.

Robes
de petits soirs

Ce fut en 1928 que Pierre de Trévières dans *l'Art et la Mode* (14 avril) et James de Coquet dans *Fémina* (février) firent découvrir la vogue des cocktails-parties, le «dernier passe-temps chic». Leur principe était le suivant : chaque participant devait amener «une liqueur originale, inconnue et avec l'aide des apports voisins confectionner de toutes pièces un cocktail nouveau, puis le baptiser. Cela supposait bien des trouvailles, des essais pittoresques, des erreurs délicieuses et des éclats de voix puérils». Le matériel nécessaire pour une cocktail-partie comprenait une caissette qui contenait les gobelets, les cuillères, les flacons, le verre à glace, un manuel de recettes, et, d'autre part, un phonographe-microphone pour assurer l'animation musicale de ces réceptions d'avant dîner. *Vogue* publia de manière régulière des recettes de cocktails, de canapés et autres friandises. Si le cocktail était suivi d'un dîner de dix ou douze couverts, le maître de maison se transformait en barman ; un grand dîner réclamait un maître d'hôtel, qui préparait d'avance les cocktails. Le service consistait à faire suivre le maître d'hôtel, qui portait un plateau garni de verres, d'un aide muni du shaker et d'un troisième garçon qui proposait les sandwiches.

Ce type de réception se substitua, comme l'affirmaient les auteurs des manuels de savoir-vivre contemporains, au thé de dix-sept heures. Contrairement à celui-là, une cocktail-partie comptait autant d'invités que d'invitées. «C'était une mode assez amusante qui réalisait en quelque sorte le bar chez soi», de dix-huit heures à vingt heures, avant un dîner parfois improvisé, une partie de bridge ou une sortie quelconque.[10] Parce que le cocktail se prolongeait souvent en dîner pique-nique, parce que le bridge se terminait parfois fort tard, parce qu'une soirée au théâtre, au cabaret ou un concert demandait rarement une grande toilette, choisir une robe d'un caractère passe-partout était recommandé. De manière générale, la robe de petit soir devait couvrir les épaules, comporter des manches longues ou des demi-manches, et rester de préférence dans les tonalités sombres du noir, du gris foncé, du brun ou du vert (*Vogue*, février 1929). Tous les modèles que cette même revue, entre novembre 1930 et mars 1933, cataloguait petit soir (pour les soirées au cinéma, au concert, à un dîner...) ne dépassaient jamais la cheville. Ce type de robe permettait de monter et de descendre aisément les escaliers et d'utiliser une automobile, sans redouter d'incident.

La majorité des femmes se rendait encore au théâtre, au cinéma ou au concert, comme le remarquait *Vogue* en décembre 1936, en «tenue d'après-midi», c'est-à-dire vêtues d'une robe courte «éclairée d'une broderie [...] d'argent ou d'or, de Cellophane ou de strass», qu'un manteau complétait. La longueur de ces vêtements était celle, mi-longue, des vêtements du jour.

De même, la robe de bridge était longue ou mi-longue. Pour une partie de bridge entre dix-huit et vingt heures, une robe habillée d'après-midi que le choix du tissu distinguait ou que l'éclat d'une broderie rehaussait était de mise : «lorsque la robe est simple, un détail, une recherche de tissus, un élément plus élégant que ne l'exigent les occasions habituelles de l'après-midi, viennent rappeler le sens d'élégance recherchée voulue par la religion du bridge» (*Vogue*, novembre 1937).

Qu'ils fussent de jersey de rayonne, de satin noir brillant ou encore de lamé, les modèles concentraient leurs effets sur le corsage. Une robe de Gaston, publiée dans *Vogue* à la même date, apparaît brodée d'applications en chevreau or uniquement au cou et à l'extrémité des manches longues. Un plastron, un effet blousant, des incrustations pouvaient encore animer le corsage peu décolleté, avec des manches longues ou demi-longues. Un pendentif ou une broche l'ornait avec une discrète réserve.

Si pour un dîner intime la femme n'adoptait pas le pyjama ou le déshabillé du soir – toujours longs – elle revêtait alors une toilette d'après-midi habillée, toujours plus courte que la robe du soir. *Jardin des modes* (15 décembre 1930) la trouvait «peu décolletée et sans manches, d'un ton très sombre [marron, aubergine, bleu violacé] ou mieux encore, noire». Pour «être parfaite de cinq heures du soir à cinq heures du matin» précisait la même revue le 15 mai 1932, «une unique tenue convient avant, pendant et après le dîner. C'est surtout une toilette d'après-midi, très habillée et très classique de longueur normale. Les couleurs sont sombres. Le noir, les bleus sont les plus employés. L'ensemble se compose d'un manteau et d'une robe, ou d'une jaquette et d'une robe [...]. Voilà pour l'effet d'après-midi. Installée au restaurant ou au théâtre, vous enlevez votre manteau et la robe au-dessous apparaît comme une surprise avec [...] un air de soir. L'apparence soir est suggérée par le décolleté, ensuite par le tissu [dentelle, lamé...], puis par les couleurs et par les garnitures. Le décolleté est modeste, comme celui d'une robe de dîner, les épaules sont presque toujours couvertes et il y a de petites manches [...]. Mais ce qui donne une apparence habillée vient de ce que le haut du corsage est fait d'un tissu bien plus léger que celui de la jupe», du même ton ou d'un ton différent. Le corsage «sera subtilement orné par sa coupe savante, souple, croisée, drapée».

Comme la femme était vue plus souvent assise – au théâtre, au cinéma, au cabaret ou lors d'une partie de bridge – que debout, son buste et son visage retenaient davantage l'attention. La veste ou le corsage étaient réalisés souvent dans un tissu plus scintillant que celui de la jupe. De nombreuses broderies agrémentaient cette partie haute du vêtement.

Les succès de films inoubliables qui révélaient ou consacraient le talent des actrices Greta Garbo, Ginger Rogers ou Katherine Hepburn renforcèrent la vogue de la «coiffure à l'ange» et de la «coiffure de page», apparues en 1935 peu après l'exposition sur l'art italien au Petit Palais.[11] Le coiffeur Guillaume coiffa en 1937 Ginger Rogers sur le modèle «page» : ses cheveux mi-longs tombaient sur le cou, mais étaient roulés vers l'intérieur. La légendaire reine Christine, Greta Garbo, arborait aussi cette coiffure. Le 15 décembre 1937,

Jardin des modes déclina tous les genres de coiffure et de chapeau à porter selon les occasions. Au théâtre, avec une robe unie et une veste de drap brodée de paillettes, on portait un turban de velours et quelques fleurs sur une calotte de feutre. Pour un dîner ou une réception chez soi, les cheveux se roulaient en arrière, d'une tempe à l'autre, sur le modèle de la coiffure à l'ange. Une coiffure du soir en plumes irisées complétait cet apprêt pour un souper après le spectacle.

Un manteau de fourrure parachevait la tenue de petit soir, selon les termes de *Vogue* (décembre 1936), et non pas un manteau du soir. Un sac d'après-midi habillé ou une boîte Vanity – «quand on a une escorte masculine [...] pour emporter clefs et argent» – des gants très sobres – en suède ou en velours, courts avec des robes habillées, très longs dans d'autres cas –, des souliers «s'écartant délibérément du genre sandale» en crêpe de Chine, marocain ou satin noir, réalisaient finalement cet habile compromis entre la tenue de ville et la tenue du soir qu'est la tenue de petit soir.

Robe et ensembles de concert,
dessins de Pagès,
Vogue, décembre 1936.

Passagers du transatlantique le *Champlain*
au fumoir après le dîner,
Fémina, juin 1934.

Robes
de grands soirs

Sur un fond de dépression économique et de contestation politique et sociale, la robe des grands soirs a connu un certain recul au profit de la robe de petit soir de facture riche et variée. De fait, le port du veston se répandait et sonnait le glas de la robe du soir traditionnelle, au grand regret d'André de Fouquières (*Art, goût, beauté*, janvier 1932). Comble de l'ironie, *Jardin des modes* proposait, le 15 novembre 1936, de revêtir des manteaux, tailleurs ou robes «d'allure sportive» lorsque les hommes étaient en veston.

Mais plusieurs méthodes de relance de la mode de grand soir (et de ses corollaires masculins, l'habit et le smoking) se sont relayées à intervalles réguliers. En mars 1935, *Vogue* annonça que le Comité des saisons de Paris avait décidé qu'un jour par semaine «certains lieux de rendez-vous du Tout-Paris ne seraient ouverts qu'aux hommes en habit et aux femmes en grande tenue». Le mardi, on prit l'habitude de dîner au Ritz ou chez Maxim's, et le samedi, au Café de Paris en grande tenue. On soupait encore ainsi chez Florence, le mardi. A ce propos, *l'Illustration* loua, en janvier 1935, les efforts des entreprises privées, «groupements aristocratiques, comme celui des Saisons de Paris, ou cercles artistiques, comme celui des Escholiers, [qui s'étaient fixé pour but de] restituer à la vie parisienne tous ses fastes d'antan». Le même journal applaudissait encore l'initiative de certains directeurs de théâtre, de cinéma ou de grands restaurants qui, pour une représentation de gala ou une inauguration, «avaient discrètement prié leurs invités» de revêtir l'habit ou du moins le smoking. La grande nuit de Longchamp, qui clôturait la saison parisienne, fut enfin le rendez-vous traditionnel des élégances du grand soir.

Les inaugurations des salles de cinéma, auxquelles les magazines assuraient une abondante publicité, ont multiplié, de 1930 à 1935, les occasions d'élégance. Le 9 décembre 1932, une fête marqua l'achèvement de l'édification du cinéma Le Rex, boulevard Poissonnière. La façade de style Art déco d'André Bluysen cachait une salle «atmosphérique», ainsi qualifiée parce que son décor évoquait le paysage exotique d'une cité mauresque. De 1933 à 1935 s'ouvrirent dans le quartier des Champs-Elysées les cinémas Marignan, Balzac et Paris. Le succès de certains films dans lesquels jouaient Greta Garbo, Marlène Dietrich ou Mae West favorisa la vogue de robes du soir très originales. *Vogue* rapportait, en août 1933, le dîner que Violet Trefusis avait donné, en juin, sur le thème de Mae West, l'actrice principale du film à grand succès *Lady Lou*. Sur l'exemple de ses robes, un nouveau type de robe fourreau moulait le corps et en soulignait les formes. Un grand chapeau orné complétait la robe longue et une impressionnante quantité de colliers longs, sautoirs ou colliers de chien conférait à la tenue hardiesse et personnalité.

Le théâtre connut aussi ses moments les plus glorieux avec les premières des œuvres dramatiques de Giraudoux, de Pirandello ou de Cocteau. Dans *Amphytrion 38*, Valentine Tessier en Alcmène portait une robe de Jeanne Lanvin en crêpe Georgette rose perlée à la taille et aux hanches. Ce modèle s'inscrivait parfaitement dans la grammaire néoclassique de la mode contemporaine. Le musée Galliera conserve la réplique de la robe du soir commandée chez Jeanne Lanvin par madame Jules Laroche.[12] Le vif intérêt de la société contemporaine pour la psychanalyse se manifesta au travers des succès que rencontrèrent *la Machine infernale*, de Jean Cocteau (1934) ou les œuvres de Pirandello. «A chacun sa vérité» : depuis que la confiance en des valeurs universelles vacillait, l'exploration de soi et des autres – par les rêves et par l'écriture automatique, domaines de l'inconscient – exaltait les différences. Jamais la mode du soir n'a autant voyagé dans le temps comme dans l'espace, insatiable exploratrice du passé comme du présent.

Le culte de Madeleine Vionnet pour l'Antiquité classique n'est plus à démontrer. Virtuose dans l'art du drapé comme dans celui du biais, elle révéla les inflexions du corps en soulignant ses formes avec plus d'insistance que par le passé, multipliant les effets de «draperie mouillée» dans la veine des sculpteurs grecs Alcamène ou Callimaque de la fin du ve siècle avant Jésus-Christ. Alix (madame Grès) utilisa un fin jersey de soie pour créer, dans une inspiration libre du peplos grec, un drapé finement plissé devenu tellement «classique» qu'il est parfois malaisé de distinguer telle robe des années trente de tel modèle des années cinquante. Remercions enfin la maison Jean Patou, qui a consenti au prêt d'une robe du soir entièrement perlée dans un doux camaïeu de rose nacré. Le motif de vaguelettes à la taille que cernent délicatement des perles dorées est directement issu du répertoire ornemental de la sculpture ou de la peinture grecques (cat. n° 85).

Les récentes expositions organisées par le musée Galliera ont encore permis au public d'admirer la fameuse cape Phoebus de Schiaparelli (collection néoclassique de l'hiver 1936-1937). Dessiné par Bérard, le masque de Phoebus (soit Hélios ou Apollon) en paillettes et lames dorées (le visage est brodé au passé de soie or) rayonne sur le dos de cette cape en ratine de couleur rose shocking.[13]

La seconde vague de fond de l'histoire fut, dans le domaine de la robe du soir, celle du romantisme. Nous ne saurions que citer l'étude approfondie que Guillaume Garnier a pu en faire : «Bientôt les toilettes du soir très ajustées du début des années trente cédèrent la place à des robes qui d'une façon ou d'une autre flottaient autour du corps, en créant un flou envoûtant, qu'il s'agisse du mouvement des drapés, de la transparence des tulles et dentelles» (cat. «Paris couture, années trente, p. 40).

Y a-t-il encore plus belle invitation au voyage que le modèle que dessina Anna de Pombo pour Paquin ? Elle rappelait dans ses mémoires : «Le tissu se présentait en bandes de petite largeur, j'enroulai son corps de haut en bas, comme une spirale, ce qui lui donna l'apparence d'une momie égyptienne, puis j'appelai le chef d'atelier pour qu'il couse le modèle tel quel.»[14] En 1937, Alix, elle aussi inspirée par un voyage en Egypte, dessinait de minces fourreaux longs. *Vogue*, dans les numéros des mois d'avril et de mai 1935, rendait d'autre part compte de l'engouement de la saison pour les robes du soir dérivées du sari indien. Schiaparelli proposait ainsi un *dhoti* – robe à jupe drapée des hommes du Bengale – qui présentait la particularité de «se porter sur un fourreau pantalon» (mai 1935).

Synthèse de la mode de petit soir et de celle de grand soir, le voyage à bord d'un transatlantique concentrait dans un même espace toutes les distractions que proposait la capitale, du cocktail au bal, de la séance de cinéma à la première d'une représentation théâtrale, du numéro de cabaret au grand dîner. Un des moments privilégiés de la vie à bord du *Normandie* était la descente en tenue de soirée de l'escalier monumental des premières classes – aussi majestueux que celui de l'Opéra – pour gagner la salle à manger dont les dimensions rivalisaient avec celles de la galerie des Glaces de Versailles. Les anecdotes de voyage sont légion. Hemingway racontait que, vêtu du smoking de l'un de ses amis, il dînait dans la salle à manger de première classe de *l'Ile-de-France* quand apparut Marlène Dietrich, imposante, toute de blanc vêtue: «Elle descendit les marches avec une lenteur étudiée, sous les regards subjugués des dîneurs.» La croisière inaugurale du *Normandie* (mai 1935), laquelle réunissait madame la présidente Lebrun, Colette, des princes indiens, madame Lanvin, Valentine Tessier..., offrit par deux fois une présentation de mode de «neuf maisons de couture et deux maisons de fourrure». Chaque femme susceptible de revêtir une robe du soir différente selon l'heure et l'activité respectait ainsi le rôle «d'ambassadrice de la mode et du goût français» qui lui était imparti.[15]

1 *Art, goût, beauté*, avril et juin 1926.

2 *L'Art et la Mode*, 10 avril 1926, p. 479, et *Vogue*, juillet 1928, p. 7.

3 *Vogue*, novembre 1935, p. 38.

4 *Fémina*, octobre 1936, p. 4. Voir aussi *Jardin des modes*, 15 septembre, 1er octobre et 1er décembre 1936.

5 Les collections de l'hiver 1936-1937 ont aussi proposé des habits tricotés en grosse laine chinée pour le jour.

6 *Vogue*, octobre 1936, p. 32.

7 Catalogue de l'exposition «Schiaparelli», établi par Guillaume Garnier, 1984.

8 *Vogue*, janvier 1936, p. 35 (sur la question du corsage décolleté).

9 *Femme de France*, 20 avril 1930, p. 31.

10 Claude Valmont, *Usages et savoir-vivre modernes*, p. 126.

11 Catalogue de l'exposition «Paris couture, années trente», 1987, article de Madeleine Delpierre, «Coiffeurs et modistes», p. 174.

12 Opus cité note 11, p. 35, inv. 57.

13 Voir le catalogue des expositions «Schiaparelli», 1984 et «Paris Couture années trente», 1987, p. 32 et «Lesage, maître brodeur», 1988 et Tokyo, 1989.

14 Cité dans l'étude historique de D. Sirop, *Paquin*, p. 70.

15 Voir *l'Intransigeant*, 31 mai 1935, p. 2.

Présentation de mode à bord du *Normandie*
à l'occasion de sa croisière inaugurale,
mai 1935, photographie Schall.

Manteau du soir de Madeleine Vionnet,
photographie Steichen,
Vogue, janvier 1931.
cat n°82

Vestibule de la salle à manger du *Normandie*,
croisière inaugurale, mai 1935,
photographie Schall.

82 Madeleine Vionnet
Manteau du soir
1930

Velours rayonne à fond de soie lie-de-vin, hermine.

Doublure en crêpe satin de soie crème. Manteau croisé à taille haute. Haut en hermine blanche, à manches larges resserrées aux poignets. Large revers du col se terminant en pointe dans le dos. Bas de velours pris dans le biais.

Présenté dans *Vogue*, janvier 1931, p. 44 (photo Steichen), avec ce commentaire : «Ce manteau à taille haute est en hermine et velours bourgogne dentelé dans le bas. Les bijoux [...] sont de Cartier.»

Don prince de Pudukota. Inv. 83. 120. 27.

83 Augustabernard
Pyjama du soir
1931

Crêpe marocain blanc et jaune.

Crêpe marocain blanc alternativement incrusté et appliqué de la taille à la poitrine d'un motif géométrique en crêpe identique jaune. Large décolleté arrondi.

Pantalon large, coupé en forme, faisant l'effet d'une jupe.

Biblio. : *Vogue*, février 1931, p. 44 (photo Hoyningen-Huene) ; Y. Deslandres, F. Müller, *Histoire de la mode au xxᵉ siècle*, 1986, p. 148-150.

Don de la marquise de Paris. Prêt UFAC.

84 Madeleine Vionnet
Pyjama du soir
vers 1931

Satin, velours, crêpe de soie.

Ensemble composé d'un corsage, d'un pantalon et d'une jaquette longue.

Corsage de satin rose pâle pris dans le biais ; col drapé.

Pantalon large de crêpe de soie corail. Jaquette à manches longues en velours.

Don Hamilton Rice. Inv. 73. 159. 22. abc. Prêt Museum of the City of New York.

85 Jean Patou
Robe de grand soir
vers 1931

Crêpe Georgette rose, entièrement brodé de perles blanches nacrées et de perles or. Décolleté devant et dans le dos, plus profond, en pointe.

Dans le dos, deux bandes flottantes de même tissu brodé encadrent le décolleté, des épaules à la taille. Petite traîne ovale.

Du haut de l'épaule gauche jusqu'au niveau des hanches, en diagonale, la broderie de perles, ton sur ton, forme des stries parallèles à l'aspect de cannelures. Le même motif est repris sur la jupe de droite à gauche.

Un motif de vaguelettes souligné de perles or borde le bas devant de la robe comme sa partie médiane.

Deux ceintures de crêpe rose brodées, la première de perles nacrées, la seconde de perles or.

L'illusion d'un drapé comme celle d'une tunique (partie médiane avant), le motif de vaguelettes, la couleur rose nacré rehaussée d'or concourent à la réussite de cette création d'inspiration nettement néoclassique.

Robe portée pour les fiançailles de Mlle Katherine Schraff (épouse Norton Griffiths), qui l'a donnée à la Maison Patou.

GRIFFE : Jean Patou Paris [bolduc avec ce numéro : 15. 417 ; second bolduc avec le même numéro et l'inscription «Mlle Katherine Schraff»].

Prêt Maison Jean Patou.

86 Jérôme
Robe du soir
vers 1934

Dentelle de soie rose rebrodée de lamelles de Cellophane. Garniture de mousseline de soie rose et ciel, et fleurs en pongé de mousseline de soie rose. Fond de robe en crêpe satin bordé en bas de tulle de soie. Décolleté en pointe dans le dos bordé de fleurs artificielles.

Le bas de la robe est bordé d'un ruché de dentelle de soie rebrodée de lamelles de Cellophane.

Exemple d'une combinaison de matériaux originale (dentelle et Cellophane) que *Jardin des modes*, le 15 octobre 1934, commente ainsi : «Les couturiers ont réservé une large place aux tulles et aux dentelles. Les collections d'hiver montrent à ce sujet des nouveautés vraiment intéressantes. Les matières les plus variées – la Cellophane, les fils de métal, la laurinette, les grosses paillettes légères comme de la plume, le crin – enrichissent les tulles à gros et fins réseaux [... et] les dentelles.»

GRIFFE : Jérôme, 104, Faubourg-Saint-Honoré, Paris.

Don Bertier. Inv. 68. 40. 117.

87 Attribué à Mainbocher
Robe
vers 1934-1935

Crêpe de rayonne imprimé de motifs floraux. Décolleté devant en pointe ; décolleté du dos formant des bretelles se rejoignant au centre.

Manches courtes amovibles se fixant autour du décolleté par des attaches métalliques et des boutons.

Sur la lisière du tissu inscription «Baléares» (peut-être édité chez Coudurier-Fructus-Descher en 1933).

Don Mme Jean Despas en souvenir de sa mère. Inv. 52. 838. Prêt musée des Arts décoratifs.

88 Madeleine Vionnet
Déshabillé
vers 1936

Crêpe satin en soie tilleul employé sur deux faces (brillante/mate).

Haut : entièrement drapé ; le tissu côté satin est pris dans le biais. Manches longues et larges, resserrées aux poignets.

Bas : le tissu est utilisé côté crêpe, toujours pris dans le biais.

Biblio. : *les Belles Robes,* 1909-1939, p. 36-39.

Don SHC. Inv. 61. 62. 34.

89 Schiaparelli
Ensemble de petit soir
décembre 1937
Velours, crêpe, satin ; broderies.
Ensemble composé d'une veste et d'une robe.
Robe en crêpe-satin vert foncé pris dans le biais, à encolure droite et larges bretelles. Sur le devant de la robe, bande de même tissu incrustée (travail de fronces de part et d'autre de la bande centrale au niveau des hanches).
Veste en velours vert foncé sans col à petit décolleté devant en pointe ; manches longues, rembourrées aux épaules. Sur les deux panneaux devant, broderies symétriques de deux doubles tiges avec – à leurs extrémités (en bas de la veste épousant les bords arrondis et en haut au niveau du petit décolleté) – de grosses fleurs stylisées rappelant des anémones de mer (fils métalliques, pierres rouges). Cinq boutons de plastique garnis à l'intérieur de fleurs iridescentes.
GRIFFE : Salon Moderne, Saks, Fifth Avenue, NY, designed by Schiaparelli.
Présenté dans *Fémina*, hiver 1937, p. 19 (photo Anzon) avec ce commentaire : «De Schiaparelli cet ensemble de fin de journée et de restaurant en velours vert, dont la jaquette, brodée de grosses fleurs d'or en relief, laisse apercevoir le corsage ouvert.»
L'ensemble est porté avec un arlequin noir.
Don Julia B. Henry.
Inv. 1978. 288. 19 abc.
Prêt Metropolitan Museum of Art, Costume Institute, New York.

90 Balenciaga
Tailleur du soir
vers 1938
Ottoman moiré violet.
Jupe non doublée.
Veste longue à manches longues doublée de crêpe bleu.
Broderie en relief sur le côté gauche de paillettes et fils métalliques formant des motifs floraux.
GRIFFE : Balenciaga ; 10, avenue George-V,

Paris [dans la veste et sur l'ourlet de la jupe, bolducs cousus avec cette inscription : « S.R.M. De Leclerc»]. Don Leclerc.
Inv. 58. 65. 1.

91 Chanel
Robe de grand soir
hiver 1938-1939
Tulle de rayonne bleu foncé, brodé de paillettes bleues. Fond de robe de crêpe marocain en soie.
Corsage bustier à bretelles entièrement brodées.
Superposition de cinq épaisseurs de tulle.
Un modèle analogue – publié dans *Vogue*, en février 1939, p. 21 – faisait partie de la garde-robe de la comtesse de Montgomery : «grande robe de tulle noir et de paillettes multicolores, gants courts rehaussés de pierres de couleur».
GRIFFE : Chanel n° 48 820.
Don Mme Jean Despas en souvenir de sa mère, 1982. Inv. 52. 832. Prêt musée des Arts décoratifs.

92 Schiaparelli
Robe du soir
été 1939
Etoffe à carreaux écossais en soie orange, bleue, verte et noire sur fond jaune. Doublure en satin Duchesse rouge.
Robe manteau, le haut cintré dans le dos forme cape. A l'arrière, trois «volets» profilés en pointe forment un effet de tournure basse. Sur l'avant, fermeture à glissière.
Modèle identique conservé au Metropolitan Museum of Art, Costume Institute, New York.
GRIFFE : Schiaparelli, été 1939, 21, place Vendôme, Paris. Inv. 85. 185. 15. MMC.

93 Chanel
Robe de dîner
1939
Mousseline, broderie anglaise, tulle noir.

Ceinture de taffetas de soie rayé.
Jupe rayée de bandes verticales noir et blanc. Large ceinture nouée à la taille en taffetas multicolore rayé.
Corsage en tulle, à manches longues, froncées sur les avant-bras. Corselet en broderie anglaise.
Modèles analogues dessinés par Pagès dans *Vogue*, avril 1939, p. 52 : «De l'Albaïcin ou de Triana, les Gitanes sont venues à Paris. Chanel [robe] en tulle et dentelle, [robe] en taffetas et tulle.»
Don Chambers Hugues. Prêt Metropolitan Museum of Art, Costume Institute, New York.

94 Jeanne Lanvin
Veste du soir
été 1931
Crêpe satin en soie crème, doublé de même tissu.
Veste large à manches droites et à grand col châle matelassé. Découpes de forme triangulaire dans le dos, au niveau des emmanchures et au col.
GRIFFE : été 1931, Jeanne Lanvin Paris, 22, rue du Faubourg-Saint-Honoré.
Don Brès. Inv. 75. 7. 100. Prêt UFAC.

95 Diana
Boléro du soir
vers 1935
Tulle de coton recouvert de paillettes or. Doublure en satin de soie crème.
Les paillettes or sur les bordures forment des motifs en forme de volutes.
Forme croisée ; les deux pans se nouent dans le dos ; manches en bavolets.
GRIFFE : haute couture tricot sports, Diana, téléphone Elysées 79 21;
36, rue Washington, Paris 8e.
Don Lebaudy et Luzarche d'Azay.
Inv. 62. 104. 75.

96 Attribué à Jeanne Lanvin
Boléro du soir
vers 1935

Tulle de soie bleu et rose brodé de paillettes argent.

Application de cinq bandes concentriques de tulle rose sur lesquelles sont brodées des paillettes argent. Au bas des manches courtes, deux bandes identiques superposées.

Don Genillon Fricotelle. Inv. 69. 95. 6.

97 Alix
Veste du soir
1935

Satin broché, à motifs d'oiseaux, doublure de soie imprimée de motifs écossais, fils métalliques.

Veste croisée à col droit montant ; manches longues à revers découvrant la doublure ; large basque s'évasant sur les hanches.

La veste a été dessinée par Alix en 1935 pour la danseuse Argentina (1888-1936). Celle-ci l'a portée sur une robe longue en jersey de soie. Le tissu a été dessiné et reproduit par les fabricants Bianchini Frères pour l'exposition des arts et techniques de 1937.

Ce costume était à Paris en 1939 et fut envoyé à New York en 1940 pour une exposition de costumes contemporains au profit d'œuvres charitables qui venaient en aide aux Français en guerre.

Un modèle analogue parut dans *Vogue*, en juin 1936, p. 29, avec le commentaire suivant : «la classique veste du smoking cède le pas pour un vêtement spirituel à la basque marquée, aux pans volontiers exagérés».

Don Harrison Williams, Mendl et Munn.

Prêt Metropolitan Museum of Art, Costume Institute, New York; 46. 4. 19. ab.

98 Mainbocher
Veste du soir
entre 1935 et 1939

Crêpe de soie champagne (non doublé).

Broderies de perles rosées et de perles blanches de motifs floraux.

Manches longues évasées, encolure arrondie.

Bolduc avec l'inscription : «Gilberte... [illisible]».

Don Mainbocher. Inv. 61. 19. 29. Prêt UFAC.

99 Mainbocher
Veste
entre 1935 et 1939

Crêpe cloqué de rayonne et acétate blanc, doublure de crêpe de Chine de soie blanc.

Broderies de petits tubes cristal et perles rosées formant des motifs concentriques. Col à revers tailleur. Veste cintrée, fermée par trois boutons.

Bolduc avec l'inscription : «André 242 Juliette».

Don Mainbocher. Inv. 61. 19. 30. Prêt UFAC.

100 Gants longs
vers 1930

Satin rose.

Manchette incrustée de cinq quilles.

Trois baguettes piqué nervure. Cousu piqué intérieur.

L. 21 1/2 pouces (1 pouce = 2,7 cm). Française mariée à un Anglais, l'Honorable Mrs. Reginald Fellowes, née Marguerite Decazes, fut une grande figure de l'élégance parisienne des années 1930, et ce jusqu'à sa disparition en 1962. En 1963, ses héritiers firent don au musée d'une grande partie de sa garde-robe.

Don des enfants et petits-enfants de Mrs. Reginald Fellowes. Inv. 63. 20. 15.

101 Gants longs
vers 1935

Mousquetaire en velours et peau chamoisée mate noir.

Large manchette évasée bordée de renard argenté.

L. 13 1/2 pouces.

Bien que non signés, ces gants présentent les mêmes caractéristiques de coupe que celles figurant dans le brevet d'invention n° 735-138, déposé par les Ets Chanut, le 13 avril 1932. Le dessus de la main et toute la manchette sont coupés d'une seule pièce, le pouce et la paume étant assemblés par une nouvelle technique : «le piqué anglais».

Don Sednaoui. Inv. 77. 82. 12.

102 Alexandrine
«Longchamp», gants
1937

Saxe (manchette évasée) en organdi et tricot blanc.

Marguerites brodées ton sur ton.

L. 7 1/2 pouces.

Un sac, également en organdi blanc, accompagnait les gants. L'ensemble avait été créé pour une des nombreuses soirées données, durant l'été 1937, à l'occasion de l'Exposition internationale de Paris.

Alexandrine commercialisait dans ses trois magasins parisiens – 10, rue Auber ; 21, rue de la Paix et 281, rue Saint-Honoré – la production de son usine de Grenoble. La maison reçut le Grand Prix à l'Exposition internationale de Paris en 1937 et une de ses collaboratrices, Mme Jaubert, un diplôme d'honneur. Rachetée en 1960 par Lionel Le Grand, la maison ferma définitivement quelque temps après. Présentés dans *Jardin des modes*, 1er juin 1937, p. 447 et *Excelsior*, été 1937, p. 35 et 83.

Inv. 90. 48. 1.

103 Caroline Reboux
Gants longs
vers 1938

Satin noir.

Très large manchette froncée en ballon.

Trois baguettes piqué nervure. Cousu piqué intérieur.

L. 13 1/2 pouces.

Fille du journaliste Charles Reboux et de Mlle Le Roy de Gassendries, mère de l'écrivain Paul Reboux, Caroline Reboux apprit

très jeune l'art de fabriquer des chapeaux...
pour ses poupées. Pressée de gagner sa vie,
elle proposa ses créations à des modistes.
Remarquée par la princesse de Metternich,
la comtesse de Pourtalès, puis par l'impératrice Eugénie, elle ouvrit boutique au 23, rue
de la Paix, où elle proposait aussi des accessoires. Elle coiffa bientôt les élégantes des
deux côtés de l'Atlantique jusqu'à sa disparition en janvier 1927.

Lucienne Rabaté, à partir de 1929, présida
aux destinées de la maison, alors installée au
2, avenue Matignon. Elle ferma en 1960.
Don famille de Gramont. Inv. 64. 20. 57.

104 Sac du soir
vers 1935
Satin noir, clip rectangulaire de strass.
Don Lepeu et Lancelot. Inv. 89. 124. 13.

105 Pochette du soir
vers 1935
Entièrement brodée de perles rondes et de
tubes noirs formant un motif d'écailles.
Don Lepeu et Lancelot. Inv. 89. 124. 12.

106 Marcel Rochas
Sac
1939
Peau noire, laiton doré.
Ce sac, en forme de commode Louis XV
dont les deux tiroirs s'ouvrent, a été réalisé
par la Maison Cosa, 24, rue du Mail, Paris.
Il a été présenté dans *Plaisir de France*, avril
1939.
Collection Haas, Paris.

107 Nœud papillon
vers 1935
Laiton doré, ruban d'albène blanc.
Le laiton doré est découpé en forme de
nœud papillon. Fermoir en laiton doré.
Collection Haas, Paris.

108 Paul Brandt
A.   Etui à cigarettes
vers 1928
Laques rouge, noire, grise, et coquille
d'œuf, or.
Inv. OA. 413.
B.   Etui à cigarettes
vers 1928
Laques noire, rouge, coquille d'œuf et bru-
ne.
Inv. OA. 41.
Des modèles analogues sont présentés dans
Sylvie Raulet, *Bijoux arts déco*, p. 285, datés
1928. Voir aussi *l'Art et la Mode*, 17
novembre 1928, p. 1 553.

109 Siegfried Boes
Collier argent, cabochon rectangulaire d'une
plaque de nacre sculptée de figures hu-
maines.
Signé : Boes, 1933
Inv. OA. 390.

110 Jean Despres
A.   Bague
vers 1933
Argent, petites diagonales parallèles
émaillées noir.
Signé : J. Desprès
Inv. OA. 406.
B.   Bague
vers 1933
Chaton demi-sphérique : alternance de raies
parallèles en émail noir, or et argent.
Signé. Inv. OA. 405.
C.   Large anneau plat
vers 1933
Or, argent, et émail noir disposés en alter-
nance.
Signé. Inv. OA. 396.
D.   Bague
vers 1933
Chaton rectangulaire. Argent, or, raies
d'émail noir.
Signé. Inv. OA. 394.

E.   Bague
vers 1933
Chaton demi-sphérique. Or rose, argent, or
jaune.
Signé. Inv. OA. 406.
F.   Bague
1933
Argent.
Signé.
Bague présentée dans Sylvie Raulet, *Bijoux
arts déco*, p. 237, et dans *Art et décoration*,
1933, tome LXII.
Inv. OA. 402.
G.   Broche
vers 1933
Or rose, argent, or jaune, émail noir.
Forme demi-lune.
Signé. Inv. OA. 392.
H.   Broche
vers 1933
Email noir, or jaune.
Motif rectangulaire central que «feston-
nent» de petites boules, encadré de deux
pièces en forme de demi-lune.
Signé. Inv. OA. 392.

111 Raymond Templier
Pendentif
vers 1934
Argent, émail noir, cornaline, diamants.
Inv. OA. 412.
Cet ensemble de bijoux est un prêt du
musée d'Art moderne de la Ville de Paris.

1 9 6 0
1 9 5 ... 0

Des robes
de conte de fées

Le bal des petits lits blancs à l'Opéra de Paris
(vue du grand escalier), 1947,
photographie Seeberger.

De 1945 à 1947 ou les robes pour les réceptions d'ambassade

La période de la guerre a favorisé un consensus entre les manuels de savoir-vivre et les magazines de mode sur la question de la robe du soir : les femmes étaient censées ne pas en porter, ou rarement. Les restrictions de tissus n'ont permis qu'un seul type de robe longue, la robe d'hôtesse pour recevoir à dîner.[1]

Mais à l'issue du conflit apparut un nouveau type de robe du soir, la robe d'ambassade, dont l'appellation n'était plus à mettre en rapport avec l'histoire sociale mais avec l'histoire politique du temps ! Car le «temps des robes du soir, le vrai, n'était pas encore arrivé», expliquait *Vogue* en hiver 1945-1946, «il fallait cependant s'habiller le soir pour les multiples dîners d'ambassade ou les présentations privées. Trop de luxe après un tel drame [eût été] choquant».

Bien qu'éphémère, ce type de robe du soir, qu'une certaine discrétion caractérisait, se présenta sous deux aspects. Le premier l'inscrivit dans la lignée de la robe du dîner ou de réception intime : «rien n'éclaire ces fourreaux longs et étroits, d'une ligne [...] sinueuse, adhérant au corps», hormis le décolleté carré et les longues manches ajustées. «Que l'on entrevoie la naissance de la gorge, cela devient chaste dès l'instant où la cheville disparaît sous l'enveloppement de la jupe», appréciait Germaine Beaumont, dans le même article de *Vogue*. Le croquis de Benito évoque l'esprit très «avant-guerre» de ces toilettes aux lignes longues. De cette mode «spéciale, suffisamment discrète», expression d'une tradition comme d'une paix retrouvées, *Femme chic* retenait, le 1er trimestre 1947, le noir comme couleur idéale. Les modèles destinés aux dîners d'ambassade que proposait ce magazine étaient dessinés selon le même schéma : longueur à la cheville, manches longues et collantes, absence de décolleté. Quelques broderies agrémentaient la robe.

L'Officiel de la couture proposa enfin, dès l'été 1947, des modèles de robes d'ambassade d'une facture radicalement différente. La variété des tissus (organdi, tulle, percale, mousseline) imprimés ou unis, brodés ou non, et l'ampleur qu'apportent plissés, volants et coquillés dénotaient une nouvelle opulence. Ce type de robe de petit soir qui ne s'est épanoui que très discrètement, contrairement aux robes du soir en corolle de la saison, conjuguait les qualités de confort et de sobriété pour se rapprocher du type de la robe de château.

Lanvin, robe du soir, dessin Benito, *Vogue* hiver 1945-1946.

Grands soirs

La débutante

Quand prit fin, en mai 1945, la Seconde Guerre mondiale, on était très loin de l'euphorie de la victoire de novembre 1918. La France ne vécut pas de nouvelles années folles, bruyantes d'optimisme. D'une certaine manière elle préféra le passé, qu'elle explora pour témoigner du présent. Jamais le genre de l'autobiographie n'a connu un tel essor qu'en ces années d'après-guerre. En marge des ouvrages autobiographiques d'un Julien Green, d'un Marcel Jouhandeau, ou d'un Marcel Arland par exemple, fut publié un nombre moins important de chroniques mondaines autobiographiques. Gabriel-Louis Pringué, Maurice de Waleffe, André de Fouquières évoquaient, avec une nostalgie certaine, la Belle Epoque à Paris et dans les lieux de villégiature de la haute société : Dinard, Trouville, Deauville, Biarritz, etc. Les intitulés seuls de ces chroniques résument la force de cette nostalgie : Gabriel-Louis Pringué publia en 1948 *Trente Ans de dîners en ville*, puis en 1951 *Portraits et fantômes* ; en 1951 toujours, André de Fouquières, l'animateur de cotillons de la Belle Epoque, donna au public *Cinquante Ans de panache* suivi, en 1953, par *Mon Paris et ses Parisiens*.[2] L'immuabilité du calendrier mondain des années 1900 est évoquée avec force détails.[3] Aucune activité de personnalités comme la duchesse de Gramont, le prince et la princesse de Broglie, la comtesse Greffulhe ou la princesse de la Tour d'Auvergne... n'échappait à ces descriptions documentées. Il ne faudrait pas croire cependant que ces ouvrages témoignaient d'un passé faste sans le dessein plus ou moins avoué de proposer un modèle de société et – qui sait ? – un modèle de mode à une génération que la guerre avait plongée dans le trouble. Ciment d'un nouvel ordre social, la jeune fille se trouva alors propulsée sur le devant de la scène. C'est à elle, puis à la jeune femme que s'adressait la vingtaine de manuels de savoir-vivre que nous avons pu recenser à la Bibliothèque nationale. Jamais autant de conseils sur le maintien, la tenue et les usages, bref «le savoir-vivre», n'ont été proposés au public qu'en ces années d'après-guerre. Mais – fut-ce une coïncidence ? – la fréquence de publication de ces manuels, de 1947 à 1954, se rapporta à la période du new-look. On ne saurait manquer en tirer certaines conclusions !

«Le bal donné pour une débutante est un événement social qu'il s'agit de ne pas traiter à la légère. Etant donné qu'il s'agit d'une convention, ce n'est pas le moment d'innover ou d'être original mais de bien faire les choses traditionnellement.»[4] Plusieurs bals jalonnaient la dix-huitième année de la jeune fille : son propre bal, les bals des jeunes filles de sa génération et, à partir de 1961, le bal officiel national des débutantes qu'animait, entre autres, Jacques Chazot. Quand les parents organisaient un bal pour leur fille, les magazines de mode rendaient scrupuleusement compte de l'événement. *Vogue* rapportait ainsi, en septembre 1954, qu'un bal donné pour deux cousines réunit au château de Champs plus de mille invités au début de l'été. Le père d'une des jeunes filles recevait en habit, la mère en robe du soir longue, qui, de couleur ni noire ni blanche, devait être très élégante «pour que les prétendants de la jeune fille ne fussent pas effrayés par l'image de celle-ci vingt ans plus tard»![5]

La relation de tels bals se faisait dans les magazines de mode sous forme de reportages photographiques dans lesquels la jeune fille se trouvait promue au rang de mannequin. Une double page d'un numéro du mois de septembre 1947 de *Vogue* publia les portraits photographiques en pied de onze jeunes filles de la bonne société en robe de bal. Les jeunes personnes portaient les réalisations des couturiers Jacques Fath, Lanvin, Maggy Rouff, Pierre Balmain, Dessès, Schiaparelli, Germaine Lecomte. Les tissus des robes – satin, tulle, dentelle anglaise, cretonne – restaient de couleur bleu ciel, blanche, rose, vert d'eau ou gris pâle. Les corsages bustiers au large décolleté (modèles de Fath et Dessès) étaient rares. Le plus souvent, des bretelles larges, ou une berthe droite ou volantée réservaient les échancrures des décolletés.

Comme au début du siècle, la robe de bal de la jeune fille s'inscrivait ainsi dans un schéma précis qu'énonça *Vogue* en mai 1954 : «Le blanc et les couleurs pastel s'accorderont au teint de la jeune fille [...]. Il conviendra d'éviter les robes exagérément étroites et décolletées [...]. On emploiera des tissus légers, candides, organdi brodé, plumetis, tulle ou dentelle...» Des satins parfois brillants et des taffetas étaient aussi utilisés.

La jeune fille assortissait ses longs gants à la teinte pastel ou blanche de la robe ; il était parfois précisé que «la danseuse tenait d'une main son carnet de bal, une toute petite pochette de soie ou de velours contenant son mouchoir et parfois un éventail pendant que le danseur devait garder au moins le gant de la main qui appuyait sur la robe de la danseuse».[6] Au contraire de la femme, la jeune fille portait peu de bijoux dans l'ensemble, sinon quelques colliers de perles ou des pendentifs de famille, et «des boucles d'oreille discrètes».[7] Elle portait à l'annulaire droit une bague que devaient orner une aigue-marine ou une perle fine et non une émeraude ou un rubis.[8] Les magazines n'évoquaient jamais la question du manteau du soir pour la jeune fille. En existait-il ? Geneviève Antoine-Dariaux conseillait de porter les manteaux du soir ou les vestes

Robes de mariées transformées

de fourrure des mères, ou encore le châle de famille, mais préconisait de «faire faire une étole dans le même tissu que la robe, ou en velours rouge par exemple, ouatinée entre les deux épaisseurs de tissu».[9]

Les jeunes filles avaient-elles toutes rencontré un prince charmant au cours de ces soirées ? Toujours est-il que leurs parents passaient ensuite commande d'une robe de mariée, toilette d'un seul jour et, sous une forme différente, d'autres bals encore. Les jeunes femmes ont toujours trouvé dans les magazines de mode les conseils pour transformer aisément leur robe de mariée et la réutiliser comme robe de bal ou robe de dîner. Signe des temps, en mai 1950, *Vogue* proposa à ses lectrices les conseils de transformation d'une robe de mariée en robe du soir prodigués par de grands couturiers : Marcel Rochas, Molyneux, Virginie, Véra Borea, Jacques Griffe, Carven, Manguin, Pierre Balmain et Jacques Fath. Le magazine suggérait d'opérer diverses modifications sur les robes de mariée : «Supprimer ici les manches, là le col, atténuer leur austérité, ajouter au besoin épaulettes et rubans, mais respecter leur style propre». Carven ôta la longue jaquette pour découvrir le décolleté d'un corsage bustier volanté ; Pierre Balmain supprima, pour le bal, les bouquets de fleurs d'oranger qui retenaient un drapé. Les modifications résidaient grosso modo dans la suppression des manches et dans l'élargissement du décolleté, mais la jupe n'apparut jamais transformée.

Le bal des petits lits blancs à l'Opéra de Paris
(vente des programmes), 1947,
photographie Seeberger.

Robes pour jeunes filles
de gauche à droite :
Balmain, Dessès, Schiaparelli, Dior, Dior, Lecomte,
Lanvin, Rouff, Fath, anonyme, anonyme ;
photographies Des Russel, *Vogue*, septembre 1947.

Cosmopolitisme et mode de grand soir

«De tous les coins du monde, on vient vivre à Paris», constatait *Jardin des modes* dès l'hiver 1946-1947. Déjà, en janvier 1929, *Vogue* évoquait ces élégantes Anglaises, Russes, Italiennes, Américaines du Nord et du Sud qui vivaient et s'habillaient à Paris. Au même titre que les mannequins, elles posaient régulièrement pour les photographes de mode, consacraient de leur beauté et de leur personnalité toute mode, qu'elle fût du jour ou du soir. Leur prosélytisme dans la diffusion du pyjama du soir nous a par exemple beaucoup étonnés ! Quand le dessinateur et peintre Christian Bérard mourut en février 1949, Lucien François, journaliste de mode de grand talent, rendit un vibrant hommage à ces «dames de Paris», peu ou prou celles d'avant guerre, commanditaires en mécènes éclairés de nombreuses œuvres d'art et animatrices d'inoubliables soirées parisiennes. Marie-Blanche de Polignac, Marie-Laure de Noailles, Marie-Louise Bousquet, qui dirigeait le magazine *Harper's Bazaar* à Paris, lady Mendl, la baronne Jean de l'Espée, la comtesse Etienne de Beaumont... «assuraient la publicité parlée de cent œuvres valables et organisaient des fêtes», expliquait *l'Officiel de la couture* (1er trimestre 1949). Une «brigade de femmes» les secondait, parmi lesquelles figuraient en autres la princesse Troubetzkoy, Valentine Hugo, Nora Auric, Lise Deharme, la comtesse de Toulouse-Lautrec, Louise de Vilmorin. «Pas une générale, pas une soirée de ballet, pas un vernissage, pas un concert important qui ne soient réussis sans la présence d'une bonne dizaine ou moins de ces cinquante femmes [...] qui orientaient les modes de l'esprit comme celles de la parure.»
Bien souvent, le caractère extraordinaire que revêtait toute soirée costumée éclipsa quelque peu dans les reportages des magazines les fastes d'un type de soirée plus traditionnel que ces «dames de Paris» ont pu organiser ou animer seulement de leur présence. Le bal des petits lits blancs reprit à partir de 1947. Quelques jeunes filles vêtues de leur robe de bal proposaient les programmes de la manifestation en 1950. Une photographie des frères Seeberger évoque la descente du grand escalier de l'Opéra, motif récurrent dans l'histoire de la vie nocturne parisienne. Le photographe Robert Doisneau effectua, pour le magazine *Vogue* (juillet-août 1950), le reportage d'un autre bal, à caractère charitable, donné à l'hôtel Lambert, qui avait réuni plus de huit cents personnes. Un divertissement que présentèrent deux danseurs, Jean Babilée et Nathalie Philippart, dans des costumes de Schiaparelli précédait le bal ; le duc et la duchesse de Windsor, Pierre Balmain, lady Diana Cooper, la comtesse de Ribes, madame Arturo Lopez, la princesse Troubetzkoy figuraient parmi les invités. Ces manifestations mondaines rappelaient le rôle d'ambassadrices du «bon goût français» que jouèrent ces femmes du monde – artistes, aristocrates, épouses de diplomates, d'hommes d'affaires ou du président de la République. Madame Vincent Auriol posa dans un salon de réception de l'Elysée pour le magazine *Vogue* (février 1951) ; elle était vêtue d'une robe de gala de Dior : «son goût, son tact et son élégance [...]

sont un apport précieux aux hautes fonctions de président de la République». Premières avocates de la cause de renom français d'élégance, ces femmes assuraient mieux que quiconque la publicité des modèles des couturiers en vertu de l'axiome énoncé par *Femme chic* (4e trimestre 1947) : «Les étrangers ne devaient rien trouver de plus beau que Paris [...], il s'agissait pour toutes les industries de luxe de garder une suprématie avant tout incontestée.» Si la dépression des années 1930 avait amorcé le phénomène, la reprise des industries de l'après-guerre et la modification des maquettes des revues de mode, qui ont privilégié la photographie, l'ont renforcé.

Robe de Christian Dior en tulle blanc brodé,
paletot en satin bleu,
photographie Coffin, *Vogue*, mai 1948.

Jacqueline Auriol et madame Vincent Auriol
au bal de la voilette, juin 1948,
photographie Seeberger.

Bal à l'hôtel Lambert,
photographie Doisneau,
Vogue, juillet-août 1950.

«Robes du soir courtes, fourreaux longs, robes amples, enfin robes de gala souvent couvertes de broderies. Je règle moi-même l'ordonnance de leur apparition comme un artificier lance les pièces maîtresses de son bouquet.»

Christian Dior,
Christian Dior et moi (p. 128)

Si originales qu'aient été les plus diverses interprétations des couturiers, la mode du soir des années 1950 offre une unité formelle étonnante, à l'origine de laquelle on place le style new-look doté d'un irrésistible pouvoir d'entraînement. La robe du soir relevait tantôt d'un registre historique (ou nostalgique ?) : romantique ou Second Empire si sa jupe était ample, Belle Epoque si elle prenait la forme d'un fourreau ; tantôt d'un registre métaphorique : corolle ou tige.

Robes amples

«Nous sortions d'une époque de guerre, d'uniformes, de femmes soldats aux carrures de boxeurs. Je dessinai des femmes-fleurs aux épaules douces, aux bustes épanouis, aux tailles fines comme des lianes, et aux jupes larges comme des corolles», rappelait Christian Dior en 1956 pour évoquer dans son contexte formel sa première collection de couture, le 12 février 1947.[10] Sur le plan structurel, la guêpière de Marcel Rochas et Marie-Rose Lebigot avait frayé la voie, dès 1942, en «construisant» une taille mince, une poitrine épanouie et des hanches galbées. Christian Dior, pour donner plus de «tenue à ses modèles», avait fait doubler «presque tous les tissus de percale ou de taffetas» et de toute manière préférait les failles, satins Duchesse, taffetas aux crêpes romains ou Georgette, mousselines et jerseys souples «qui depuis des années les avaient supplantés». Une superposition de six ou sept jupons ou sous-jupes de crin ou de Nylon plus ou moins rigide maintint souvent la jupe projetée en corolle. Pour la collection d'été 1951 Pierre Balmain permit une ampleur inédite à la jupe au moyen d'une «évasine», une cloche en armature de duralumin qui se portait avec un fond de pongé sous la jupe. Il proposa même, dans la collection automne-hiver 1951-1952, une robe qui, s'inspirant des toilettes du XVIIIe siècle, se portait sur un jupon à paniers ![11] Les collections du musée Galliera comprennent une robe que Robert Piguet avait réalisée vers 1950 pour son épouse. Un cerclage de métal maintient au niveau de l'ourlet l'ampleur ronde du jupon.

Le volume de ces robes était tel que, à juste titre, le moment le plus affolant d'une collection était celui des robes du soir. Christian Dior écrit qu'«elles descendaient du plafond où elles étaient accrochées pendant que les mannequins, étouffées sous leur crinoline, n'arrivaient plus à en sortir»[12].

Robes entravées

Bien que toutes deux fussent dénommées «fourreau», la ligne d'une robe sirène (ou sablier) se distinguait de la ligne droite ou entravée. Dans la filiation d'un modèle de Schiaparelli de l'hiver 1933-1934, une robe de ligne sirène moulait régulièrement le corps pour s'évaser plus ou moins brusquement au niveau des genoux. Jacques Fath, Marcel Rochas ont affectionné ce type de «robes sirène, très collantes, pourvues brusquement d'une petite traîne en éventail qui partait des chevilles. Ces fourreaux de Mae West ou robes sablier s'évasaient autour des pieds en fragiles volants de tulle constellé», décrivait *Vogue* en octobre 1948.

La ligne entravée, réminiscence de célèbres modèles qui, en 1911, avaient défrayé la chronique fuselait la jupe de la taille jusqu'aux pieds, drapant ou moulant l'étoffe sur le corps. Une fente autorisait une marche assez aisée. *Vogue* précisait en octobre 1949 que les tissus «lourds et précieux comme les velours lisses ou façonnés, les satins, noirs le plus souvent, se traitaient davantage en fourreaux». Fréquemment, un détail rompait la ligne verticale. Tel modèle de Jacques Fath opposait ainsi le corsage bustier de satin acétate noir plissé dans le sens horizontal à la matité du velours de coton noir de la jupe. Un gros nœud drapé courant transversalement jette, sur la hanche droite, deux pans flottants de satin noir aux extrémités desquels pendent des pampilles noires (cat n°114). «Selon qu'elle se présentait par babord ou tribord, la grande robe, relevait *Vogue* en février 1950, semblait un fourreau ou était volumineusement drapée», de telle manière que l'ampleur rejetée formât des effets de paniers, de tournures ou de traînes. Une étole, une écharpe ou un immense pan flottant couvrait les épaules nues et pouvait encore apporter, sinon par sa couleur ou son ornementation, du moins par son volume, des ruptures fantaisistes.

Bien que la fente d'une jupe fourreau eût autorisé la danse, il était recommandé de revêtir une telle robe de préférence pour se rendre à la générale ou à la première d'une représentation théâtrale, à un grand dîner ou au Vendredi chez Maxim's, un soir habillé.

Alors que les adjectifs féerique, fabuleuse, merveilleuse qualifiaient à l'envi ces robes longues au caractère exceptionnel, le choix des tissus, le répertoire iconographique des broderies aussi bien que les lieux d'évocation de ces robes – les mannequins posaient dans l'escalier de l'Opéra ou à l'intérieur du château de Versailles – haussèrent la robe de gala à la magnificence d'une robe de cour et l'art de son maître d'œuvre, à un exercice de style parfait.

Harmonie de couleurs, asymétrie de coupes, envolées de volumes, coulées de broderies : tout concourt à la création d'une «pièce de collection», comme le prônait *Vogue* en octobre 1950.

Qu'elles fussent Belle Epoque ou romantiques, ces robes avaient jeté les bases d'un nouveau classicisme autour de la notion esthétique du style. «Nous avons besoin de [...] refuges, de [...] signes apaisants», justifiait Lucien François dès mai 1946 dans *Fémina*. La mode du soir des années 1950 exprima ainsi, «dans une confusion romantico-modern style», «tout un imprécis bonheur qui avait rempli l'espace délimité par deux guerres, celle de 1870 et celle de 1914». En ces années de plein épanouissement de l'abstraction picturale, l'expression «grand siècle», largement galvaudée, désigna ces robes de grand soir, souvent brodées de motifs floraux, animaliers ou végétaux, d'inspiration rococo.

Tige ou corolle, brodé ou imprimé, et en trompe l'œil encore, le motif de la fleur assura la perpétuation d'un goût qu'exprimaient tous les couturiers des années 1950.

La robe courte pour le soir apparut au tournant du demi-siècle, pour la saison automne-hiver 1949-1950, et on invoqua, pour justifier sa nouvelle longueur, l'alibi mathématique d'une réminiscence des années 1925.

A titre d'exemple, les collections de la maison Christian Dior ont ainsi proposé jusqu'à l'automne 1949 trois catégories de robe du soir : la robe à danser, la robe de dîner et la robe du soir. Une robe d'intérieur et une robe de cocktail furent mentionnées de manière épisodique. La collection automne-hiver 1949-1950 comprit des modèles de robes à danser, de robes longues et de robes courtes.[13] Dans toutes les collections des couturiers, comme le constatait *l'Officiel de la couture* en octobre 1949, «les robes courtes pour le soir prenaient rapidement l'offensive des robes de gala longues», avec l'avantage d'être plus pratiques et moins encombrantes. Pierre Balmain proposa, pour l'été 1950, une collection sur le thème des années folles intitulée *Dancing Mood*. Toutes les robes du soir étaient raccourcies, de même que la robe de mariée.[14]

Corolle ou tige, la robe courte du soir fut souvent présentée comme la version raccourcie de la robe longue. Christian Dior a par exemple raccourci la robe «Palmyre» (automne-hiver 1952) et l'ensemble «Bal de Printemps» (printemps-été 1956) pour la duchesse de Windsor et la princesse Grace de Monaco (cat n°115 et 120). La duchesse de Windsor préférait tant la robe du soir courte que certains biographes lui en ont, à tort, attribué l'invention. Mais la confrontation des deux modèles de Pierre Balmain ici reproduits permet de juger des similitudes dans le traitement de l'étoffe, dans le choix des coloris, comme des différences sur la hauteur de l'ourlet ou sur le traitement du décolleté du corsage – bustier pour le modèle long, échancré en pointe pour le modèle court. De longs pendants d'oreille, une rivière de strass et une paire de gants froncés de Lionel Le Grand complètent la tenue de gala. La parure d'une robe du soir courte doit rester plus discrète : deux clips d'oreille, un collier ras de cou qu'orne une fleur de pierres fantaisie, et un simple bracelet. Une fleur de camélia blanche comme posée sur l'épaule droite fournit une note de fantaisie.

Sur des fourreaux courts vinrent se greffer, comme sur les modèles longs, des volants ou des quilles d'ampleur. Ils conféraient à la silhouette, selon l'angle de vision, un volume plus ou moins important. Un dessin de Bernard Blossac, qui, avec humour, dispose en arrière plan les modèles du soir longs désormais caducs, permet l'étude des premiers modèles de robes courtes que proposaient Christian Dior, Jeanne Lafaurie et Jacques Fath (*l'Officiel de la couture*, octobre 1949). Courtes devant, ces robes plongent dans le dos, pour s'allonger jusqu'à terre (Jeanne Lafaurie et Jacques Fath). Balenciaga a repris de façon magistrale dans les années 1960 ce type de robe, écourtée devant et plongeante à l'arrière.

Dès octobre 1949, *Vogue* précisa que les nouvelles robes du soir, courtes, «presque toujours sans bretelles et coupées en fourreaux, entraient en fonction si l'on prévoyait après le cocktail d'aller dîner ou danser». Le même magazine soulignait en novembre 1953 l'importance du buste, qui, lors d'une générale ou d'un dîner «apparaissait seul au balcon à l'avant-scène, dans l'encadrement d'une loge, dans [...] une baignoire. Autour des épaules s'inscrit l'élégance d'une robe de théâtre. D'où l'importance accrue des broderies, qu'elles enrichissent les corsages ou qu'elles scintillent sur les étoffes ou sur les châles, de la coiffure aussi qui [...] doit mettre en valeur le contour du visage, de ces éléments brillants, qui, amenés çà et là, ponctuent la courbe d'un décolleté, le revers d'un gant, et miroitent dans le clair-obscur des grandes salles».

Dans une étude récente, Katell Le Bourhis détaille la gamme complète d'accessoires – bijoux, chapeau, coiffure du soir, sac, gants, bas, chaussures – qui parachevait la tenue du soir.[15] La profusion d'accessoires comme l'abondance de nouveaux textiles révélèrent les talents des «fournisseurs» des couturiers. Ils poursuivaient ou débutaient pendant ces années une carrière exceptionnelle, à laquelle des monographies ou des expositions rendent aujourd'hui ponctuellement un juste hommage. Se parer pour le soir aussi bien que pour le jour était répondre à cette exigence de perfection qu'avait énoncée Christian Dior dans *Je suis couturier* (p. 111) : «La femme élégante a la toilette qu'il faut pour chaque circonstance ; le mot "toilette" comporte la perfection, pensée et préméditée, de la fourrure au soulier.»

Robes de Balmain, de Dessès, de Dior,
Nouveau Fémina, novembre 1954.

Robe longue de Givenchy portée par Bettina (à gauche),
robes courte et longue de Fath,
Nouveau Fémina, novembre 1954.

Robe du soir courte de Pierre Balmain,
photographie Pottier, l'*Officiel de la couture,* octobre 1953.

Robe du soir longue de Pierre Balmain,
photographie Pottier, *l'Officiel de la couture*, décembre 1953.

«Elle porte une robe en fibranne, une étole de Nylon, un sac de Rilsan ; lui, un smoking en Orlon, une cravate en Rhovyl. Ils embrassent avant de partir leur petite fille en robe de Rhovylon, qui porte dans les cheveux un nœud d'acétate. Ils jettent un coup d'œil sur leur appartement : rideaux de fibranne et moquette de fibranne et Rhovyl. Ils montent dans leur voiture : les housses sont en Nylon, les pneus ont un entoilage de rayonne haute ténacité.»

Cet hymne à la vie moderne imprégna tous les comptes rendus des journalistes de mode sur les créations de tissus à base des fibres naturelles, artificielles ou synthétiques mélangées ou non.[16] Des entreprises créatives – fabriques de tissus à l'origine desquelles se trouva le succès de nombreuses maisons de couture des années cinquante – organisèrent des congrès, des expositions et des galas au rayonnement international, au cours desquels étaient présentées leurs nouveautés sous la forme de robes du soir.

Du 31 mai au 3 juin 1954 se tint le premier Congrès international des textiles artificiels et synthétiques organisé par le Comité international de la rayonne et des fibres synthétiques. Le but était «d'améliorer et d'accroître l'emploi de ces nouveaux textiles». Dans un spectacle mis en scène par Cassandre, «les danseuses en robe longue signée de grands couturiers dégageaient dans leur sillage toute l'élégance de Paris...» A cette occasion, Grès créa pour madame Charles A. Colcombet, épouse du notable fabricant de tissu lyonnais, une robe longue et ample, dans un tissu mélangé de soie, de Nylon et de métal Frémissor de Bucol (*Femme chic*, n° 460).

Le gala de la couture de 1957, que la Chambre syndicale de la couture parisienne et la Fédération de la soierie patronnèrent, avait pour but de mettre l'accent sur «l'interdépendance des tissus et des modèles qui s'en inspiraient». L'emploi de la soie et des textiles artificiels et synthétiques tels que la rayonne, la fibranne, le Nylon... s'accordait avec la ligne du printemps que les journalistes de *l'Art et la Mode* (juillet-août 1954) baptisèrent flou look.

Ces robes, très amples et traînantes, étaient confectionnées dans les tissus de moire de rayonne, de rayonne, de satin de soie, de crêpe de soie, de velours acétate, de satin acétate ou de Lurex. Mais il devient presque paradoxal d'évoquer la composition révolutionnaire des textiles des modèles présentés, alors que leur facture stylistique reste empreinte d'un rêve nostalgique certain !

Jacques Fath,
fourreaux, hiver 1951,
cat n°114.

Jean Dessès,
fourreau, vers 1955,
cat n°118.

Jacques Griffe,
robe de dîner, vers 1948,
cat n°113.

Jean Dessès,
robe du soir courte, vers 1955,
cat n°119.

Balenciaga,
robe et cape formant boule, 1956,
cat n°121.

Christian Dior,
«Palmyre», robe du soir courte,
automne-hiver 1951-1952,
cat n°115.

Le soir habillé

La lecture des manuels de savoir-vivre cause maints sujets d'étonnement, dont le premier et non le moindre est l'usage parfois abusif de la transcription. Ces manuels, souvent réédités plus de trois fois, évoquaient seulement quatre ou cinq types de soirées – le cocktail, le dîner, le théâtre et les parties de bridge – et reléguaient par conséquent au second plan les soirées et les bals. En effet, la question de mettre pour ces réceptions une robe à danser ou une robe de gala ne se posait pas. On le comprend aisément. Le manuel en réalité donnait un certain nombre de réponses à propos de cet intervalle de la vie nocturne entre dix-huit heures et vingt-deux heures, cette fin d'après-midi et ce début de soirée que des incertitudes remplissaient.

«Depuis la Libération, on ne s'habille plus, en France, pour le dîner, que si l'on est prié [...]. Si le dîner n'est pas habillé, les dames porteront des robes d'après-midi [...], et on blâme les maîtresses de maison qui, en cette occasion, portent une robe du soir parmi des robes d'après-midi [...]. Elles s'abstiendront de porter leurs bijoux afin de ne pas éclipser les parures de leurs amies.»[17]

Les invitations pour un dîner prié devaient être envoyées au moins dix ou quinze jours à l'avance, sur carte imprimée si le dîner était de grande cérémonie, sur carte de visite avec inscription manuscrite ou par lettre s'il s'agissait d'un dîner intime. Un dîner intime réunissait six à huit convives et un dîner d'apparat au moins une dizaine de personnes.

Dans la plupart des théâtres, une tenue de ville élégante était jugée suffisante et ordinairement acceptée, mais André de Fouquières avertissait qu'il fallait se soucier de la place que l'on pouvait occuper au théâtre : la corbeille ou l'orchestre demandaient un maximum d'élégance.[18] Pour les soirées à l'Opéra, à la Comédie-Française ou à l'Odéon, pour les galas ou les premières des autres théâtres, la robe de grand soir décolletée et longue pour les femmes, l'habit (ou parfois le smoking) étaient requis.[19]

Le cocktail, formule de plus en plus usitée, permettait de rendre en une seule fois toutes les invitations de l'année. C'était une manière de recevoir les relations que l'on ne connaissait pas suffisamment pour les inviter à dîner. Les nombreux invités étaient conviés cinq ou dix jours avant, en général de dix-huit heures à vingt et une heures. Ils ne restaient guère plus d'une demi-heure ou une heure sauf si le cocktail était` dinatoire. La maîtresse de maison pouvait aussi lancer les invitations pour un après-dîner, consacré au bridge à partir de vingt et une heures. Une tenue d'après-midi suffisait chez des amis intimes, sinon une robe de dîner décolletée, longue ou courte selon le nombre de tables, était exigée.[20]

Ainsi excepté certaines soirées à l'Opéra, les dîners priés ou quelques bridges mondains, le théâtre, le restaurant, les cocktails et les invitations à dîner chez des amis réclamaient-ils une robe de fin d'après-midi ou une tenue élégante. Toujours consensuels, les manuels de savoir-vivre s'accordaient à conseiller aussi la toilette d'après-midi pour des matinées dansantes et des surprises-parties de seize heures à vingt heures ou de dix-sept heures à minuit, qu'organisaient les jeunes générations. A une soirée dansante ou à un petit bal, les hommes se rendaient en smoking, les femmes en robe longue ou courte, décolletée. Le bal ou le bal de cérémonie, plus rares, exigeaient l'habit et la robe de grand soir.

Madeleine de Rauch,
manteau du soir court,
photographie Henri Clarke,
Vogue, décembre 1955, cat n°117.

Juliette Gréco à La Rose rouge,
photographie Doisneau.

La Rose rouge, à Saint-Germain-des-Prés,
photographie Doisneau.

Bettina et Juliette Gréco
ou clair-obscur à Saint-Germain-des-Prés

«Beaucoup de gens normaux aux chemises à carreaux ou sans, dans ou sur le pantalon, [aux] souliers de toile caoutchoutée modèles basket» se retrouvèrent au club du Tabou, rue Dauphine, rappelait Boris Vian dans le *Manuel de Saint-Germain-des-Prés*. Dès 1947, le signalement d'un habitué «troglodyte» des caves de Saint-Germain-des-Prés était le suivant : «De sexe masculin : chevelure en broussaille, chemise ouverte jusqu'au nombril, chaussettes de couleur vive, à raies horizontales multicolores ; de sexe féminin : chevelure tombant droit sur la poitrine, usage du fard interdit.»
Après la parution dans le journal *Samedi soir* en date du 3 mai 1947 de cet article sur les caves de Saint-Germain-des-Prés, Le Tabou connut un succès sans précédent : «Tous les soirs, en permanence, dix célébrités et trente personnes très connues. Des couturiers, des mannequins, cinquante ou soixante photographes, des journalistes, des pisse-copie, des étudiants. des musiciens, des Américains, des Suédois, des Anglais, des Brésiliens…»[21]
La célébrité d'écrivains comme Sartre, Camus, Queneau, Merleau-Ponty, Vailland, de mus ciens comme Leibovitz, Claude Luter et d'autres artistes a parfois occulté dans l'histoire de Saint-Germain-des-Prés la présence des couturiers Dior, Balmain, Fath, ou celle des mannequins Praline, Annabel, Sophie, Bettina ou de femmes du monde, Mapie de Toulouse-Lautrec, Marie-Laure de Noailles, Lise Deharme, cette poète mondaine qui arborait «ses coccinelles de chez Cartier». Le Club de Saint-Germain-des-Prés, ouvert en juin 1948, organisa des soirées de jazz avec Charlie Parker et d'autres musiciens, où se retrouvait le Tout-Paris. L'inauguration du Club du Vieux-Colombier réunit encore Christian Bérard, Joseph Cotten, Martine Carol, Orson Wells, Marcel Aymé et Claude Luter. Les jitterburgs ou les boogies-woogies les plus frénétiques se dansaient dans ce club, alors que les Frères Jacques et les spectacles mis en scène par Yves Robert s'admiraient à La Rose rouge. Lieux de pèlerinage touristiques nouveaux, les cafés Le Flore ou Les Deux-Magots étaient réservés plutôt pour l'après-midi et La Rhumerie martiniquaise, Le Bar vert, Le Montana pour le soir.[22]
Dans le quartier des Champs-Elysées, les night-clubs Le Carrère, le Club des Champs-Elysées, Le Dir arzade ressemblaient davantage à des «annexes des salons des grands couturiers voisins, avec les mêmes tapis, les mêmes parfums et les mêmes défilés d'élégantes», jugeait *l'Officiel de la couture* en mars 1951.
Dans le numéro des mois de février-mars 1950, *l'Album du Figaro* se plut à proposer à ses lectrices deux types de beauté germanopratines, idoles des années cinquante, le mannequin Bettina et la chanteuse Juliette Gréco. Celle-ci, qui chantait alors à La Rose rouge, portait les cheveux très longs, sans apprêt – chose nouvelle – et ne maquillait que ses yeux. Pierre Balmain a dessiné sa robe noire, «fond de robe» simple, à manches longues et non décolletée, qui est passée dans la légende.[23] Les cheveux de Bettina au contraire étaient coupés très court, avec quelques guiches ; seuls les cils supérieurs

de ses yeux étaient soulignés d'un trait brun montant un peu vers les tempes. Vêtue d'une robe de cabaret, Bettina incarnait davantage le type de ces femmes «endiorisées», «newlookisées», selon les termes de Juliette Gréco, qui, «déferlèrent» sur Saint-Germain-des-Prés à partir de 1947, mais contribuèrent aussi d'une certaine manière, à sa gloire. Est-ce un hasard en effet si un modèle de Fath, court fourreau entièrement pailleté, est photographié pour le numéro de *Silhouettes* de l'automne 1949, au club du Saint-Yves ? Pour quelle raison Christian Dior aurait-il créé, pour les collections automne-hiver 1949-1950 et automne-hiver 1950-1951, des robes du soir «de cabaret» ?
Pour honorer une invitation à un cocktail ou à un dîner, pour aller au restaurant ou dans les quartiers de Saint-Germain-des-Prés, de Montmartre ou des Champs-Elysées, pour se rendre au théâtre après une journée bien remplie, les couturiers ont en fait diffusé un nouveau modèle baptisé robe à transformation, ensemble court «midi-minuit» qui convenait pour toutes les occasions. Un fourreau avec ou sans bretelles, une jupe et son corsage cachaient pendant la journée leur décolleté sous une jaquette, une veste, un spencer ou un boléro. *Vogue*, en avril 1951, précisait que «courte, droite, sèche, la robe était de style fourreau avec ou sans épaulettes, en tissu rigide, étoffée aux hanches par un drapé, gagnant de l'espace par des panneaux, ou bien elle était la réplique, en mousseline de soie, en quelque gaze, de la robe ample d'après-midi». *L'Album du Figaro* baptisa dès février-mars 1951 robe-surprise un tailleur strict dissimulant une robe courte dont «le haut scintillait de broderies», ou une robe simple «à boléro d'écolière révélant soudain une robe du soir courte et dégageant les épaules». Le dos du corsage d'une autre robe se rabattait pour former une basque nouée autour de la taille et dégager ainsi un grand décolleté.
L'Officiel de la couture présenta encore en décembre 1954 «l'ensemble à transformation» de la saison des couturiers Pierre Balmain, Jacques Heim, Madeleine de Rauch et Jean Patou. Pour le cocktail, le boléro, la veste ou le blouson cachaient les corsages-bustiers ou les profonds décolletés des robes de dîner. Comme le constatait déjà *l'Album du Figaro* en décembre 1951, cet ensemble à transformation était de préférence noir, couleur leitmotiv de la garde-robe du jour comme du soir de la femme élégante depuis les années vingt.

1 Voir *l'Album du Figaro*, hiver 1942-1943, p. 46 ; *Vogue* «Libération», 1945, p. 73 ; *Vogue*, album d'été, 1946, p. 111.

2 Gabriel-Louis Pringué, *Trente Ans de dîners en ville*, Paris, éditions Pierre Adam 1948 ; et *Portraits et fantômes*, Cannes, Raoul Solar, 1951. André de Fouquières, *Cinquante Ans de panache*, Paris, Pierre Horay, 1951 ; et *Mon Paris et ses Parisiens*, Paris, Pierre Horay, 1955.

3 Gabriel-Louis Pringué, opus cité, 1948, p. 13.

4 Geneviève Antoine-Dariaux, *les Voies de l'élégance*, 1965, p. 23.

5 Opus cité note 4, p. 25.

6 M. Laloyaux, *Savoir-Vivre, politesse, éducation*, 1945, p. 324.

7 *Vogue*, septembre 1947 et mai 1954, p. 35.

8 Hugues Bertrange, *les Règles du savoir-vivre*, p. 119.

9 Geneviève Antoine-Dariaux, opus cité, note 7, p. 24.

10 Christian Dior, *Christian Dior et moi*, Paris, Bibliothèque Amiot-Dumont, 1956, p. 35-37. Voir aussi Yvonne Deslandres et Florence Müller, *Histoire de la mode au xxᵉ siècle*, p. 212 sq.

11 Voir le catalogue de l'exposition «Pierre Balmain, quarante années de création», Paris, MMC 1985-1986, p. 69 et 206 (n° 6).

12 Christian Dior, *Je suis couturier*, Paris, éditions du Conquistador, 1951, p. 95.

13 Nous remercions le service des Archives de la maison Christian Dior de nous avoir communiqué ces renseignements.

14 Opus cité note 11, p. 66 et 67.

15 Katell Le Bourhis, «The Elegant Fifties : when fashion was still a dictate» dans le catalogue de l'exposition «New Look to Now, French haute couture, 1947-1987», 1989, p. 13-22.

16 *Nouveau Fémina*, septembre 1954, p. 94 sq. Voir aussi *L'Album du Figaro*, été 1948, p. 57 : le «congrès de la soie» ; *l'Art et la Mode*, mai-juin 1951, l'exposition textile de Lille et, avril-mai 1952, la réception de la société Rhodiacéta avec Balmain ; *l'Officiel de la couture*, octobre 1955, l'exposition de Bruxelles et le Nylon, le Tergal et le Lurex ; l'article de L. François dans *Vingt-Cinq Ans d'élégance*, Paris, éditions Pierre Tisné, 1951, p. 105.

17 Marc de Saligny, *Précis des nouveaux usages*, p. 160.

18 André de Fouquières, *la Courtoisie moderne*, Paris, Pierre Horay Flore 1952, p. 172.

19 Opus cité note 6, p. 318.

20 Sur le cocktail, voir entre autres O. Bailly, *le Nouveau Guide des convenances*, p. 76 et Hugues Bertrange, *les Règles du savoir-vivre*, p. 81.

21 Boris Vian, *Manuel de Saint-Germain-des-Prés*, Paris, éditions du Chêne, 1974, p. 132. Voir aussi l'exposition «Saint-Germain-des-Prés 1945-1950», Pavillon des arts, 1989-1990, et son catalogue rédigé par V. Gille, p. 60 sq.

22 Opus cité note 21, p. 58.

23 Opus cité note 11, p. 228 : «février 1946 : débuts de Juliette Gréco comme chanteuse. C'est Pierre Balmain qui a créé le fourreau noir qui habille la vedette». Sur les femmes «endiorisées» et «newlookisées» voir Juliette Gréco, *Jujube*, Paris, Stock, 1982, p. 116.

112 Pierre Balmain
   Robe de bal de débutante
   1947

Plumetis blanc, avec incrustations de médaillons brodés ton sur ton et brodés de Valentiennes.

Epaulettes et ceinture en satin rose.

Fond de jupe rose.

GRIFFE : Pierre Balmain Paris, n° S 68 645.

Robe portée par la donatrice à un bal de charité, donné au Palais rose.

Don Lehideux. Inv. 72. 50. 4.

113 Jacques Griffe
   Robe longue de dîner
   vers 1948

Velours acétate tramé rayonne noir, velours acétate tramé coton orange, vert et rouge.

Manches longues et collantes ; taille à effet de corselet.

Jupe large faite de trois panneaux froncés superposés.

Un modèle analogue à manches courtes fut présenté dans *Vogue*, décembre 1948-janvier 1949, p. 103.

GRIFFE : Jacques Griffe, Paris.

Don SHC. Inv. 84. 1. 6.

114 Jacques Fath
   Robe fourreau
   hiver 1951

Velours rayonne tramé coton de Léonard et satin acétate tramé rayonne de Ducharne, noirs.

Corsage bustier de satin plissé et, sur le sein gauche, drapé en diagonale. Gros nœud de satin sur la hanche droite, à deux pans tombant sur la jupe. Ils sont ornés, à leur extrémité, de pampilles. Jupe de velours fendue sur le côté. Robe portée par Mme Morlock, première vendeuse chez Fath.

Modèle présenté dans *Vogue*, décembre 1950-janvier 1951, p. 73 et dans l'*Album du Figaro*, décembre 1951, p. 70.

Don Morlock. Inv. 71. 60. 8.

115 Christian Dior
   «Palmyre»,
   robe du soir courte
   automne-hiver 1951-1952

Satin acétate bleu glacier «Célanèse» de Robert Perrier brodé de rayonne parme, de diverses matières argent (lamé, filé, laurinette et perles), de perles multicolores, et paillettes (la couleur du satin résulte de la combinaison d'une chaîne blanche et d'une trame noire).

Corsage bustier. Jupe avec une quille dans le dos.

Une étole de même tissu complétait la robe.

Modèle long présenté dans *Vogue*, septembre 1951, p. 32 et octobre 1952, p. 87.

Prêt Adelle Lütz, New York.

116 Pierre Balmain
   Robe de grand soir
   1952

Satin Duchesse blanc, broderies en strass, perles et fils de soie de motifs floraux de Lesage.

Corsage bustier. Large jupe en forme de corolle.

Prêt Maison Balmain.

117 Madeleine de Rauch
   Manteau du soir court
   1955

Toile de laine (mérinos) de Meyer cloutée de cabochons de topaze artificielle. Col et poignets en vison canadien. Doublure en crêpe de Chine. Forme droite.

Manteau porté sur une robe de cocktail ou une robe de dîner.

Modèle présenté dans *Vogue*, décembre 1955-janvier 1956, p. 47 (photo Henry Clarke) avec ce commentaire : «En manteau de lainage, vous scintillerez après cinq heures».

Don Madeleine de Rauch. Inv. 77. 17. 2.

118 Jean Dessès
   Fourreau long
   vers 1955

Crêpe de soie crème.

Robe entièrement drapée «à l'italienne». Sur toute la hauteur gauche de la robe, le drapé de crêpe est régulièrement croisé.

Corsage bustier ; bretelles doubles de crêpe de soie drapé.

Dans le dos, deux longs pans doubles de crêpe fixés à la partie supérieure du bustier flottent ou se drapent autour du décolleté. Un pan identique fixé à la taille forme une petite traîne.

Modèle analogue présenté dans *Vogue*, 3e trimestre 1954 (tissu Ducharne).

GRIFFE : Jean Dessès ; 17, avenue Matignon, Paris, n° 2189.

Don SHC. Inv. 87. 1. 163.

119 Jean Dessès
   Robe à danser
   vers 1955

Mousseline de soie rouge dégradé et velours de soie bordeaux.

La mousseline est drapée sur toute la robe.

Ceinture amovible de même tissu, drapée.

Décolletés devant et du dos plus profond, en pointe.

Jupe large projetée en corolle.

Bande de velours appliquée sur la partie inférieure sur laquelle la draperie est retenue en quatre points ; application de quatre nœuds de velours.

Don SHC. Inv. 88. 1. 25.

120 Christian Dior
«Bal de printemps»,
ensemble du soir court
printemps-été 1956

Aléoulaine jaune paille de Staron.

Robe au décolleté bateau orné de trois petits nœuds. Jupe ample courte ; manteau assorti entièrement brodé au passé de fleurs multicolores (par Rébé ?).

Bal de Printemps fait partie de la collection «Ligne flèche». Le modèle de la collection était long en shantung blanc de Staron, la robe étant sans épaulettes. Christian Dior a réalisé un modèle analogue, mais court, pour la princesse Grace de Monaco. Rappelons que l'annonce de presse de la collection printemps-été 1956 signalait un «large emploi des broderies, surtout pour le soir court. Les fleurs sont naturellement et plus que jamais leur thème favori, en bouquets, en semis, elles combinent la légèreté au relief et aiment à concilier l'éclat et la discrétion.»

Modèle long présenté dans l'*Officiel de la couture*, mars 1956, p. 335, photo Ph. Pottier.

GRIFFES : Christian Dior Paris n° 81 889 [manteau] et n° 82 001 [robe].

Ancienne collection de S.A.S. la princesse Grace de Monaco. Archives Christian Dior, Paris.

121 Balenciaga
Ensemble du soir court
1956

Tulle de soie façonné noir reposant sur une faille bleu pâle, ruban en satin double-face noir. Cape en faille bleu pâle.

Robe à corsage bustier : un long rectangle de tulle cousu à ses deux extrémités à la partie supérieure du bustier se drape autour des épaules et du décolleté. Un ruban se noue autour de la taille.

Bas de forme droite. Sur le devant nœud plat de satin.

Le niveau inférieur de la cape se fixe avec un lien autour de la taille ; sa partie supérieure se pose sur les épaules et se ferme par un nœud et deux attaches métalliques.

L'ensemble forme boule.

Biblio. : J. Demornex et M. A. Jouve, *Balenciaga*, 1988, p. 266, photo J. Boulay (détail).

Collection Hubert de Givenchy, Paris.

122 Givenchy
Robe de dîner
1958

Crêpe noir et bordure de vison noir.

La tunique assortie à la robe, bordée de vison noir, est drapée en ellipse, donnant un effet de péplum.

De longs gants de daim noir, un chapeau à petite pointe en velours noir, des chaussures en satin noir complètent la robe.

Prêt Maison Givenchy, Paris.

123 Le Monnier - Bernard Devaux
Coiffure du soir
vers 1950

Serre-tête de velours brun au centre duquel se croisent deux bandeaux recouverts de satin blanc. Aux extrémités des bandeaux avant, deux barrettes de strass disposées en rayon. Une voilette noire parsemée de strass irisé recouvre le tout.

GRIFFE : Le Monnier-Bernard Devaux ; 231, rue Saint-Honoré, Paris.

Don Binder-Katrba. Inv. 69. 32. 4.

124 Jacques Griffe
Chapeau
vers 1950

Calotte entièrement recouverte de plumes grises irisées ; nœud plat en velours gris sur le devant.

GRIFFE : Jacques Griffe Paris, made in France.

Don Ignace. Inv. 83. 53. 13.

125 Simone Cange
Chapeau
vers 1953

Petite calotte ronde recouverte d'un satin rose drapé formant un nœud à l'arrière.

En bordure de la calotte et sur le dessus en quatre endroits, broderies en grappe de lamelles irisées plus ou moins longues se terminant en volutes.

Porté par Mme Robert Piguet.

GRIFFE : Simone Cange ; 61, avenue Franklin-Roosevelt, Paris.

Don Georges Marny. Inv. 79. 104. 2.

126 Claude Saint-Cyr
Chapeau
vers 1950

Petit chapeau à trois lobes : panne rose plissée et croisée. Broderies de paillettes transparentes, de pendeloques irisées et nacrées.

GRIFFE : Claude Saint-Cyr Paris, reproduction autorisée, n° 02 371.

Don Lamuraglia. Inv. 86. 214. 4.

127 Jacques Fath
Chapeau
vers 1950

Petit chapeau en velours framboise, formant sur le côté gauche un nœud découpé. Voilette noire.

GRIFFE : Jacques Fath Paris.

Don Novia. Inv. 86. 66. 9.

128 Albouy
   Chapeau
   vers 1955

Petit chapeau : plateau cylindrique en velours beige brodé de perles, cabochons de topaze, fils de soie, lames d'or formant un décor d'inspiration végétale.

Monté sur deux crosses latérales en velours.
Don Hug. Inv. 76. 48. 23.

129 Albouy
   Toque

Petite toque recouverte de tulle drapé, de feuilles de tissu peint, de roses en soie artificielle. Des perles de verre feignant des gouttes de rosée sont appliquées sur les feuilles.

Trois barrettes de strass en forme d'étoile à cinq branches ; deux épingles à chapeau.
GRIFFE : Albouy ; 49, rue du Colisée, Elysée 91 23, Paris.
Don de Mme Moore, sœur d'Albouy.
Inv. 80. 13. 10.

130 Sac-bourse du soir
   vers 1948

Broderie d'application de cordonnet. Fermoir doré à deux perles et chaînette dorée.
GRIFFE : Frivolités de Jacques Fath, made in France.
Don Brivet. Inv. 77. 341.

131 Sac-bourse du soir
   vers 1950

Daim noir, fermoir laiton doré.
Don Collot-Laribe. Inv. 87. 153. 12.

132 Pochette du soir
   vers 1955

Lamé or broché de soie polychrome. Décor de scènes de chasse traitées dans le goût d'une miniature persane.
Don de La Selle. Inv. 77. 105. 19.

133 Lola Prusac
   Gants longs
   vers 1950

Saxe en satin gris tourterelle. Application de guipure noire en manchette. Piqué surjet intérieur, élastique au poignet.
L. 12 pouces.
Après avoir dessiné des foulards pour la Maison Hermès, Lola Prusac ouvrit en 1936 sa propre afffaire au 93, rue du Faubourg-Saint-Honoré. Elle créa des blouses et des accessoires – sacs, gants, etc. jusqu'à sa disparition, en 1985.
Don Lola Prusac. Inv. 81. 99. 1.

134 Lionel Le Grand
   Gants
   vers 1950

Saxe en chevreau glacé brodé de soie, au lancé, par la Maison Vaugeois-Binet, place des Vosges.

Lionel Le Grand s'associa, en 1938, à M. Codet, des Etablissements Codet-Teilliet, fabricant de gants à Saint-Junien. Profitant de sa grande connaissance du marché américain, il développa le département exportation. De plus, il eut l'idée, très originale pour l'époque, de «contrats de licence». La maison Hermès est la première à signer l'exclusivité pour la fabrication et la vente aux Etats-Unis, sous le nom LLG Hermès. Il connut un très grand succès à l'exposition de New York en 1939. Dior et Fath signèrent ensuite avec lui. L'oscar de l'exportation lui fut attribué en 1969. Il cessa toute activité en 1970 après un épisode, réussi, de fabrication aux Philippines, où la main-d'œuvre très habile est d'un coût beaucoup moins élevé qu'en France.

A.   Chevreau blanc, brodé de pois de senteur de taille dégradée, en camaïeu parme et lilas, tiges et feuillage vert bronze. Ouverture intérieure à trois boutons plats recouverts de chevreau. Cousu Brosser (couture bord à bord en zigzag).
L. 17 1/2 pouces.
GRIFFE : Jacques Fath.
Don Lionel Le Grand. Inv. 77. 5. 6.

B.   Sur chevreau rose brodé de roses épanouies et en bouton en camaïeu de rose, marguerites et feuillage léger polychrome. Cousu Brosser.
L. 8 1/2 pouces.
Don Lionel Le Grand. Inv. 77. 5. 29.

C.   Saxe en chevreau suédé noir. Broderie en bracelet «à la fougère» en paillettes or et argent et perles baguettes en verre. Ouverture intérieure à trois boutons plats recouverts en chevreau. Piqué cousu intérieur.
L. 7 pouces.
Don Lionel Le Grand. Inv. 77. 5. 52.

135 Roger Scemama
   Ensemble de bijoux

Roger Scemama, avant guerre, avait été l'un des collaborateurs de Schiaparelli. Sa maison ferma pendant la guerre puisqu'il fut fait prisonnier. Christian Dior et d'autres couturiers (Jacques Fath, Pierre Balmain) lui permirent de renouer rapidement avec le succès. Il expliqua à Célia Bertin : «Le bijou haute couture n'est pas exactement le bijou fantaisie. Les perles de Bohème, [je] les monte à l'ancienne, employant des matières qui donnent à [mes] créations l'apparence d'objets précieux» (C. Bertin, 1956, p. 135-136).

Bijoux présentés dans C. Bertin, p. 134-137
et J. Mulvagh, 1989, p. 99.

A.   Collier et boucles d'oreille

Pierres miel.

Assemblage des pierres en forme de nœud
plat.

Pour Jean Dessès ?

B.   Collier

Perles nacrées torsadées, strass.

Assemblage des strass en forme de nœud
Louis XV.

C.   Collier

Strass navettes et strass ronds.

Assemblage formant des grappes de fleurs.

D.   Collier

Perles de jais.

E.   Broche

Strass.

En forme de bouquet.

Pour Jacques Fath ?

F.   Collier

Perles vitrail, navettes aigue-marine,
navettes montana (couleur saphir).
Assemblage des pierres en motifs de marguerite.

Pour Christian Dior ?

G.   Collier

Cabochons d'émail rubis, strass ovales, et
strass baguettes.

Pour Christian Dior, vers 1947 ?

H.   Broche

Strass navettes.

Assemblage des pierres en motifs de fleur.

I.   Collier de chien

Strass. Pour Christian Dior, vers 1947 ?

J.   Bracelet et boucles d'oreille

Topazes, strass miel.

Collection Scemama, Paris.

136 Madame Gripoix
**   Collier**

vers 1950.

Strass et perles vitrail.

Motifs de grosse marguerite.

Archives Christian Dior, Paris.

1 9 7 4

Les années
de toutes
les audaces

1960

L'apparition, au milieu des années soixante, de nouvelles tenues, en particulier celles destinées aux soirées, en totale rupture avec tout ce que l'on avait porté jusqu'alors, constitua un événement extraordinaire dans l'histoire de la mode.

Précédant les changements de mentalité que les événements de Mai 1968 allaient souligner, les couturiers apportèrent des réponses originales à l'évolution des mœurs. Ainsi, cette nouvelle décennie fut marquée par deux mouvements importants et opposés : d'un côté, le maintien de la tradition ; de l'autre, le développement de modèles révolutionnaires. Jusqu'en 1965, c'est la tradition qui l'emporta ; plus tard les couturiers, soit imaginèrent des tenues originales pour le soir, soit adaptèrent au soir les vêtements qu'ils avaient conçus pour le jour, tandis que des modèles plus classiques conservaient une certaine place dans les collections.

Au cours des années soixante, la vie sociale, le soir, s'inscrivit dans la tradition de la décennie précédente. Galas, premières, introduction des jeunes filles fortunées dans le monde, fêtes de bienfaisance, vie diplomatique continuèrent de donner lieu à des bals, des réceptions, des dîners, des cocktails, où se côtoyaient les mêmes personnalités du monde des arts, du spectacle, de la mode, sans oublier celui des affaires. Françoise Sagan, César, les Lalanne, Pierre Cardin, Jacques Chazot, les princes de Monaco, la vicomtesse de Ribes, les Windsor, les Rothschild étaient certainement les plus assidus.

Trois faits nouveaux, cependant, se révélèrent. Le premier fut le renforcement de l'internationalisation de la vie sociale et de la mode, conséquence du développement de l'aviation et des masses-média. Les déplacements de la jet set society – le terme ne sera employé qu'à la fin de la décennie – se multiplièrent et l'hexagone parut de plus en plus petit. Les fêtes se succédèrent aussi bien à Gstaad qu'à Megève, à Marbella que sur la Côte d'Azur, à Rome qu'à Paris, Londres ou New York.

Cette particularité ne fit que s'accentuer avec le temps. C'est ainsi que du 3 au 5 juillet 1964, le trentième bal des petits lits blancs fut organisé à Beyrouth.

A partir de cette période se développèrent les cocktails d'entreprise, liés moins à l'essor de l'industrie et du commerce qu'aux conceptions nouvelles des relations dans le travail. Occupant progressivement des postes à haute responsabilité, les femmes recherchèrent à cette occasion des vêtements dans lesquels elles pouvaient, du matin au soir, faire face à leurs obligations sociales et mondaines. Le fameux petit tailleur Chanel y répondait parfaitement, comme le prouva, entre autres, Hélène Gordon-Lazareff, directrice du journal *Elle*.

Mais c'est aussi à partir de cette époque que, beaucoup plus ouverte qu'auparavant sur le monde extérieur, la culture, en particulier la mode, subit concurremment l'influence de divers pays. Rappelons la minijupe de l'Anglaise Mary Quant, l'influence de la boutique Biba, le phénomène beatnik américain, l'intérêt pour les différents folklores.

La robe d'hôtesse, une tradition renouvelée

Jusqu'en 1965, les vêtements, dans leur ensemble, se caractérisèrent par leur classicisme. Cela pouvait parfois conduire à l'ennui. Rien ne paraît plus significatif à cet égard que cette photographie, réalisée pour *Vogue*, montrant le bal organisé par madame Rodocanachi en 1961 à l'occasion des débuts de sa fille dans le monde. On y voit les mères assises sagement, vêtues de robes strictes, souvent noires, surveillant d'un œil leur progéniture qui cherchait à ressembler le plus tôt possible à des dames sans âge. C'était le triomphe de l'éternelle petite robe noire.

Les robes de grand soir, longues et somptueuses, à l'architecture sobre, la taille à sa place ou légèrement rehaussée, étaient confectionnées dans des tissus lourds comme le satin ou le crêpe, qui tombaient facilement, mais aussi dans des tissus légers comme la mousseline. Les broderies étaient abondantes. En 1963, on aima les manches ornementées, qu'on appela manches-bijoux.

Pour le petit soir (concert, théâtre, petit dîner) on continua à revêtir des robes courtes ; la dentelle, notamment celle de Saint-Gall, en Suisse, eut beaucoup de succès.

Les seules créations originales de cette période furent, en 1963, le vrai tailleur du soir de Balmain – mais il y avait eu des précédents dans les années trente –, dont il fit aussi une version cocktail, et le développement du trench-coat du soir, imperméable en satin ou taffetas, doublé de fourrure.

Hiver comme été, la fourrure, signe extérieur de richesse, continuait à tenir une large place. En été, on l'utilisait en vestes courtes, étoles, boléros ; en hiver, en larges manteaux longs. Les magazines de mode conseillaient aux femmes une élégance discrète, raffinée, voire la modestie, ce qui ne les empêchait pas d'être sophistiquées. Le maquillage, en particulier celui des yeux, était appuyé. L'œil ombré, souvent bordé de faux cils, était souligné d'un trait d'eye-liner, et d'un cerne en banane dans le creux de la paupière.

D'après le journal *Elle*, en 1963, 46 % des jeunes filles se maquillaient les yeux et 55 % la bouche. Les cheveux étaient le plus souvent courts, coupés en casque et, le soir, on y ajoutait quelques postiches. C'est ainsi qu'Alexandre créa un ensemble de pétales de fleurs constitués de cheveux que l'on posait sur la tête.

Les réceptions chez soi dans des vêtements décontractés constituèrent le troisième aspect de la vie sociale, le soir, dans les années soixante et au début de la décennie suivante. C'était moins une nouveauté que la réactualisation d'un phénomène ancien. Apparues en France vers 1890, les tea-gowns eurent en réalité beaucoup plus de succès dans les pays anglo-saxons qu'en France. A nouveau à la mode entre les deux guerres, puis dans les années quarante, ces déshabillés se transformèrent en tenues d'hôtesse en 1960. La vogue en fut alors immense et profonde, car approuvée effectivement par un très grand nombre de femmes ; non seulement tous les couturiers en proposaient régulièrement, mais les magazines en offraient des patrons. En

1963, *Elle* constatait que sur trente et une femmes interrogées au journal, seize d'entre elles possédaient une jupe longue.

La tenue d'hôtesse suivit le développement de certaines nouveautés : la télévision – on s'invitait entre amis pour la regarder ; les vacances à la neige – cette tenue était recommandée le soir après le ski ; la multiplication des dîners à l'extérieur et les étés passés au bord de la mer. D'ailleurs les diverses dénominations qu'elle reçut sont les témoignages de ces multiples usages. Ainsi en 1961 les appela-t-on robes jardin ; en 1962 charmeuses et frileuses ; en 1963, robes terrasses ; la même année, au moment où fut créé en Italie, par Pucci, le pyjama de palais, elle se convertit en pyjama d'hôtesse.

Portées en compagnie d'intimes, ces tenues d'intérieur, confortables, n'avaient nul besoin d'être luxueuses. Cependant il régnait toujours une certaine ambiguïté : elles se rapprochaient tantôt du déshabillé, comme en 1961, tantôt de la tenue de jour dont elles reprenaient en 1962 les caractéristiques mais en long, tantôt des robes de grand soir quand elles étaient confectionnées dans des tissus lourds ou précieux.

Les couturiers firent trois types de proposition : la robe ; le pantalon qu'ils associèrent à la jupe, à la robe ou au manteau ; et la jupe.

Les modèles de robes furent nombreux et divers. On en vit de très architecturées chez Balenciaga et chez Givenchy, comme en témoigne cette extraordinaire tenue conçue par Givenchy en 1967, coupée en biais et formant en même temps manteau de cour dans le dos. Au contraire, l'emploi du jersey de laine, entre 1963 et 1968, la rendit beaucoup plus souple. Madame Grès, par exemple, utilisa en 1964 un lainage rayé rappelant les chandails. En 1965, on fit des modèles conçus pour être portés sans soutien-gorge et que retenait, au cou, un gros anneau. Réalisées dans des tissus très fluides, ces robes, si on oubliait un instant les pierreries et l'or qui les agrémentaient, évoquaient dans leur simplicité les chemises de nuit. C'est à partir de 1966 que l'exotisme, avec les djellabas, les sarongs, les ponchos, les cafetans, devint une source d'inspiration très forte. Au moment où les grandes robes de gala n'étaient plus de mise, la tenue d'hôtesse conquit en quelque sorte ses lettres de noblesse et devint une véritable robe du soir. Castillo réalisa, en 1967, une djellaba en lamé matelassé, fermée par des brandebourgs en galon avec une découpe en pointe au bas de la robe. Quant à la robe berbère du soir, conçue par Marc Bohan pour Dior en 1968, elle avait en quelque sorte conservé la sobre rusticité de la tenue d'hôtesse qui convenait à l'époque.

Dès 1960, les couturiers associèrent le pantalon à la tenue d'hôtesse, qui faisait ainsi une nouvelle entrée dans la mode du soir. Dès les collections de printemps-été 1960, on vit chez Dior un modèle constitué d'un pantalon corsaire brodé, accompagné d'une robe plongeant en arrière. Un an plus tard, Balenciaga proposait un pantalon et une blouse de satin noir recouverts d'un manteau de satin bleu vif, bordé de fourrure. Le charme de ces ensembles tenait beaucoup à l'opposition entre l'ampleur du manteau et l'élégance de la silhouette, que soulignait le pantalon. Dès l'ouverture de sa maison, en 1962, Yves Saint Laurent présenta des modèles comparables, en particulier une robe bleu et marron s'ouvrant sur un pantalon. Il arriva que le pantalon fût associé, comme en 1963, à des robes en dentelle de Calais, prenant alors un aspect grand soir.

Au contraire, quand en 1964 les jambes des pantalons s'élargirent, ils parurent bien exotiques ; certains, bouffants, étaient accompagnés de tuniques.

Jusqu'alors, le pantalon n'existait pas seul. La robe, la tunique recouvrant les hanches, le manteau en atténuaient le caractère sportif ou trop novateur. Ce ne fut qu'à partir de 1965 qu'il se montra véritablement, laissant voir les formes du corps. Courrèges réalisa ainsi, en 1965, un pyjama en peluche dorée. Dès l'année suivante, Marc Bohan proposait un pyjama en crêpe noir. Cette petite révolution était dans l'air du temps. De son côté, Sonia Rykiel concevait un tailleur-pantalon du soir à la coupe droite. En 1967, Karl Lagerfeld faisait pour Chloé un pyjama d'hôtesse en peau d'ange ; et Chanel, un pyjama de dîner pour le mannequin Bettina. Comme pour la robe d'hôtesse, le pyjama du soir a lait bientôt rejoindre la destinée du pantalon du soir.

Restait la jupe. Très utilisée dans la confection, la jupe du soir eut beaucoup moins de succès auprès des couturiers. C'est autour de 1964-1965 qu'on peut situer son apogée. Moins élégante en général, elle eut un caractère «paysan», comme l'évoque très bien la jupe imprimée et matelassée d'Yves Saint Laurent. Nina Ricci proposa des modèles comparables.

Christian Dior,
robe de dentelle noire de Brivet créée par Marc Bohan,
collection automne-hiver 1966-1967.

86

Jean Patou,
robe du soir créée par Michel Goma,
Vogue, 1966.

Chanel,
pyjama de dîner créé pour Bettina,
photographie Jean-Loup Sieff, *Vogue*, 1967.

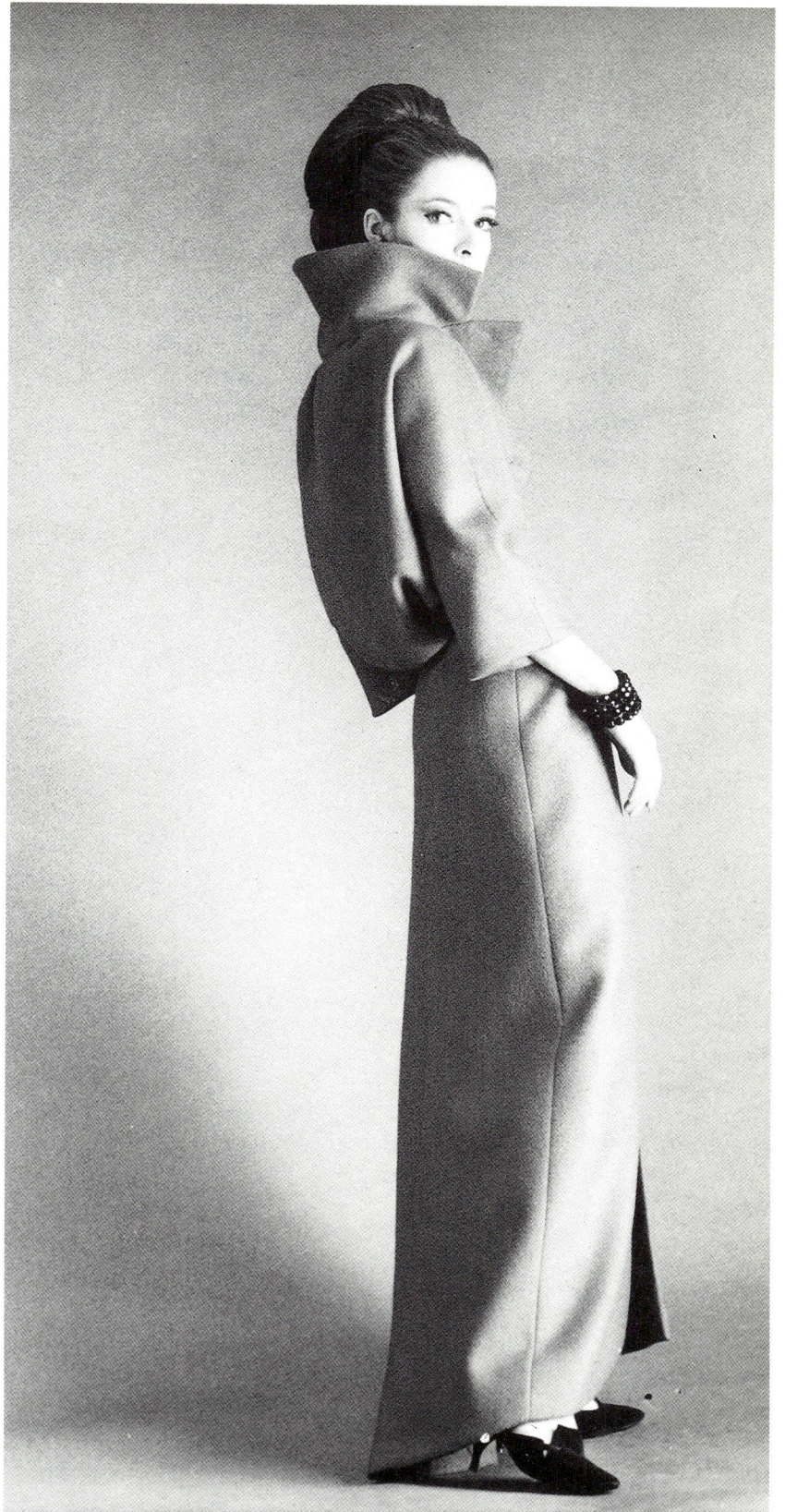

Jean Patou,
«Ursule», robe de télévision en lainage bleu
créée par Michel Goma, collection automne-hiver 1963-1964.

Jean Patou,
«Pierre-Yves», combinaison du soir en gazar noir et blanc,
créé par Michel Goma, collection printemps-été 1968.

Une révolution vestimentaire

Abandonnant les catégories traditionnelles des robes de gala, de théâtre, de cocktail, de grand et de petit soirs, des couturiers réalisèrent trois grands types de vêtements : des tenues futuristes, des pantalons du soir et des vêtements-œuvres d'art.

Au contraire de Balenciaga qui, pendant des années, avait étudié le corps féminin pour construire des robes à partir de ses conclusions, certains créateurs, en particulier Courrèges, eurent une approche plus intellectuelle. Ils imposèrent un style au corps, dont ils ne cherchaient plus à souligner, comme on l'avait fait jusqu'alors, les caractéristiques féminines, la poitrine et la chute des reins. Futuriste, ce style reposait, entre autres, sur l'utilisation de formes géométriques simples : cercle, rectangle, carré, trapèze, droites dont l'organisation devait être en priorité harmonieuse. Cette caractéristique fut immédiatement perçue même lorsque ce mouvement d'avant-garde ne fut pas réellement compris. En 1965, *Elle* soulignait l'équilibre des vêtements, leur «allure mathématique», et *Vogue* décrivait ces vêtements «épurés, rigoureux, aux proportions parfaites». Le point de vue de *Vogue* sur les collections printemps-été 1965 illustra cette ambiguïté. La révolution vestimentaire était ressentie plutôt que comprise ; mais, ne voulant pas être en reste, le magazine alla chercher dans les œuvres du philosophe Merleau-Ponty une explication à ce changement : «Il y a des feuilles de houx que Klee a peintes de la manière la plus figurative et qui sont rigoureusement indéchiffrables d'abord, qui restent jusqu'au bout monstrueuses, incroyables, fantomatiques à force d'exactitude.» Plus loin : «Et les femmes de Matisse, qu'on se rappelle les sarcasmes des contemporains, n'étaient pas immédiatement des femmes, elles le sont devenues.»

Tous les modèles futuristes – et on en fut souvent très choqué – étaient courts. La minijupe triomphait. En fait, les couturiers réactualisaient un courant apparu en France en 1963, mais qui n'y avait pas rencontré de succès, tandis qu'en Angleterre, sous la houlette de Mary Quant, il s'épanouissait largement. Mais, à la différence de la styliste anglaise, il ne s'agissait pas pour eux de raccourcir un vêtement mais de le recomposer. Ainsi les couturiers découvraient-ils très largement les genoux. Pour établir l'équilibre de la construction, la taille était rarement à sa place.

Matériaux et techniques facilitèrent cette démarche. Courrèges, Cardin et bientôt Ungaro utilisèrent des gabardines d'été en laine et coton, souvent réversibles, des toiles à l'aspect mat, bientôt l'organdi.

Préalablement travaillés, ces tissus secs n'avaient plus besoin du secours des pinces, des fronces, ce qui accentuait le caractère géométrique des formes. D'autres matières firent leur apparition. Différents plastiques remplacèrent le tissu ou lui furent associés.

Coloris et décors contribuèrent à la modernité de ces costumes. C'est ainsi que, dans un premier temps, le blanc remplaça le noir. Pour Courrèges, dont l'œuvre fut alors la plus aboutie et de ce fait influença le plus profondément l'ensemble de la couture à cette époque,

le blanc avait une signification particulière : «Si je veux traduire le cosmos, la lumière du cosmos, c'est le blanc acier, c'est la luminosité. Donc, je choisis des matières scintillantes ou des matières blanches, qui traduisent la couleur de la lumière du cosmos. En plus, le blanc a une grande qualité, il est immatériel, il est propre, pur», confiait-il dans une interview à Eugénie Lemoine-Lucioni. Comme la fameuse petite robe noire traditionnelle paraissait déplacée !

Si Courrèges eut une prédilection pour les couleurs pastel, Cardin préféra souvent les couleurs vives et contrastées ou inhabituellement mariées, des roses et des oranges par exemple.

Quant au décor, il se simplifia. Le goût de la géométrie favorisa les étoffes à carreaux. Un travail nouveau du tissu lui donna un certain relief, on aima les nervures, les surpiqûres, les incrustations. On vit beaucoup d'échancrures, d'ouvertures en hublot. Mais l'ornementation la plus fréquente fut la fleur stylisée, marguerite ou rose, blanche ou colorée, traitée en broderie ou en véritable relief. Lancée par Courrèges, elle fut immédiatement adoptée et reprise dans la confection.

Le modèle futuriste était une tenue dont les accessoires renforçaient l'homogénéité : chaussures plates en plastique de Roger Vivier, bottes blanches en chevreau, gants, bas puis collants, chapeaux de forme géométrique. Des lunettes fendues à la chinoise achevaient de faire de ces silhouettes nouvelles et travaillées un ensemble raffiné.

En 1966, le pantalon, jusqu'alors marginalisé, s'imposa grâce à Yves Saint Laurent. Il en fit une tenue de petit et plus tard de grand soir, dont le succès fut immédiat. C'était une révolution.

Depuis quelque temps déjà, le port du pantalon, le soir, ne paraissait plus impossible, selon cette vieille habitude, que l'on constate sans pouvoir vraiment l'expliquer, qui conduisait les costumes de sport à être portés le soir. Les exemples ne manquent pas depuis cette époque : le débardeur, le cardigan, le polo furent adaptés au soir en 1973 par Yves Saint Laurent, tandis que le blouson zippé l'était la même année par Ted Lapidus. La question du port du pantalon, le soir, était d'actualité. *Jardin des modes*, en septembre 1964, résumait bien l'affaire : «Il s'agit maintenant de savoir si vous oserez répondre en pantalon à une invitation sur carton.» La réponse était d'autant plus délicate que le vêtement, à connotation masculine, ne paraissait pas de prime abord correspondre à ce que l'on voulait exprimer le soir, à savoir «la revanche de la féminité sur une mode de jour stricte et fonctionnelle».

De 1963 à 1966, le pantalon s'imposa progressivement avant de triompher définitivement ; il connut un développement en trois étapes.

Dans un premier temps, entre 1963 et 1964, les couturiers gommèrent tout ce qu'il pouvait avoir de masculin. Ainsi trouva-t-on dans les collections automne-hiver 1963 de Nina Ricci un petit smoking, mais en velours. De son côté Chanel, l'année suivante, créa un «pantalon femelle» (*sic*) dont elle avait supprimé tous les caractères masculins (le pli, la braguette) et qu'elle avait féminisé en le coupant en biais, le fronçant à la taille comme une jupe et en le taillant dans un tissu pailleté.

En 1966, la proposition d'Yves Saint Laurent fut exactement inverse. Il conserva au smoking son caractère masculin, il employa un tissu sec, un grain de poudre, et exalta les plis et les lignes. Le résultat était néanmoins totalement différent du pantalon du soir des années vingt. Il ne s'adressait pas à la garçonne, être on ne peut plus ambigu, mais aux élégantes très féminines. Catherine Deneuve et sa crinière de lionne, à la mode du moment, le portait avec panache. Là encore, l'arrivée du pantalon, le soir, ne fut pas toujours très bien comprise : «Il a séduit les hommes qui, de tout temps, ont aimé les George Sand et un certain dandysme chez les femmes», écrivait Vogue en décembre 1966. Lors d'une interview à Vogue américain, en décembre 1983, Yves Saint Laurent rétablissait la vérité : «Une jeune femme qui s'habille comme un homme doit être terriblement féminine pour pouvoir porter un vêtement qui ne lui est pas destiné.» En 1968, il avait déclaré à Elle : «Une femme n'est séduisante en pantalon que si elle le porte avec toute sa féminité, pas comme George Sand. C'est une coquetterie, une chance supplémentaire, pas un signe d'égalité.» Il appliqua bientôt ces mêmes principes à la robe-smoking.

Les femmes, elles, ne s'y étaient pas trompées, qui, dès sa sortie, adoptèrent immédiatement le smoking. Melina Mercouri, Elsa Martinelli rejoignirent Catherine Deneuve.

Décidément les femmes se sentaient à l'aise en pantalon. Celui du soir fut repris par Pierre Cardin, Sonia Rykiel, et consacré par les maisons les plus tournées vers la tradition. Dior en proposa dans ses collections des années suivantes. Le pantalon était entré dans les mœurs, le soir.

C'est avec un esprit d'avant-garde que Courrèges et Ungaro l'abordèrent, dès 1965. A la différence de Saint Laurent, ils ne s'intéressèrent pas à sa signification, à son aspect masculin ou à son caractère provocant, mais ils intégrèrent à leur propre monde un vêtement en pleine expansion.

Courrèges reprit les principes qu'il avait développés pour la robe : ni pinces, ni fronces, ni revers, ni poches, ni braguette. Mais si Chanel avait fait de même dès 1964, Courrèges travaillait dans une autre direction. Aussi construisit-il un pantalon étroit, fendu dans le bas et l'accompagna-t-il d'un petit haut, sorte de boléro qui dévoilait le ventre. Ces ensembles du soir étaient en partie couverts de paillettes ou réalisés en organdi.

Les collections printemps-été 1967 allèrent plus loin encore avec la salopette puis, à la saison suivante, avec la robe-short. Ces modèles n'avaient plus rien à voir avec la salopette, vêtement de travail. Courrèges fit, par exemple, une salopette, combinaison constituée d'un grillage en coton ouvrant sur la peau, ornée devant de trois cibles et largement échancrée sur les côtés. D'autres modèles étaient pailletés. Il les

accompagnait d'un manteau court en lapin blanc, brodé de marguerites géantes. Ungaro de son côté signa une combinaison-bloomer en broderie stretch de Saint-Gall, qui perdait tout caractère provocant dans la mesure où les jambes étaient entièrement recouvertes de cuissardes assorties.

A partir de 1968, le thème du bermuda et celui du short furent repris par bon nombre de couturiers. Ainsi Givenchy, avec une barboteuse en plumes frisées, accompagnée d'une jupe noire en gazar, tandis que Saint Laurent réinterprétait le bermuda avec une combinaison ultramoulante.

La référence à l'œuvre d'art, dans les tenues, fut beaucoup plus qu'un simple phénomène de mode, car c'est à partir de cette période que les couturiers se placèrent dans la catégorie des artistes, entretenant une sorte de conversation avec leurs homologues vivants ou morts.

Sculpture et peinture furent les formes d'art auxquelles ils se référèrent directement. Mais cela ne veut pas dire cependant que d'autres domaines artistiques, comme l'architecture, n'ont pas exercé un rôle certain dans leur démarche.

Dans le domaine du vêtement-sculpture, c'est Paco Rabanne qui créa les œuvres les plus originales et les plus abouties. Son cheminement fut d'autant plus intéressant qu'il intervenait à un moment où la sculpture était en crise, crise qui culmina entre 1968 et 1971, avant que cet art n'ait retrouvé un certain intérêt auprès du public. Paco Rabanne ne s'intéressa pas seulement aux matériaux modernes comme le plastique mais aussi au métal. Bien des sculpteurs le travaillaient depuis longtemps déjà, mais le métal connut à cette époque une sorte d'apothéose. Non seulement on l'utilisa dans l'architecture mais aussi dans le décor intérieur, comme le rappelle le fameux bureau réalisé par César pour Marcel Lefranc et constitué d'ailettes de réacteur.

La mode finit, elle aussi, par s'emparer du métal de sorte que Vogue pouvait évoquer en septembre 1968 «ces femmes chic, à l'esprit fort, au corps voluptueusement dénudé, armé de métal, ces femmes stimulantes comme des moteurs»...

Déjà, depuis longtemps, Cardin s'était associé à des sculpteurs, en particulier pour la réalisation de ses bijoux. Mais Paco Rabanne, dès sa première collection, en 1964, proposait quelque chose de plus inattendu : une robe en patchwork métallique. Dans un premier temps, il conçut une femme guerrière, cuirassée, évoquant autant un Moyen Age mythique que les sculptures symbolistes du siècle dernier. En 1968, cette femme s'adoucit un peu. Il travailla la maille métallique. Ainsi créa-t-il, en avril 1968, pour Pénélope Tree, une robe courte faite de fleurs métalliques de différents tons et articulées entre elles. Il maria diverses matières : le plastique, la dentelle, le métal. Il fit donc des robes-chandails en plastique et métal, une robe-tunique en dentelle et métal, la guipure s'articulant sur des sequins de plastique noir. En hommage à Fritz Lang, il fit en 1970 une robe longue en jersey d'aluminium marron et argent, fendue devant et décolletée. Il traitait le plastique exactement comme le métal, on le vit avec la robe courte en lamelles de plastique.

La forme de ces vêtements s'inspirait des principes de Courrèges et de Cardin et il employa souvent, comme eux, le décolleté américain, les ouvertures sur le ventre.

Il n'est pas étonnant que Pierre Cardin, qui pratiquait depuis de si longues années un style géométrique, qui découpait le métal comme le tissu, ait lui aussi réalisé à l'automne 1965 une robe en métal. De son côté, Yves Saint Laurent, un an plus tard, proposa d'une part un corselet et un bustier en cuivre doré de Lalanne destinés à accompagner deux robes en crêpe Georgette. Le traitement du métal donnait à ces mannequins un air antique, étonnant en ces années. Dès l'automne 1968, on vit chez Ungaro des soutiens-gorge d'aluminium découpé, réalisés par Oscar Gustin et, en mars 1969, chez Courrèges, des bustiers moulés.

Bien plus phénomène de mode que révolution vestimentaire, l'hommage à la peinture concernait le décor et le tissu plutôt que la construction du vêtement. Mais, ce faisant, les couturiers manifestaient clairement leur désir de modernité.

Ils se référèrent soit à des mouvements comme l'art cinétique, le pop art, soit à des artistes. Au moment où l'art cinétique était à son apogée, les œuvres de Vasarely commençant à être bien connues du public, un grand nombre de couturiers utilisèrent des tissus où s'exprimait le sentiment de l'espace et du temps. Raies, ondes, mosaïques, rythmes, damiers, losanges décorèrent les étoffes employées par Castillo, Lanvin, Balmain,

Heim... La presse féminine reconnut immédiatement l'influence de l'art optique. C'est avec Yves Saint Laurent que se manifesta le mieux l'influence du pop art, comme le montrent deux robes de la collection automne-hiver 1966. L'une, courte, est ornée d'un visage de profil ; l'autre, longue, d'un corps de profil. Ce visage était influencé par les œuvres d'artistes comme Rosenquist, Wesselmann, Lichtenstein ou encore Andy Warhol qui, tous, avaient exalté ce type de visage stéréotypé, à la bouche ouverte. Monumental, simple, ce décor s'intégrait dans la composition d'ensemble. C'est qu'en réalité Yves Saint Laurent utilisait la robe, dont l'architecture ne pouvait être plus simple, exactement comme la toile d'un peintre. Il n'en était pas à son premier essai. Déjà en 1965 il avait conçu les robes Poliakoff, faites de morceaux de jersey de différentes couleurs. Il reprit le procédé de façon exemplaire en 1966 avec la série des robes Mondrian. Il ne copia pas servilement les toiles du maître mais s'inspira des principes du peintre. Il réalisa le groupe des robes avec un carré imaginaire posé sur la pointe et orné d'un tracé perpendiculaire de lignes fractionnées. Ainsi évoquait-il à la fois les œuvres, comme *Fox-Trot*, du milieu de la vie et celles, comme *Broadway Boogie-Woogie*, de la fin de la vie du peintre.

Pierre Cardin,
bijou-trait d'union,
photographie Fouly, *Elle*, 1968.

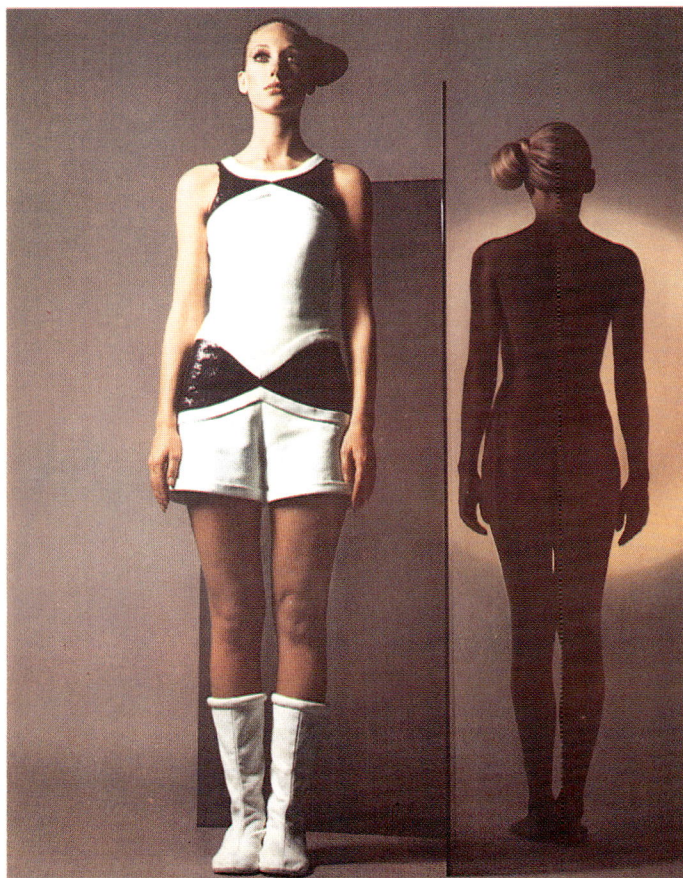

André Courrèges,
robe du soir,
photographie Jean-Loup Sieff,
Vogue, 1968.

André Courrèges,
robe-short,
photographie Jean-Loup Sieff,
Vogue, 1968.

Yves Saint Laurent,
smoking court,
photographie David Bailey,
Vogue, 1968.

André Courrèges,
combinaison-short,
collection printemps-été 1968.

Pierre Cardin,
«Cible», robe,
photographie Fouly, *Elle*, 1966.

Innovations et code social

Si la notion de tenue de soirée n'a guère été abordée ici, que ce soit à propos des vêtements futuristes ou des œuvres d'art, c'est que pour bon nombre de couturiers, après 1965, cette catégorie passa au second plan. En effet ils s'intéressèrent en priorité à la femme active. Dans l'image nouvelle qu'ils voulaient donner d'elle, la tenue de soirée était secondaire. La presse féminine suivit le mouvement. En mars 1966, un an après les premiers chambardements, *Vogue* écrivait : «Il n'y a plus de mode du soir, il y a notre envie.» Yves Saint Laurent de son côté déclarait en 1968 : «Démodée, l'idée de mode de jour ou du soir.»

Ils ne pouvaient ignorer cependant que les collections de haute couture s'adressaient justement à des clientes qui, depuis toujours, devaient répondre à diverses obligations mondaines, d'autant plus qu'une bonne partie d'entre elles fréquentait le monde diplomatique. Aussi les couturiers orientèrent-ils leur production dans des sens différents, pas nécessairement contradictoires, et que beaucoup menèrent de front.

Pour des raisons à la fois économiques et sociales, ou par fidélité à l'image de marque de leur maison, certains couturiers continuèrent de ne réaliser que des modèles classiques ; d'autres, comme Cardin, soucieux de ne pas perdre leur clientèle diplomatique, firent des vêtements traditionnels mais à la mode, tandis qu'ils développaient une gamme de vêtements véritablement novateurs.

Intégrer certains des critères spécifiques au soir dans les tenues révolutionnaires fut une voie que pratiquèrent aussi bien Courrèges que Cardin ou Ungaro. Cependant, ces caractéristiques perdaient dans le même temps leur signification, en raison même de l'évolution de la mode et des mœurs, ce qui compliqua les choses. Une certaine confusion apparut, de sorte qu'aujourd'hui il est parfois difficile de différencier une tenue de jour de celle du soir. La longueur de la robe, le décolleté, le tissu restaient les vieux critères distinctifs de ces tenues.

La guerre de l'ourlet perdit rapidement son sens, en particulier pour les robes dites de cocktail ou de petit soir et cela pour plusieurs raisons. On chercha moins à cette époque à être chic qu'à paraître jeune. Or, entre 1965 et 1970, porter une robe descendant sous le genou vieillissait beaucoup une femme. Certains modèles de Courrèges avaient deux versions, l'une courte pour la ville, l'autre longue pour le soir. Bientôt, pour marquer la différence entre le jour et le soir, on reprit l'idée du corps dénudé mais en l'appliquant à une autre partie, les cuisses. Ainsi en 1968 Courrèges proposait-il une robe de cocktail bien plus courte qu'une robe de ville. Naturellement, ce changement commença par choquer, avant d'être accepté. Au même moment, Courrèges inventa une nouvelle longueur, à mi-mollet, pour le grand soir, rétablissant tout à coup cette catégorie après l'avoir niée, puisqu'en 1966 sa collection ne présentait aucun modèle pour le soir. Quand, en 1970, apparut la mode maxi, la querelle de l'ourlet n'avait plus de raison d'être. On pouvait faire ce que l'on voulait. Restaient le décolleté et le tissu, qui connurent là aussi une évolution comparable à celle de la longueur des vêtements. La notion de décolleté provocant n'avait plus guère de sens, même si les ouvertures se multipliaient en des lieux jusque-là cachés, le ventre ou les flancs.

Les tissus ne permirent pas non plus d'établir de différence entre le jour et le soir. A côté des matières nouvelles que nous avons déjà vues, on utilisa beaucoup de tissus pailletés, brillants, qui à eux seuls ennoblissaient une tenue de ville.

Mais la révolution la plus profonde fut de faire admettre que les nouvelles tenues, en raison de leur propre logique, de leur propre beauté, n'avaient guère besoin d'être transformées pour plaire et qu'alors toute comparaison avec des modèles traditionnels respectant le vieux code social était inutile.

Pierre Cardin,
manteau et coiffure,
collection automne-hiver 1965-1966.

Saint Laurent Rive Gauche,
smoking,
photographie Lionel Kazan (au New Jimmy's),
Marie-Claire, 1966.

Jean-Luc Godard,
Alphaville, 1965,
Anna Karina et Eddie Constantine.

Yves Saint Laurent,
robe en mousseline transparente,
photographie Jean-Loup Sieff, *Vogue*, 1968.

Une image contemporaine de la femme

Ces nouvelles tenues n'étaient en somme que l'aboutissement des changements que l'on voyait poindre depuis quelques années. En premier lieu se manifesta à partir de 1960 l'attraction de toute une génération pour des vêtements architecturés. Cette recherche de la construction s'exprima avec force dans les tailleurs, les manteaux et presque paradoxalement dans la robe qui est, à priori, le type de vêtement le plus difficile à plier à de telles contraintes. Pierre Cardin en fut un des meilleurs promoteurs. Il sut conserver le sens du volume à ces vêtements, à la différence de Courrèges, qui s'attacha à travailler dans les deux dimensions, comme si tout à coup les femmes n'avaient plus d'épaisseur, plus de profil.

Tous ces couturiers avaient été très fortement marqués par Balenciaga, chez qui, souvent, ils avaient travaillé. Mais cette nouvelle génération s'orienta différemment, appliquant de façon nouvelle les principes du maître, allant même jusqu'à les renverser. Ce goût de la géométrie affecta d'ailleurs l'ensemble de la silhouette, des chaussures à la coiffure. Dès 1962, on vit des pains de sucre inspirés des coiffures des pharaons s'élever au-dessus de la tête, de gros chignons surnommés familièrement choucroutes, mis à la mode par Brigitte Bardot. Autour de 1965, les cheveux courts, coiffés en casque, étaient en vogue.

Le second changement notable fut la volonté de certains couturiers de s'inscrire dans la vie contemporaine, beaucoup plus que ne l'avaient fait leurs prédécesseurs. Architectes, ingénieurs de formation comme Paco Rabanne et Courrèges, ils voyaient dans l'architecture moderne, où triomphaient le métal et le verre, l'environnement naturel de leurs créations. Les photographes de mode ne s'y trompèrent pas, qui prirent systématiquement des immeubles comme décor. Le goût pour les matériaux modernes ou inhabituels comme les matières plastiques et le métal illustra d'une autre manière cette insertion dans le présent.

Mais les couturiers firent beaucoup plus encore : ils devinrent les promoteurs d'une nouvelle image de la femme. Ils exprimèrent, parfois même plus vite qu'elles, les possibilités qui leur étaient offertes ou qu'elles étaient en train de conquérir. Ainsi la femme fut-elle d'abord active, comme l'évoquaient certains magazines : «Est-ce une robe dans laquelle je pourrai bouger, courir ?», écrit *Vogue* en février 1961, tandis qu'*Elle* notait en août 1962 : «Les femmes vont vite.»

Ce besoin de mouvement se refléta, là encore, dans la photographie de mode. Bien loin des poses statiques qu'on leur demandait auparavant, les mannequins bougeaient, levant bras et jambes, arrêtant brusquement leurs gestes saisis au vol par l'œil du photographe. Dans le même temps, l'évolution des mœurs conduisit bientôt à la reconnaissance du travail féminin.

Pourtant l'image de cette nouvelle femme devait beaucoup plus à l'imagination poétique des couturiers qu'aux caractéristiques de la vie quotidienne. On baptisa *moon girls*, futuristes, les jeunes femmes revêtues de cosmocorps, prêtes à s'envoler pour la lune. Ces qualificatifs illustrent l'écart ressenti par les chroniqueurs entre les contingences habituelles et les propositions des couturiers. Cocktails, dîners, soirées au théâtre ou au concert, grandes manifestations s'égrenaient, somme toute, semblables à ce que l'on voyait auparavant. Mais les couturiers, réagissant alors en artistes, proposèrent tout à coup des femmes proches de *Barbarella* (1961), vivant dans l'univers d'*Alphaville* (1964), avant de partir pour *2001, l'Odyssée de l'espace* (1968).

Eternellement jeune, c'était là sa caractéristique essentielle. Ce faisant, le monde de la couture ne faisait qu'intégrer un phénomène social et culturel à l'ordre du jour : le rôle joué par la jeunesse. Il est incontestable que cette négation du temps se répercuta sur la vie sociale. Toutes les nuances entre les tenues de cocktail, de petite soirée, intime ou non, parurent désuètes à côté de cette image de la femme-enfant triomphante ; le temps était bien arrêté.

Jeune et sportive, la femme dévoila un corps totalement différent de celui qu'avait mis en valeur la génération précédente. Les vêtements conçus par Courrèges, Cardin, Ungaro, Paco Rabanne demandaient un buste fin, une poitrine plate, des hanches étroites, des cuisses longues et des mollets étirés. Les épaules s'élargirent et la taille fut seulement esquissée.

C'est alors qu'on dénuda la femme, mais cette fois de bas en haut. On montra les genoux en 1964, les cuisses l'année suivante, le nombril en 1966. Cette mise à nu n'avait aucun caractère érotique, mais fut interprétée comme l'expression d'une liberté conquise, qui aboutit en 1968 à la nudité complète. Tout était dit.

Très rapidement et suivant un mouvement exactement inverse, le sexy fit une forte percée par l'intermédiaire de la transparence et du vêtement ajusté. C'est Yves Saint Laurent qui exprima, le premier, ce changement en inventant en 1968 un chemisier transparent laissant voir les seins nus et une robe de mousseline noire entièrement transparente avec une minijupe de plumes. Il proposa aussi une combinaison-bermuda entièrement moulante. Ainsi marquait-il de façon exemplaire un courant appelé à durer.

Paco Rabanne,
robe métallique,
collection printemps-été 1974.

Paco Rabanne,
ensemble du soir métallique,
photographie G. Petit,
collection printemps-été 1970.

Guy Laroche,
robe de cocktail, 1965, cat n°138.

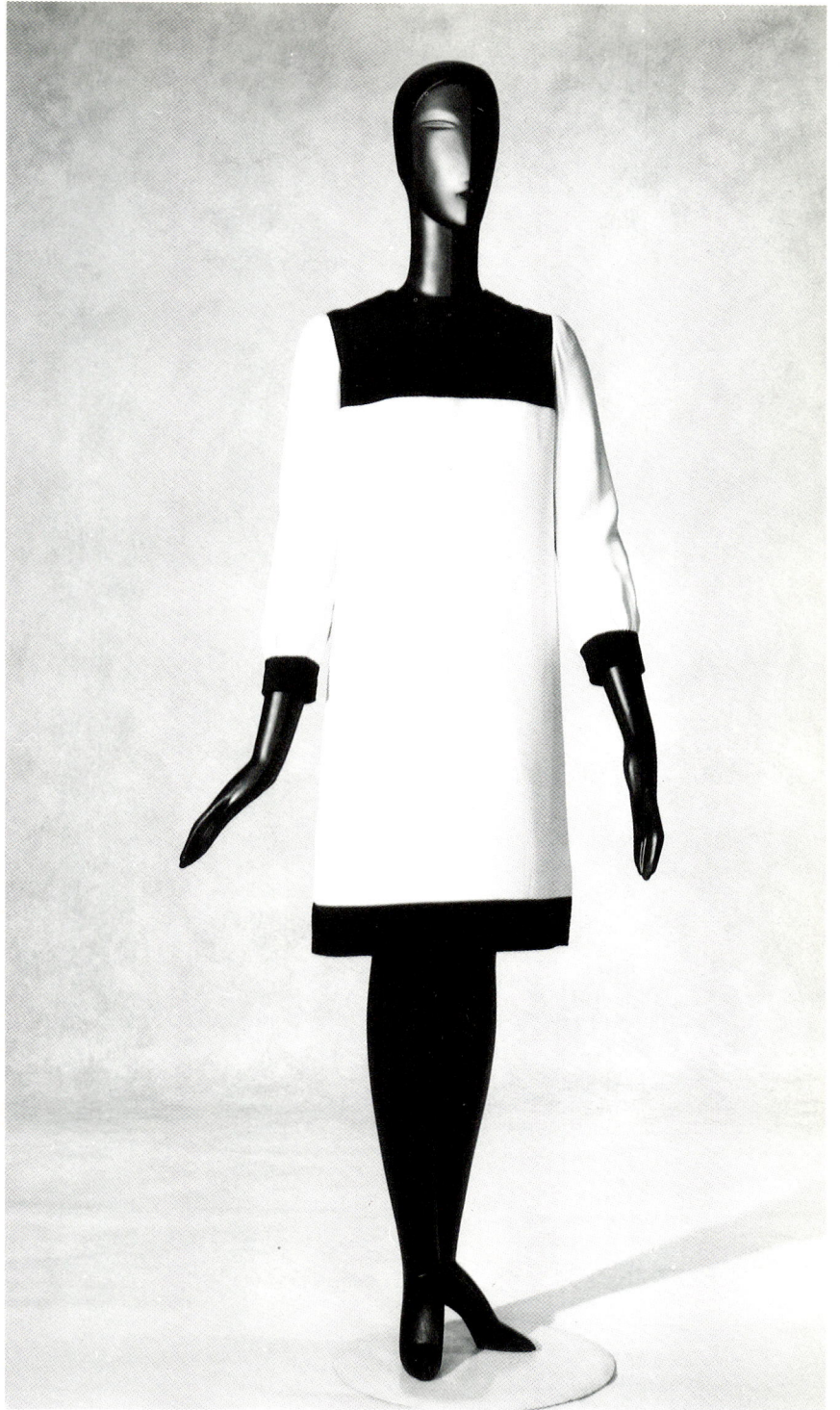

Yves Saint Laurent,
«Mondrian»,
robe de cocktail, 1966, cat n°142.

Pierre Cardin,
fourreau, 1966, cat n°140.

André Courrèges,
robe, 1969, cat n°146.

Christian Dior,
robe d'hôtesse créée par Marc Bohan,
1968, cat n°145.

Paco Rabanne,
robe en métal et plastique,
1968, MMC.

Le chaos vestimentaire

La remise en cause de la culture traditionnelle que précipitèrent les événements de Mai 1968 ne pouvait qu'accélérer la crise des manières du savoir-vivre.

En conséquence, pendant les années suivantes, de 1968 à 1973 environ, les soirées se caractérisèrent par leur anarchie vestimentaire. On en trouve encore aujourd'hui un excellent témoignage dans les reportages mondains des magazines de mode, comme *Vogue* ou *l'Officiel*. Dans les cocktails, en particulier celui qu'organisa à l'automne 1972 la boutique Van Cleef & Arpels pour fêter les vingt ans de son ouverture, étaient juxtaposées toutes les tenues, de celles de jour à celles du soir en passant par la tenue de sport. *Vogue* relevait en mars 1968 : «L'heure du cocktail semble vouée à la plus grande fantaisie. On ne porte pas de robes, mais des barboteuses, des bermudas, des tuniques...» Comme, dans le même temps, la mode était aux cheveux longs, tombant sans artifice sur les épaules, l'ensemble présentait, en comparaison de ce que l'on avait vu dix ans plus tôt, un caractère négligé, difficile à supporter pour les générations plus âgées. Les vêtements révolutionnaires apparus à partir de 1965 étaient toujours d'actualité, comme on put le voir le 19 mars 1971, à la première de *Love Story*, où apparurent quelques shorts du soir.

Face à cette évolution, on ne savait plus comment se comporter. Ainsi au cours de l'hiver 1969, à l'occasion de la soirée d'anniversaire de Philice Jordan, le carton spécifiait-il : «Tenues marrantes».

Compliquant le jeu social et vestimentaire, on donna au vêtement une signification politique, de sorte qu'on était censé afficher ses opinions en même temps que ses vêtements. A l'époque du maxi, on put lire cette déclaration de François-Régis Bastide dans *Vogue* en mars 1970 : «Je trouve choquant qu'une femme de droite se mette en jupe longue ; ou alors, qu'elle change d'idées politiques ! C'est une mode de gauche : Moscou en octobre 1917.»

Les couturiers s'adaptèrent à cette évolution, les uns proposèrent pour le cocktail des tenues de plus en plus courtes, d'autres, comme Yves Saint Laurent, se tournèrent vers l'exotisme, tandis que Balenciaga fermait sa maison. Avec lui disparaissait une certaine idée de la femme.

---

137 Emanuel Ungaro
    Ensemble
    1965

Lainage, ceinture en cuir. Robe à minijupe légèrement trapèze. Haut en lainage blanc, jupe en lainage jaune rayé blanc. Veste jaune rayé blanc, fermée par des boutons pressions, ornée de huit boutons. Petit col officier. Sur chaque épaule et au bas de la manche, patte en lainage blanc retenue par un bouton.

GRIFFE : Emanuel Ungaro ; 6 *bis*, avenue Mac-Mahon, Paris, n° 555. 4. 65.

Prêt Maison Ungaro.

138 Guy Laroche
    Robe de cocktail
    1965

Tissus lourds en polyacrylique blanc et marine. Robe courte, légèrement évasée, sans manches, ras du cou ; fermeture Eclair dans le dos, incrustation bleu marine dessinant un motif abstrait devant et dans le dos.

GRIFFE : Guy Laroche Paris, made in France, n° 5239.

Don Alice Lobel. Inv. 87. 129. 11.

139 Pierre Cardin
    «Cible», robe
    1966

Tissu multiple étoffe en polyester blanc, orange, jaune, rouge. Tissu Max. Robe droite, courte, à petit col officier, sans manches. Cible de trois couleurs devant et se prolongeant dans le dos. Fermeture Eclair dissimulée dans le dos.

Reproduite dans *Elle*, 3 mars 1966.

On notera l'influence de l'*optical art* sur cette tenue présentée par un des mannequins préférés de Pierre Cardin, Hiroko.

GRIFFE : Pierre Cardin Paris, made in France.

Don Pierre Cardin, 1977. Inv. 77. 54. 4.

140 Pierre Cardin
    Fourreau
    Collection automne-hiver 1966-1967

Paillettes multicolores recouvrant dans la partie supérieure un crêpe double-étoffe en gros de Tours lié de soie vert pomme et dans la partie inférieure un lamé or (double-étoffe façonné imprimé tramé Lurex). Satin de Brossin de Mère, brodé par Jean-Guy Vermont. Long fourreau fendu légèrement en bas, avec patte partant du dos passant devant le cou et venant s'attacher dans le dos. Décor abstrait fait de paillettes, posé en zones de coloris très vifs : rose, orange, vert, noir. Reproduit dans *l'Officiel* en septembre 1960.

GRIFFE : Pierre Cardin, Paris.

Don Rothschild 1973. Inv. 73. 34. 4.

141 Yves Saint Laurent
Smoking du soir
Collection automne-hiver 1966-1967
Grain de poudre noir, satin noir. Blouse de batiste blanche. Plastron à volants.
Musée Yves Saint Laurent.

142 Yves Saint Laurent
«Mondrian», robe de cocktail
1966
Crêpe de Chine double-face blanc et noir. Soie. Tissu de Bianchini-Ferrier. Robe droite, blanche, ras-du-cou, manches longues, fermeture Eclair dissimulée dans le dos ; empiècement, poignets et bande dans le bas de la robe noirs. Cette robe appartient à la série des robes «Mondrian», apparues lors de la collection automne-hiver 1965-1966. Les robes colorées inspirées de «Boogie-Woogie» et de «Fox-Trot» sont particulièrement célèbres. Ici, dans cette version soir, où le noir retrouve sa signification d'élégance, Yves Saint Laurent a repris les principes du néoplasticisme parus dans la revue *Vouloir* en 1926 : «La composition elle-même devient l'expression plastique, l'image.» Le couturier n'a donc pas copié une des œuvres du peintre mais en a repris l'esprit. Il en a réalisé une série sur le thème du noir et blanc. Reproduite dans *Marie-Claire*, septembre 1965.
GRIFFE : Yves Saint Laurent Paris, made in France, n° 10423.
Don Deutchmeister 1989. Inv. 89. 59.

143 Cristobal Balenciaga
Robe et cape du soir
Collection printemps-été 1967, n° 69.
Gazar bleu vif d'Abraham. Robe sans manches, encolure entonnoir, jupe en forme courte devant, plongeant derrière. Cape de même mouvement. Mannequin Mara. Atelier Suzanne.
Don Ellacuria aux Archives Balenciaga, Paris.

144 Yves Saint Laurent
Robe du soir
Collection automne-hiver 1968-1969.
Mousseline noire, plumes d'autruche. Robe du soir à manches longues, ras-du-cou, entièrement transparente, recouverte d'une couronne de plumes d'autruche autour du bassin. Serpent d'or à la taille.
Musée Yves Saint Laurent.

145 Christian Dior
Robe d'hôtesse
Créée par Marc Bohan
Collection printemps-été 1968
Organdi de coton blanc. Broderie de fils de métal rouge, jaune, vert, de paillettes de pierre, de perles et de plaquettes découpées de mêmes couleurs. Fond de jupe blanc en organdi reposant sur du crêpe double-étoffe en gros de Tours lié, en soie.
Bolduc : printemps-été 1968, n° 111.
Don Maison Christian Dior 1971.
Inv. 71. 44. 3.

146 André Courrèges
Robe
Collection printemps-été 1969
Organdi et plumes de cygne. Robe très courte, décolletée, sans manches avec deux grosses ouvertures rondes, l'une à la hauteur de l'estomac, l'autre à celle du nombril. Décor de pastilles jaunes sur toute la robe ; quelques-unes sont détachées. Sur les épaules et en bas de la robe, pastilles ornées de plumes de cygne jaunes. Perruque jaune assortie.
Cette robe fut portée par un mannequin noir lors du défilé.
GRIFFE : Courrèges Paris, made in France, n° 34.
Don Courrèges 1971. Inv. 71. 36. 4.

147 André Courrèges
Ensemble du soir
1969
Robe et cape en tissu multiple, étoffe à endroit satin en coton blanc. Corsage en organza. Fourreau long à bretelles. Corsage à petites manches kimono, décolleté bateau, brodé de fleurs turquoise dont certaines détachées du fond, légèrement froncé dans le bas. Cape longue à empiècement. Cet ensemble appartient à la veine romantique de Courrèges.
GRIFFE : Courrèges Paris, prototype, made in France, n° 1586.
Don A. Giscard d'Estaing 1981. Inv. 81. 76. 3.

148 Paco Rabanne
Robe-short
Collection automne-hiver 1969-1970
Métal argenté et bleuté, plastique noir. Robe au bustier arrondi maintenu par des bretelles de métal. Décoration en bandes verticales, alternées de métal et de plastique.
GRIFFE : Paco Rabanne, made in France.
Don Maison Paco Rabanne 1990.

1990

1975

Luxe,
liberté et tradition,
le triomphe du look

C'est entre 1973 et 1975 qu'on retrouva, le soir, des tenues sophistiquées, mais ce renversement de situation ne fut pas pour autant un simple retour à la tradition. Luxe et liberté, tels furent les deux pôles autour desquels a tourné pendant quinze ans l'histoire de la mode. Dans ce nouveau contexte se développa la notion de look, qui perdit progressivement de son importance à partir de 1988.

En 1975, l'anarchie vestimentaire qui était encore de règle deux ans plus tôt disparut. Dans un premier temps, on rechercha moins l'élégance qu'une certaine harmonie, moins à bannir les excès que les incohérences : une tenue strictement sportive n'avait plus sa place, par exemple, dans un cocktail.

Cette volonté de changement fut clairement formulée, dès 1974, par Régine, reine de la nuit, fameuse propriétaire d'un des cabarets les plus célèbres de Paris, le New Jimmy's. Elle exigea que les femmes qui se rendaient dans son night-club fussent *overdressed*, superbement vêtues. «Original, lumineux, classique», telle était la nouvelle consigne, au demeurant peu claire. On demandait tout simplement aux femmes d'être habillées. Mais, à cette époque, le terme avait une connotation si bourgeoise qu'on ne se serait pas risqué à l'employer, de peur de paraître rétrograde.

Cette évolution se manifesta différemment selon les milieux. Pour la jet set society, les personnalités du monde du spectacle et de la mode, pour tous ceux, en somme, qui font la mode, elle fut très rapide ; en revanche, pour l'ensemble de la société française, elle fut beaucoup plus lente et ne se manifesta réellement qu'avec la nouvelle décennie. Ainsi voyait-on encore quelques blue-jeans aux soirées des abonnés de l'Opéra de Paris en 1975, qu'on ne trouvait plus cinq ans après.

Déjà depuis quelques années on ressentait une lassitude certaine à l'égard des excès vestimentaires ; aussi ce répit fut-il accueilli avec satisfaction, au moment où commençait à se manifester un certain désintérêt pour le vêtement : on achetait moins.

La mode est à la mode

Deux phénomènes nouveaux facilitèrent le retour à l'élégance : la fascination exercée par la mode entraîna un nouvel enthousiasme du public et la reconnaissance de son importance économique, sociale et esthétique. On apprécia que la haute couture et ses activités périphériques fussent à l'origine de l'entrée en France de devises étrangères. Bientôt, on se mit à honorer les couturiers, qu'on assimila définitivement à de grands artistes, tandis qu'on faisait de la haute couture un des champs du patrimoine culturel. Quelques événements soulignèrent cette évolution : en 1985, couturiers et créateurs étaient reçus en grande pompe à l'Elysée et, en 1986, était créé à Paris un second musée consacré à la mode.

D'un autre côté, à la fois pour conforter sa propre image et pour exploiter ses produits, le monde de la mode ordonna un très grand nombre de réceptions. On compta plus les fêtes destinées à lancer des parfums, à faire connaître une ligne de bijoux, à inaugurer des boutiques de luxe. Le Dé d'Or, remis deux fois par an aux couturiers, à l'Hôtel de Ville de Paris en hiver, puis au musée de la Mode et du Costume en été, fut fondé pour célébrer la couture. Les défilés de mode devinrent des événements mondains très courus, tels le défilé de la maison Chanel au théâtre des Champs-Elysées en 1988, le show des trois cent cinquante modèles de Thierry Mugler, applaudi par six mille personnes au Zénith en mars 1984, ou encore les défilés de Jean-Paul Gaultier à La Villette.

Le goût du spectacle, cette théâtralisation sociale et culturelle, fut d'autant plus forte que nombre de ces cérémonies se déroulaient dans des édifices exceptionnels. Théâtres et musées devinrent les lieux de prédilection des organisateurs. L'Opéra, en particulier, fut retenu plusieurs fois : en 1981, la maison Yves Saint Laurent y lança son parfum Kouros ; l'année suivante, Gianni Versace fit de même ; en 1984, c'était le tour de la maison Chanel avec son parfum Coco. C'est encore à l'Opéra et non plus dans les salles des Champs-Elysées qu'on donna les soirées de gala à l'occasion des sorties de films. Si le monde de la mode donnait le ton, on vit par ailleurs de plus en plus de fêtes et de réceptions se dérouler dans des restaurants célèbres, comme Maxim's, Le Carpaccio du Royal Monceau, Laurent, ou encore dans des clubs privés. Ainsi, en 1974, Bernard et Maryll Lanvin donnèrent une grande fête au New Jimmy's. En 1984, on célébra les vingt-cinq ans de présence de Marc Bohan chez Dior par un grand dîner chez Castel et les quatre-vingt onze ans d'Erté chez Maxim's. Comment les invités auraient-ils pu oublier la somptuosité du décor de tous ces lieux célèbres ?

Ce faste vestimentaire ne fut pas un strict retour aux règles du code social traditionnel. Sans doute les couturiers renouèrent-ils, dans l'ensemble, avec la tradition – robes courtes pour les petits soirs, robes longues et luxueuses pour les galas et les grandes soirées. Mais combien d'exceptions ne relèverait-on pas ? Les femmes réagirent comme bon leur sembla. Non seulement la liberté face au code social et vestimentaire restait

acquise, mais il fut de bon ton de la cultiver ; ainsi triomphait l'individualité. «Il n'y a plus de diktat, disait Sonia Rykiel, la mode, ça n'existe plus. On ne peut plus ordonner aux femmes de s'habiller en court, en long, en hiver, en été» (*Vogue*, février 1977), tandis que Pierre Bergé ajoutait en 1980 : «Aujourd'hui, chacun fait sa mode.»

Cette hésitation, on la ressentit encore quand, à l'ouverture du Palace, en mai 1978, les deux mille invités reçurent un carton ainsi libellé : «Smoking, robe longue ou comme il vous plaira.» D'ailleurs *Vogue* remarquait en septembre 1978 que l'inscription «black tie» signifiait bien souvent robe courte.

Cette liberté se manifesta de deux manières ; d'un côté on continua à ne plus accorder d'importance au vocabulaire spécifique attaché aux vêtements du soir, mais de l'autre on n'oublia pas sa signification. On ne rejetait pas le code social, on en jouait. On comprit alors qu'il était impossible d'imposer des images stéréotypées aux femmes. C'était à elles de choisir ce qu'elles voulaient être ou paraître.

De toutes ces caractéristiques, la longueur resta le jouet de la mode ; suivant les saisons, on allongea ou on raccourcit.

Les nouvelles habitudes apparues progressivement à partir de 1975 étaient en réalité très nuancées. Le court fut admis partout, du petit au grand soir ; il fut d'ailleurs à la mode en particulier en 1978, en 1980, en 1987, en 1990, tandis que le long eut beaucoup de succès en 1985. Cependant, pour ne pas sombrer dans le ridicule, il était plutôt recommandé aux femmes qui portaient court d'avoir des jambes parfaites... Quant au long, il n'eut pas sa place partout, ce fut encore une fois l'association de différents critères qui plaçait une tenue dans une catégorie plutôt que dans une autre. Une tenue longue, de coupe sportive, taillée dans un tissu sobre, était de mise le jour, la même, en lamé, devenait robe du soir ; nuances d'autant plus subtiles qu'il fut de bon ton de prendre le contrepied de ce qui se faisait habituellement. «Le monde à l'envers est un concept de notre époque», déclarait Karl Lagerfeld en 1984, peu après son arrivée chez Chanel. En réalité, on put s'apercevoir qu'on n'avait pas écarté définitivement le code traditionnel, bien des remarques et des propositions prouvaient le contraire. Ainsi, pour Pierre Cardin en 1980, le court était-il considéré comme très pratique : «On peut improviser avec lui», déclarait-il à *Vogue* en mars 1980. «Avec une robe longue, ajoutait-il, il faut dîner dans un grand restaurant, avec une courte on va au bistrot.»

Liberté et tradition faisaient bon ménage.

Jean-Louis Scherrer,
«Bal vénitien», haute couture,
automne-hiver 1984-1985,
photographie Gunnar Larsen.

Jean-Louis Scherrer,
ensembles florentins haute couture,
automne-hiver 1980-1981,
photographie Marc Hispard.

Yves Saint Laurent Rive Gauche,
ensemble du soir à caractère exotique,
1979, *Vogue*.

Christian Lacroix,
«Feria», robe du soir,
collection automne-hiver 1987-1988.

Philippe Venet,
robe courte et son mantelet, haute couture,
automne-hiver 1989-1990, *Vogue*.

Pierre Cardin,
robe du soir courte en crêpe de Chine,
collection printemps-été 1990.

Le look
ou l'art d'être multiple

C'est à partir de 1976 que les magazines de mode conseillèrent aux femmes de ne plus se cantonner dans l'image habituelle qu'elles donnaient d'elles-mêmes mais d'offrir des looks aussi différents que possible. Ce terme américain prit donc une signification tout autre que celle qu'en avait donné Diana Vreeland dans son ouvrage *Allure*, paru en 1980.

Cela commença donc par un jeu, jeu qu'on ne voyait que le soir puisque la femme moderne était active le jour et adoptait alors un comportement proche de celui des hommes. Dès septembre 1976, *Vogue* notait : «On s'invente une allure selon l'humeur du moment, et on recommence avec d'autres pièces de vêtement, un autre maquillage. Il faut s'inventer sans cesse.» En novembre, le magazine revenait à la charge : «Osez paraître, osez briller. C'est le nouveau jeu à la mode... Vous êtes les reines de la nuit, les stars qu'on espère. Comme au cinéma, soyez une héroïne le soir. N'ayez pas peur de vous amuser, d'inventer, exagérez vos coiffures, ornez-les, changez-les.» *Elle* décrivait de son côté, en avril 1976, Loulou de La Falaise, assistante d'Yves Saint Laurent, comme le prototype de la femme à facettes multiples, passant du vêtement classique le jour aux déguisements les plus extravagants le soir.

Deux ans plus tard, *Vogue* conseillait toujours : «Pour une beauté d'un soir, osez être une autre. Devenez turque, sultane. Osez la crinoline, mais changez votre image. La beauté d'un soir est folle.»

Ainsi pour s'étonner soi-même et étonner les autres fallait-il oser, encore et toujours. «Si vous y allez avec des accessoires fous, un maquillage nouveau, une coiffure inhabituelle, la surprise sera contagieuse... Choisissez une ligne, une époque, une peinture et devenez une héroïne de roman, un personnage célèbre, le contraire de ce que vous êtes d'habitude : une robe en dentelle avec des chaussons de danse», proposait *Vogue* en décembre-janvier 1977-1978. En avril 1980, le discours restait le même : la mode invitait les femmes à changer leur personnalité plusieurs fois par jour.

Cette frénésie de changement cachait un retour à une vision traditionnelle de la femme séductrice et changeante. Néanmoins, c'est avec une certaine distance que les magazines présentèrent les nouveautés, insistant, comme ils le faisaient depuis déjà une dizaine d'années, sur l'humour avec lequel il fallait suivre la mode.

Le phénomène du look déclencha une production vestimentaire où l'imaginaire et le passé eurent une grande place. Le temps n'existait plus, l'éternel féminin régnait. On en trouva encore l'écho dans le prêt-à-porter quand, en 1985, Bernard Perris créa la femme à surprises : «Insolite et mutine le jour, fascinante et vamp le soir, portant le luxe avec jeunesse», telle était sa publicité.

Ce qui avait commencé par un jeu devint bientôt une réalité, on reconnut à la femme le droit d'être duelle : active le jour, féminine le soir. On le pensait depuis longtemps, comme en témoigne cette déclaration assez inattendue de Courrèges en 1972 : «La femme a besoin d'accomplir son devoir le plus important, son rôle de femme. Un rôle plein de féminité, de charme timide et fragile. C'est au contact d'un homme qu'elle se réalise pleinement.»

Il fallut attendre 1976 pour que le vêtement manifeste ce changement. Les premiers couturiers à le faire furent Yves Saint Laurent et Pierre Cardin. C'est par l'intermédiaire d'un vêtement traditionnel, la tunique, que s'exprima Saint Laurent : «C'est un vêtement vrai, qui n'a pas d'époque.» De son côté, Pierre Cardin proposait une formule ancienne, la ligne entravée, qui «donne à la femme une allure différente ; on n'a pas besoin de courir, le soir», précisait-il alors. Le procédé fut repris ensuite par de nombreux couturiers – Nina Ricci en 1983, Givenchy en 1984 – et par certains jeunes créateurs. Mais ce fut encore par le développement du «sexy», réactualisation de ce fameux lien entre costume et érotisme, que la femme s'afficha comme telle.

Le sexy évolua en intégrant quatre caractéristiques apparues plus tôt : le court, les ouvertures, la transparence et le vêtement moulant. Si le court fit partie du vocabulaire habituel de tous les couturiers et créateurs, on cessa de s'interroger sur sa décence ; il n'en conservait pas moins un caractère érotique. Les ouvertures se firent originales, en particulier avec les jeunes créateurs : fenêtres ouvertes sur les flancs, les cuisses... Les effets de transparence furent fréquents, mis à l'honneur par les couturiers et les créateurs, découvrant seins et jambes. Quant au vêtement moulant, il s'associa à la jupe courte et son succès fut si grand qu'il gagna les tenues de jour.

Les photographes de mode résumèrent le grand retour de l'érotisme avec des photographies de mannequins dans les poses les plus lascives.

La mode éclatée

La mode haute couture

Liberté vestimentaire et retour à la tradition furent favorisés par l'évolution de la haute couture et par les jeunes créateurs.

Ce furent des courants et non plus des silhouettes ou des lignes qui exprimèrent la mode. Deux grandes tendances, beaucoup plus fortes le soir que le jour, se manifestèrent à partir de 1975 : l'exotisme et l'historicisme. Cette attirance cachait probablement une certaine nostalgie et constituait une réponse à l'embarras suscité par la révolution vestimentaire des années soixante. Mais c'était aussi une échappatoire, un moyen d'éviter le retour à des formules trop classiques ; d'ailleurs *Vogue* écrivait en septembre 1976 : «Le folklore fait reculer le conformisme bourgeois.» Par ailleurs, l'exotisme fut encouragé directement par l'évolution de la clientèle. Ce furent les femmes fortunées des Emirats du golfe Persique qui permirent à la haute couture de surmonter la crise économique qu'elle traversait alors.

L'exotisme

C'est en 1976 que l'exotisme réapparut dans ses expressions les plus traditionnelles. On était loin des influences beaucoup plus rustiques, d'origine africaine, indienne ou latino-américaine, qui avaient marqué la mode au cours des années précédentes et dont le style hippie avait été une composante. Au contraire, les sources d'inspiration, hautes en couleur, riches, voire luxueuses, qui se développèrent à partir de 1976, eurent comme creuset, dans un premier temps, la Russie, puis la Chine en 1978. Les couturiers s'attachèrent à rendre la silhouette des femmes d'Europe de l'Est, avec la taille marquée, la jupe froncée accompagnée d'une petite veste ou d'un boléro. La couleur et les broderies eurent beaucoup de succès. Bientôt cet exotisme, par sa richesse même, son goût du précieux, prit un caractère orientaliste très luxueux, qui rompait avec les années précédentes.

Mise à la mode par Yves Saint Laurent en 1976, cette tendance connut son apogée en 1980. Tous les couturiers s'inspirèrent soit de tenues, soit de tissus orientaux. On vit des tuniques chez Saint Laurent, des pantalons de zouave chez Ted Lapidus, des robes inspirées de vêtements persans chez Emanuel Ungaro en 1982. L'exotisme connut un renouveau en 1985 quand Christian Lacroix, alors chez Patou, influencé à la fois par ses origines arlésiennes et le triomphe de la *Carmen* de Peter Brook en 1984 à Paris, proposa des Espagnoles. C'est aussi l'Espagne qui laissa sa marque sur les collections de Jean-Louis Scherrer au printemps 1987.

L'historicisme

Ce courant succéda en quelque sorte à l'exotisme. Cette fois, c'était vers l'histoire de la mode que se tournaient les couturiers.

Le goût du baroque, de la mise en scène, du spectaculaire conduisit couturiers et créateurs à reprendre un vocabulaire vestimentaire ancien ; la fin des XVIIIe et XIXe siècles, les années quarante et cinquante en fournirent les éléments essentiels. Comme au XIXe siècle, on s'attacha plus au détail qu'à l'ensemble et l'art des citations triompha. Ainsi en 1982 vit-on des manches gigot à la robe de mariée chez Chanel, des mitaines de dentelle chez Ungaro en 1983. A partir de 1985 se répandirent plissés, volants, manches gigot, gros nœuds. A l'automne 1987, Karl Lagerfeld pour Chanel et Marc Bohan pour Dior décorèrent leurs tenues de passementerie dorée. En 1988, crinolines, traînes furent de retour.

La création contemporaine

Tous les stylistes qui, depuis le début des années soixante, exerçaient un rôle important dans la mode quotidienne en réalisant le prêt-à-porter de grandes marques furent progressivement reconnus. Dans un premier temps, ils conquirent la possibilité de signer leurs modèles, qui n'apparaissaient plus seulement sous le nom de la marque. C'est ainsi que le public découvrit, entre autres, Karl Lagerfeld, qui travaillait pour Chloé.

Bientôt, répondant à la demande des consommateurs de plus en plus avides de nouveauté, les créateurs s'émancipèrent en créant leur propre griffe. Ainsi apportèrent-ils un sang neuf à la mode.

Pierre Cardin,
robe du soir courte en organza,
collection printemps-été 1990.

Chanel,
robe bustier drapée créée par Karl Lagerfeld,
haute couture, automne-hiver 1989-1990.

Emanuel Ungaro,
fourreau à quille en velours de Clément,
découpes en satin de Taroni, haute couture,
automne-hiver 1985-1986.

Ted Lapidus,
fourreau créé par Oliver Lapidus,
haute couture, automne-hiver 1989-1990,
cat n°158 MMC.

Givenchy,
robe du soir et son manteau,
haute couture, automne-hiver 1989-1990,
cat n°159.

Christian Lacroix,
«Jacobée», haute couture,
automne-hiver 1987-1988,
cat n°152.

Hanae Mori,
robe longue kimono
haute couture, automne-hiver 1988-1989,
cat n°154.

Christian Dior,
«Scala», robe du soir et son écharpe,
créées par Gianfranco Ferré, haute couture,
automne-hiver 1989-1990, cat n°157.

Pierre Balmain,
robe du soir,
collection printemps-été 1990,
cat n°160.

Yves Saint Laurent,
cape du soir ornée de plumes de Lemarié,
haute couture, printemps-été 1989, *l'Officiel*.

Typologie de la robe du soir

Grand soir

Pendant quinze ans, la femme élégante recourut à différentes formules : la robe de grand soir, la tenue moderniste et la toilette neutre. Mais on se définissait beaucoup plus par rapport à une esthétique que par rapport aux divers genres de soirées.

Portée à l'occasion des galas, des premières, des soirées d'ambassade, la robe de grand soir continua d'inspirer les couturiers. Cependant, pour des considérations à la fois sociales, économiques et même esthétiques, elle fut assez peu employée. Une femme coquette, ayant l'habitude de sortir souvent, ne pouvait se présenter plusieurs fois dans la même tenue devant des personnes qu'inévitablement elle retrouvait. D'ailleurs, elle n'avait pas toujours la possibilité de s'offrir des robes de grand prix – entre cent mille et huit cent mille francs. Enfin, en dépit de la multiplicité des courants qui ont régné sur la mode, les robes de grand soir ont souvent eu tant de présence, se sont imposées avec tant de force qu'elles ont constitué de véritables œuvres d'art. Aussi une femme pouvait-elle porter une de ces robes comme on exhibe une toile de maître. L'élégante devint le porte-enseigne d'une griffe. C'est dans ce contexte que s'est développé le phénomène du prêt par les maisons de couture de leurs plus belles robes aux personnalités du monde politique et du spectacle.

L'analyse stylistique de la production de haute couture contemporaine est difficile à mener à bien en raison de la diversité des «lignes», des courants, de la variété des tempéraments artistiques des couturiers. Elle présenta néanmoins quelques caractéristiques communes, non pas dans la forme ni dans la coupe, mais dans les tissus et les broderies. La haute couture semble devoir beaucoup à la personnalité de chaque couturier et, même si l'on manque encore du recul nécessaire pour en saisir toutes les nuances, c'est par cette approche qu'elle nous paraît la plus compréhensible. On pourrait appliquer cette analyse aux jeunes créateurs quoique le vocabulaire vestimentaire qu'ils ont développé soit différent de celui de la haute couture – de sorte qu'ils ont formé une catégorie assez homogène, qui justifie une approche différente.

Les couturiers ont d'abord été fidèles à eux-mêmes avant de l'être à la mode, dans ce qu'elle a de plus éphémère et de plus changeant. Leur production fut le résultat de leur propre cheminement et c'est sans conteste avec les robes du soir que cette caractéristique prit toute son importance. Depuis toujours, c'est bien là que les couturiers ont laissé s'exprimer leur sensibilité. Ainsi distingue-t-on trois grands types de tempéraments artistiques.

Il y a ceux qui, comme Pierre Cardin ou Paco Rabanne, ont conçu un style fort, original, à partir de principes ressentis profondément. «Je veux être comme Balenciaga, comme Schiaparelli, je veux être moi-même», a dit Pierre Cardin en 1980. Les détails qui font la mode sont devenus secondaires pour eux même si, pour des raisons strictement économiques, ils ont été intégrés dans leurs collections. La sanction économique reste bien sûr un risque. Les couturiers ont travaillé leurs propres thèmes, les ont repris, un peu comme Cézanne avec la montagne Sainte-Victoire, ayant toujours quelque chose à préciser, à revoir. Pour Paco Rabanne, ce fut le travail des volumes et des matières ; pour Pierre Cardin, celui des lignes et des volumes.

Les créateurs :
de l'œuvre d'art
à la dérision

Le tempérament opposé est parfaitement représenté par Yves Saint Laurent. Son extrême sensibilité à la vie contemporaine, aux nouveautés a constitué sa force. Mieux encore, il a toujours su pressentir les changements et les a traduits dans un langage classique qui lui a valu le succès. Ainsi a-t-il su créer ou renouveler des vêtements qui répondaient aux besoins réels des élégantes et qui, en même temps, les mettaient en valeur. La copie de ses modèles a été la consécration de son talent.

Le troisième courant regroupe des couturiers comme Hubert de Givenchy, Gérard Pipart pour Nina Ricci et Erik Mortensen pour Balmain. Eloignés de tout esprit de système, et de toute obsession des petites nouveautés vestimentaires, ils ont su, paradoxalement, tout en étant au cœur de la mode, s'en garder. Fidèles à une certaine conception de la couture, ils ont cultivé le goût de la perfection, perfection de la ligne, de la technique. En déclarant son admiration pour ses aînés, Jean-Charles de Castelbajac a parfaitement exprimé cette caractéristique : «Ce sont des gens que je respecte totalement pour cette notion de continuité. Cette façon d'établir que la mode n'est pas seulement la mode, mais quelque chose qui peut rester dans l'histoire» (la Mode en peinture, n° 3, 1983). En ce sens, ils se sont comportés en artistes classiques qui ont réactualisé la tradition, mais cette attitude ne les a pas empêchés d'être audacieux ou d'innover. Classiques, certes, mais pas académiques.

Les créateurs se sont imposés, quant à eux, par une vision opposée ou tout du moins différente. Pourtant, réunir par des caractéristiques communes l'ensemble de leur production n'est pas plus facile que pour leurs aînés, car ils ont adopté la même attitude en se posant en artistes. Ils sont parfois même allés plus loin, n'hésitant pas à changer de direction au fur et à mesure des années, brouillant ainsi les pistes. Néanmoins, on peut discerner dans leurs œuvres des tendances et un langage communs.

Rien n'est plus ambigu que leur attitude à l'égard du code social. Bien qu'ils aient manifesté un certain rejet du savoir-vivre traditionnel et de la robe du soir, bien rares sont ceux qui en fin de compte les ont dédaignés... Leur réponse a consisté, la plupart du temps, à développer au maximum leurs idées, créant ainsi des œuvres originales. Pour Jean-Charles de Castelbajac, au moment de sa période peinture, ce fut sa collaboration avec Combas, Blais, Loulou Picasso, qui peignaient ses robes ; pour Alaïa, une glorification du corps de la femme. Mais c'est certainement Jean-Paul Gaultier qui a été le plus fidèle à lui-même en entretenant de façon exemplaire la dérision à l'égard de la femme habillée ou chic – il proposa, entre autres, une robe du soir K Way. Comme l'a remarqué Patrick Mauriès, dans le défilé de 1983 «tout semblait aller en dépit du bon sens [...]. Les épaules des robes tombaient, les jupes allaient de travers, les garçons se promenaient braguette ouverte». Tout cela sous les yeux d'une fausse reine d'Angleterre, et avec cette précision : «Chacune de ces incongruités, en fait, a sa raison d'être : les vêtements mal portés sont la véritable réponse de Gaultier au goût naïf de la tenue et de la distinction rigide» (la Mode en peinture, n° 2, 1983). Plutôt que «naïf», nous dirions aujourd'hui «culturel», chacun des éléments de la toilette chic renvoyant à une culture non dite mais totalement intégrée : les manières de savoir vivre. Comme le rappelait de façon fort subtile Marylène Delbourg-Delphis, les créateurs ont, en s'orientant vers «un anti-porter qui n'est pas du tout un anti-vêtement», apporté une solution originale à cette question : comment être élégante sans faire habillée. C'était reconnaître, à contrario, la force du code social.

Le sexy, dont on a vu le développement progressif après 1975, a été porté à son paroxysme par de jeunes créateurs. Ils ont accumulé, de manière agressive, toutes les possibilités qui leur étaient offertes : décolleté, ouvertures, fermetures Eclair, minijupe, tissus moulants. C'est surtout au cours de ces dernières années que se sont développées des matières comme le stretch, les mailles élastiques, tant appréciées par Azzedine Alaïa. Ils détournèrent aussi le cuir de son usage habituel et sportif. Rien n'est plus érotique que cet ensemble d'Azzedine Alaïa pour les collections printemps-été 1982 : cuir noir à volant en dentelle de raphia, spencer en cuir sur gilet à dos nu en piqué de coton blanc.

Le bermuda, la gaine et la guêpière devinrent vêtements du soir chez Karl Lagerfeld et Chantal Thomass en 1980. Cette sensualité fut encore accentuée quand, au début des années quatre-vingt, on fit de la femme une panthère, un serpent, comme en témoigne le fourreau conçu par Thierry Mugler en 1983, en veau imprimé serpent.

Beaucoup plus que les couturiers, les créateurs ont été sensibles aux nouveautés de la vie quotidienne et de la culture contemporaine. Leurs œuvres ont fait écho aux graffitis du métro, aux clips de la télévision, aux bruits de la ville... Sans doute ne faut-il pas opposer trop brutalement le monde classique de la haute couture à celui de l'avant-garde ; les passages de l'un à l'autre sont fréquents – on connaît l'influence exercée sur la sensibilité de Thierry Mugler par les sculptures de la cathédrale de Strasbourg. On n'oubliera pas non plus que Gérard Pipart, Karl Lagerfeld, Claude Montana, pour ne citer qu'eux, appartenaient au prêt-à-porter avant d'entrer dans les célèbres maisons de couture.

C'est souvent de manière agressive que les créateurs ont exprimé le côté vivant, actuel et parfois même populaire de notre culture, en mêlant matières, formes, couleurs. «Rendre nobles et riches des matières pauvres, leur donner l'apparence du luxe», aime dire Azzedine Alaïa, qui emploie le jersey d'acétate, le lycra. Immergés dans l'actualité, les créateurs n'en ont pas moins été attirés par l'intemporel. «Il était une fois...» ouvrait les défilés de Thierry Mugler avec des mannequins, héroïnes de conte de fées, vêtues de robes du soir couleur du temps. «Replongeons-nous dans le naturel», répétait à l'envi Jean-Charles de Castelbajac, tandis qu'Anne-Marie Beretta cultivait la veine onirique. Dans ce jeu de la mode, il s'est agi pour certains de trouver une alternative à l'historicisme ambiant ; Thierry Mugler ne déclarait-il pas qu'il était «à la recherche d'un baroque actuel, d'une fantaisie dénuée de nostalgie et de folklore».

Mieux encore, les créateurs ont eu envie, et c'est surtout au cours de ces deux dernières années que le phénomène s'est accentué, de créer des tenues indémodables, destinées à traverser le temps. N'était-ce pas déjà ce que faisait depuis longtemps Jean-Charles de Castelbajac, pour ne citer que lui, avec ses œuvres-peintures, son goût du destructuré, dont il donnait la définition suivante : «Cela veut dire intemporel et cela veut dire confort, c'est-à-dire quelque chose qui n'a pas d'âge» (la Mode en peinture, n° 2, 1983). Mais, en voulant s'inscrire dans le temps, les créateurs ne devront-ils pas renoncer à une part de leur originalité et de leur agressivité ?

La mode n'avait pas encore tout dit. C'est dans le domaine formel que les inventions furent les plus nombreuses. Les associations inédites, quelque peu agressives, ont été magistralement exploitées par Claude Montana. On notera son pantalon à effets multiples (collection printemps-été 1985), sa fameuse robe bleue décolletée à bretelles, avec deux grosses poches soulignant les hanches et terminée par un ourlet volanté de tulle, rebrodé de strass. La femme selon Montana fut un peu lointaine dans ces tenues à découpes, à la construction fortement soulignée, où règne souvent l'asymétrie.

Thierry Mugler,
robe du soir, les seins d'or massif,
collection printemps-été 1986, cat n°162.

Claude Montana,
ensemble du soir, printemps-été 1990,
cat n°165.

Anne-Marie Beretta,
«Mystique Madrapour», ensemble du soir,
1980, cat n°163.

Thierry Mugler,
«Madame Satan»,
robe fourreau transformable en crêpe noir tricolore,
collection automne-hiver 1988-1989.

Pierre Balmain,
robe bustier en velours noir rebrodé de satin blanc,
de satin bleu et de tubes en or,
créée par Erik Mortensen,
collection automne-hiver 1988.

Pierre Balmain,
robe bustier en gaze noire rebrodée de raphia,
avec applications de pivoines rouges,
créée par Erik Mortensen
collection printemps-été 1989.

La tenue neutre accessoirisée

La petite robe noire

Depuis des années, la tenue neutre a été la réponse la plus fréquemment retenue par les femmes face aux exigences de la vie sociale, cocktails, petits dîners, petites soirées. Facilement transformable, dans bien des cas elle était devenue, tout en restant modeste, le moyen de faire face à des réceptions plus élégantes. Utilisable pendant plusieurs saisons, elle a pu correspondre aussi bien aux besoins du plus grand nombre qu'à un certain type de sensibilité féminine : pour diverses raisons, tant économiques que psychologiques, bien des femmes aiment la discrétion.

La simplicité et la modestie caractérisaient cette tenue, mais comme elle n'en était pas moins chic, elle exigeait une coupe, un tissu de grande qualité.

Elle correspondait à divers types de vêtement, aussi bien le tailleur ou le smoking que la petite robe noire. Le tailleur est resté un des modèles de la maison Chanel, même si Karl Lagerfeld l'a renouvelé avec bonheur, faisant disparaître ses caractéristiques trop 1960 ; le smoking, celui de la maison Yves Saint Laurent. Les créateurs n'ont pas été insensibles à ces éternels, mais leur traitement en fut plus avant-gardiste. Ainsi a-t-on vu des tailleurs du soir très épaulés, inspirés des ballets russes, chez Claude Montana en 1979.

Un peu comme sous le Second Empire, ces ensembles présentaient l'avantage de se dépareiller, ce qui permettait des combinaisons différentes. C'est Azzedine Alaïa qui soulignait en 1983 «l'esprit de la vie moderne ainsi que la façon avec laquelle une femme associe différents éléments pour se créer une personnalité propre. De nos jours, corps et beauté ne peuvent être dissociés de l'imagination» (Vogue, mars 1983). On maria la jupe d'un tailleur non plus à un chemisier de soie mais à un haut largement décolleté en Lurex ou pailleté. On pouvait aussi l'associer à une petite veste brodée, à un cardigan ou un tee-shirt qui faisait mode, cette fois entièrement pailleté... Dès septembre 1978, Courrèges ne disait-il pas : «Mes spencers peuvent même sortir le soir avec une jupe de faille matelassée» (Vogue, septembre 1978) ?

Des collections de haute couture à celles du prêt-à-porter, la petite robe noire a toujours été là. Triomphante dès 1974, elle fut housse, portée du matin au soir et transformée après dix-neuf heures par les accessoires. Elle fut exploitée au même moment par les couturiers, en crêpe, accompagnée de voilettes, de fourrures, de perles dans les défilés de l'automne-hiver 1974-1975. L'année suivante on la retrouva chez Philippe Venet, Lanvin... Chez Thierry Mugler, en 1985, elle était rebrodée de diamants fantaisie ; Claude Montana, un an plus tôt, la voyait étroite et destinée aussi bien au jour qu'au soir. Succès foudroyant à nouveau aux collections de prêt-à-porter en mars 1990, chez Christian Dior et chez Christian Lacroix.

Sa neutralité ne lui donnait-elle pas de multiples qualités, du chic, valeur en hausse au cours de ces dernières années, et du style, celui que donne toujours l'uniforme ? Bien des stylistes l'ont cultivée, Chantal Thomass avec un caractère érotique, ou Sonia Rykiel. Elle qui «ne voulait pas d'horaires, de calculs, de vêtements pour un lieu ou pour un temps»[1] a fait triompher l'individualité au moyen de la robe noire ; comme beaucoup de femmes stylistes, cette dernière a conçu ses vêtements à partir de ses propres désirs et besoins. Ce goût du noir lui a été reproché, pourtant, comme le soulignait Madeleine Chapsal, «elle en a fait son emblème»[2]. Elle exalta le noir en y ajoutant une autre couleur, un rose, un bleu ou même un gris. En 1984, on comptait trente-trois versions de cette tenue pour le dîner et le théâtre, en particulier une robe-fourreau et sa grande écharpe qui résumait sa conception de la femme plus encore que de la robe ; elle était «serrée et, par-dessus, le pan flottant se place comme on veut. C'est l'illustration de la femme double, l'une grande et vigoureuse, linéaire, l'autre qui se balade et qui flotte».[3]

Les accessoires

Le goût du luxe qui s'est épanoui progressivement au cours des années quatre-vingt a entraîné la multiplication de beaux accessoires qu'on ne voyait plus guère. Fantaisie, broderie, formes baroques, associations insolites, esprit surréaliste ont laissé leur marque sur les sacs, les chaussures, les chapeaux, les bijoux et les gants. Humour et fantaisie ont caractérisé les petits sacs brocés conçus par Gérard Trémolet pour Lesage, tout comme la pochette éventail de Black Glama pour Karl Lagerfeld en 1987. L'ornementation de la chaussure, sur laquelle on a senti poindre l'influence du grand Roger Vivier, devint aussi originale qu'inattendue. Ce fut le talon tour Eiffel, cher à Azzedine Alaïa, qui «donne à la Parisienne, dit-il, une silhouette d'une sensualité parfaite» (*Vogue*, mars 1983) ; Charles Kamer proposait un talon coquillage métallisé pour des escarpins en ottoman.

Quant aux chapeaux, ils ont effectué un retour en force à partir de 1985, même si les réalisations de Jean Barthet ont prouvé qu'ils avaient gardé des adeptes. Chanel, Christian Lacroix, Hanae Mori et bien d'autres ont su utiliser les travaux de modistes comme Jean-Charles Brosseau, Philippe Model, Marie Mercié.

Clinquants avec leurs réminiscences antiques (Ilias Lalaounis et Arthus Bertrand), mérovingiens avec les grandes croix employées par Christian Lacroix, les bijoux – énormes, lourds colliers, larges bracelets, longs pendants d'oreille – ont accompagné systématiquement les collections de haute couture et de prêt-à-porter. Les bijoux de moindre prix, lancés par les grands joailliers, Boucheron, Cartier, Van Cleef & Arpels, et les bijoux fantaisie réalisés en matière synthétique se sont également partagé les faveurs du public : boucles d'oreille en résine métallisée vendues à la Compagnie des comptoirs de la banquise ou encore en cristal acrylique avec son attache en bronze doré.

Plus que jamais indispensables, c'est bien aux accessoires qu'il revint de modifier une simple tenue pour en faire un vêtement de rêve.

[1] Sonia Rykiel, *Et je la voudrais nue*, p. 19.

[2] Cixous, Chapsal, etc., *Sonia Rykiel*, p. 20.

[3] *Vogue*, mai 1983.

Sonia Rykiel,
robe du soir, 1984,
cat n°161 MMC.

Chanel,
robe du soir,
créée par Karl Lagerfeld,
collection printemps-été 1988,
cat n°155.

Nina Ricci,
robe du soir et son manteau,
créés par Gérard Pipart,
collection automne-hiver 1987-1988,
cat n°153.

149 Yves Saint Laurent
Ensemble du soir

Haute couture automne-hiver 1976-1977

Boléro de velours émeraude, bordé de martre zibeline, jupe d'ottoman bleu de Prusse. Blouse de mousseline canard et or. Turban doré.

Musée Yves Saint Laurent.

150 Jean-Louis Scherrer
«Bal vénitien»,
ensemble du soir

Collection automne-hiver 1984

Crêpe de soie, lamé or, broderies de perles par Lesage. Veste formant basque devant et dans le dos, fermée devant par neuf boutons, à manches pagode longues, doublées de lamé or. Veste entièrement brodée de perles de toutes les couleurs à motifs de palmette persane. Franges de perles aux poignets et en bas. Jupe-culotte en lamé or sur fond brun, froncée à la taille.

Accessoires : ceinture en passementerie ornée de cinq cabochons ; babouches dorées ; turban lamé à décor violet avec plaque de strass.

GRIFFE : Jean-Louis Scherrer, Paris n° 78.

Prêt Maison Scherrer.

151 Carven
Robe du soir

Haute couture automne-hiver 1986

Ottoman de soie rouge ; devant entièrement brodé de fil d'or et de perles.

Robe avec traîne, ceinture formant pouf, manches longues plissées montant très largement au dessus des épaules.

Sans griffe mais avec n° 84 bis.

Ce modèle historicisant a été conçu pour le lancement du parfum de la Maison Carven : *Intrigue*.

Prêt Maison Carven.

152 Christian Lacroix
«Jacobée»,
ensemble du soir

Collection automne-hiver 1987-1988

Veste courte, blanche, entièrement brodée d'or et de fleurs rouges par Lesage.

Grande jupe de moire fuchsia, ornée de passementerie de chenille saumon et rouge.

Prêt Maison Christian Lacroix.

153 Nina Ricci
Robe du soir et son manteau
Créés par Gérard Pipart

Collection automne-hiver 1987-1988

Taffetas de soie glacé, imprimé (corsage), barré (manteau et jupe) et uni (ceinture, garniture de la jupe et fond de jupe).

Robe constituée d'une jupe, d'un corsage, d'une large ceinture.

Corsage à décolleté droit et empiècement en pointe surpiqué. Manches longues plissées, poignets surpiqués fermés par un bouton-bijou. Corsage froncé.

Jupe à tout petits plis, ornée de deux étages de six rangs de volants. Ceinture rouge plissée, à très gros nœud et à deux pans ornés de volants plissés.

Manteau long, à manches longues et à large volant descendant des hanches au sol. Séries de volants à l'encolure et aux poignets. L'influence du Second Empire se manifeste aussi bien dans la forme que dans le tissu. Au XIXe siècle, cependant, les tissus écossais étaient employés essentiellement le jour. Une tenue très proche est reproduite dans *l'Année de la mode*, de Laurence Benaïm, 1988, p. 57.

GRIFFE : Nina Ricci.

Don Nina Ricci 1989. Inv. 89. 1. 52.

154 Hanae Mori
Robe longue kimono

Collection automne-hiver 1988

Soie crème, plumes. Peinture sur soie. Robe constituée de trois panneaux rectangulaires de soie répétant le même décor : des faisans dans un paysage rocheux avec des papillons et des pivoines en camaïeu blanc, gris, beige. Encadrement noir. Col boule fait de plumes blanches, noires et blanches ainsi que dorées. Ce kimono s'inspire des kakemonos japonais.

Accessoires : petit chapeau noir, boucles d'oreille faites d'une grosse perle.

GRIFFE : Hanae Mori Paris HM 47. 78 FW 79. Réf. 1986. Made in Japan.

Prêt Maison Hanae Mori.

155 Chanel
Robe du soir
Créée par Karl Lagerfeld

Collection printemps-été 1988

Tulle en synthétique (polyamide 6, Perlon) noir, fleur en satin de soie rose et ruban en satin double-face noir, strass, perles et tubes argentés. Fourreau plongeant derrière, court devant ; bustier et bas de robe entièrement recouverts de pétales de tulle simulant des fleurs à cœur de strass ; du buste aux hanches, bandes verticales de perles et tubes. Une grosse rose orne le devant du bustier.

Accessoires : souliers à haut talon, pendants d'oreille, gants noirs en peau. Atelier Colette, robe 80.

Don Chanel 1989. Inv. 89. 5. 1.

156 Paco Rabanne
Robe du soir

Collection automne-hiver 1988-1989
Taffetas de soie rayé bordeaux, bleu canard, marron et gris, rebrodé de velours noir, paillettes et strass. Résille de plastique. Velours noir. Robe d'inspiration Renaissance, à col Médicis rebrodé, taille haute, descendant en fourreau devant, s'élargissant par plusieurs plis sur les côtés et formant traîne ; manches collantes en velours et, au-dessus, très larges manches. Tout en étant fidèle à son utilisation du métal et du plastique, Paco Rabanne s'est inspiré pour plusieurs collections de l'esthétique de la Renaissance.
GRIFFE : Paco Rabanne, made in France.
Don Maison Paco Rabanne 1990.

157 Christian Dior
«Scala», robe du soir
Créée par Gianfranco Ferré

Collection automne-hiver 1989-1990
Tulle, dentelle écrue et noire, strass, fleurs artificielles. Organza noir. Robe longue, cintrée à la taille, s'élargissant vers le bas en dentelle écrue ; bustier bordé de strass et d'une guirlande de fleurs. Jupon de tulle bordé de dentelle noire rebrodée. Longue étole en organza noir. Gants mi-longs.
Prêt Maison Christian Dior.

158 Ted Lapidus
Robe du soir
Créée par Olivier Lapidus

Collection automne-hiver 1989-1990
Pluntung blanc, crêpe marocain noir. Fourreau long s'évasant dans le bas ; bustier en cœur ; manches collantes fermées par huit petits boutons, évasées près des épaules et se prolongeant en corolle dans le dos.
GRIFFE : sans griffe n° 4502.
Don Maison Ted Lapidus 1990. Inv. 90. 2. 1.

159 Givenchy
Robe et manteau du soir

Collection automne-hiver 1989-1990, n° 91
Faille, impression chaîne bordeaux et rouge, tissu Bucol, broderie par Cecil Henri. Robe longue, bustier décolleté en cœur brodé. Jupe froncée à la taille. Grand manteau à manches longues.
Prêt Maison Givenchy.

160 Pierre Balmain
Robe du soir
Créée par Erik Mortensen

Collection printemps-été 1990
Taffetas de soie bleu nuit ; broderie de Vermont. Robe bustier décolletée jusqu'à la taille dans le dos, s'évasant largement. Boucles d'oreille en forme d'étoile en diamants, saphirs, jais.
GRIFFE : Pierre Balmain, n° 124.
Prêt Maison Balmain.

161 Sonia Rykiel
«Venise», robe du soir

Vers 1984
Taffetas noir et rose fuchsia, strass. Robe longue, à col officier, large nœud dans le dos à l'encolure. Manches longues fermées par deux boutons. L'une est montée à petites fronces ; l'autre, surmontée d'une rose noire, est ouverte sur le haut du bras, laissant voir un pan rose. A la hauteur du genou, deux volants superposés, noir et rose, relevés d'un côté et piqués d'une fleur. Ceinture avec «Venise-Rykiel» répété trois fois en strass. Voilette avec des roses noires. Loup avec strass. Gants à résille. Pendants d'oreille en verre taillé à facettes.
Don Sonia Rykiel, 1985. Inv. 85. 144. 1.

162 Thierry Mugler
Robe du soir

Collection été 1986
Lamé or. Robe fourreau de forme sirène. Thème : les seins d'or massif.
Prêt Thierry Mugler.

163 Anne-Marie Beretta
«Mystique Madrapour», Ensemble du soir

Collection printemps-été 1990, n° 72
Lamé or et tulle. Jupe mille-feuilles tombant en cascade devant. Bustier en éventail, lamé or. Nus-pieds en daim noir.
Prêt Anne-Marie Beretta.

164 Jean-Paul Gaultier
Ensemble du soir

Collection printemps-été 1990

Robe en polyamide, polyester et paillettes roses, fond de robe en soie, polyane, élasthanne.

Robe longue de forme cardigan portée sur un body ; collant, gants, bottines.

Don Défi 1990. Inv. 90. 87. 1.

165 Claude Montana
Ensemble du soir

Collection printemps-été 1990

Filet de soie et crêpe de soie marron.

Veste en filet de soie, à larges mailles, totalement transparente. Pantalon, large ceinture en cuivre rouge. Mules en veau velours marron.

Don Claude Montana 1990. Inv. 85. 2. 36.

166 Azzedine Alaïa
Robe longue

Collection été 1990

Rayonne stretch. Robe longue blanche décorée de bandes.

Présentée dans *Elle*, 26 février 1990.

Prêt Azzedine Alaïa.

De l'habit, du smoking

A la question : «Que portent les hommes, le soir, du Second Empire à nos jours ?», on serait tenté de répondre : «L'uniforme». Ces quelques notes sur le costume masculin du soir n'ont cependant nullement l'intention de traiter des différentes tenues réglementaires attribuées aux militaires ou aux fonctionnaires civils, mais de la tenue du soir portée par les Parisiens suffisamment fortunés pour se poser la question d'une tenue de soirée.

Pourtant, l'habit, le smoking ne relèvent-ils pas de l'uniforme[1] ? Ils ont, d'ailleurs, été souvent mentionnés comme étant l'uniforme de ceux qui n'en ont pas. Seule tenue, en effet, acceptée pendant longtemps à partir d'une certaine heure, elle obéit à des règles que codifient les différents manuels traitant de l'habillement masculin et qui ont toujours un caractère impératif – même si les impératifs varient suivant les époques. Leur seule véritable évolution consiste à s'adapter à la modification générale de la silhouette masculine.

Ce caractère d'uniforme de l'habit du soir tient peut-être aux circonstances dans lesquelles il est apparu au xixe siècle, avec l'abandon progressif de l'habit de cour comme couronnement de la garde-robe masculine, abandon résultant tout naturellement de la disparition d'une vie de cour dominant l'ensemble de la vie sociale et de l'avènement d'une vie mondaine bourgeoise. Sa définition très stricte peut aussi correspondre à la volonté de rivaliser avec les uniformes de fonctionnaires qui fleurissent tout au long du xixe siècle.

La première forme de l'habit du soir est l'habit noir, né en Angleterre[2] au début du xixe siècle. Adopté en France sous la Restauration, son port est obligatoire à partir de la monarchie de Juillet. Il est désormais la seule tenue admise le soir quelles que soient les circonstances : bal, dîner, théâtre... «L'habit est le seul vêtement avec lequel on puisse se présenter dans un salon, dans une soirée, à un dîner prié, dans toutes les circonstances enfin, où une réunion n'est pas l'effet du hasard... C'est en quelque sorte une forme de politesse.»[3]

Dès la fin du xviiie siècle, la mode masculine des deux côtés de la Manche se fait à Londres et la forme de l'habit apparaît en Angleterre, au début de ce siècle, comme une forme négligée de l'habit traditionnel, plus pratique pour monter à cheval, sous le nom de «frock». Cette forme d'habit, ajusté, coupé à la taille devant, est adopté en France entre 1770 et 1780 sous le nom de «frac»[4]. Elle connaît un grand succès pendant la Révolution et sous le Premier Empire. Devenue la coupe de l'habit de soirée, elle se retrouve encore sous la monarchie de Juillet dans des redingotes échancrées devant, à la taille, à deux rangées de boutons, appelées aussi frac, qui continuent à se porter sous le Second Empire. Il existe aussi des habits pour le jour, de forme exactement semblable à celle de l'habit de soirée et ne s'en distinguant que par des couleurs, des tissus et des accessoires. A partir de la fin du Second Empire, cette coupe est progressivement abandonnée pour l'habit de jour et l'habit du soir est alors appelé habit-frac puis frac sous la IIIe République. Sa forme et sa couleur qui

dès l'origine est le noir, contrastant avec une chemise blanche, lui valent d'autres surnoms : habit à queue de morue ou habit à queue de pie ou déguisement de pingouin.

Il faut cependant remarquer que l'habit noir lui-même, tel qu'il se porte le soir, ne devient que très tardivement une tenue presque exclusivement réservée au soir, même si fréquemment on trouve stigmatisé «l'usage de se présenter dans un bal vêtu du même habit avec lequel le matin peut-être on a été à l'enterrement»[5]. Jusqu'à la Seconde Guerre mondiale, il reçoit le nom de vêtement pour cérémonie et est porté dans la journée à des enterrements ou lors de cérémonies à caractère officiel. Après 1914, il n'apparaît plus guère le jour mais, dans les mariages, il reste la tenue du marié et même des invités, lors de certains grands mariages, jusque vers le milieu des années 1950. La jaquette qui le concurrence comme tenue de marié ne le supplante définitivement que depuis une trentaine d'années. En l'absence d'uniforme, malgré les tentatives infructueuses de Félix Faure – qui imposa le port du gilet blanc et osa porter des guêtres blanches avec son habit –, l'habit est aussi la tenue officielle des présidents de la République. Valéry Giscard d'Estaing, le premier, arriva à l'Elysée pour la passation des pouvoirs en tenue de ville et posa de même pour la photographie officielle. L'habit est encore de rigueur pour certains personnages de l'Etat dans l'exercice de leurs fonctions.

La thèse anglaise qui veut que l'apparition de l'habit noir soit lié à l'avènement du romantisme se retrouve chez Musset : «Qu'on ne s'y trompe pas : ce vêtement noir que portent les hommes de notre temps est un symbole terrible ; pour en venir là, il a fallu que les armures tombassent pièce à pièce et les broderies fleur à fleur. C'est la raison humaine qui a renversé toutes les illusions ; mais elle en porte elle-même le deuil, afin qu'on la console»[6] ou Baudelaire : «Et cependant n'a-t-il pas sa beauté et son charme indigène, cet habit tant victimé ? N'est-il pas l'habit nécessaire de notre époque souffrante et portant jusque sur ses épaules noires et maigres le symbole d'un deuil perpétuel ? Remarquez bien que l'habit noir et la redingote ont non seulement leur beauté politique, qui est l'expression de l'égalité universelle, mais encore leur beauté poétique, qui est l'expression de l'âme publique ; – une immense défilade de croque-morts, croque-morts politiques, croque-morts amoureux, croque-morts bourgeois. Nous célébrons tous quelque enterrement. Une livrée uniforme de désolation témoigne de l'égalité.»[7]

Jacques Boulenger, au début du xxe siècle, insiste encore sur le caractère dramatique de l'habit : «Le frac, lui, n'admet pas de ces fantaisies en quelque sorte anecdotiques... C'est une tragédie... Il faut l'avouer, d'ailleurs, cette simplicité est terrible.»[8]

Peut-être davantage qu'avec le romantisme, le règne de l'habit noir est à mettre en relation avec l'apparition d'une société dominée par la bourgeoisie ; il a été qualifié de «livrée du bal bourgeois»[9]. Et plus encore que de l'esprit d'économie de la bourgeoisie – un habit dure toute une vie, sinon plusieurs générations – , il témoigne d'une volonté de respectabilité, de sérieux face à la frivolité féminine et à la légèreté des hommes de l'Ancien Régime. Strict et cossu, il répond aussi parfaitement au désir de n'être ni excentrique ni commun et permet d'afficher l'appartenance à une classe, en écartant toute originalité personnelle. Il est le parfait reflet des règles de l'ensemble du vestiaire masculin dépeint par Baudelaire et sa couleur noire règne dès la Restauration sur l'ensemble de la garde-robe masculine. Tout le luxe du costume est réservé aux femmes, qui sont chargées par la somptuosité, l'originalité de leur tenue de témoigner de la réussite sociale et financière de leur mari. L'apparition de Renée au bal du ministère dans *la Curée*[10] est la parfaite illustration de cette théorie. Certains prétendent aussi que «l'habit noir [...] fait mieux ressortir les toilettes des dames»[11].

Les tentatives pour lutter contre la suprématie de l'habit noir, le soir, sont nombreuses. Elles viennent principalement des tailleurs, pour des raisons économiques qu'il est inutile de développer. Napoléon III leur apporte son appui quand, s'inspirant de Napoléon Ier, il tente de recréer une vie de cour pour les mêmes motifs politiques et économiques que son oncle et rétablit l'habit de cour. *Le Journal des tailleurs* le décrit ainsi : «Habit en velours d'une couleur quelconque [...]. La broderie est facultative, il est même de bon goût de n'en pas mettre [...]. La doublure entièrement en satin blanc se repliant en dessus, de façon à former tout autour un bord produisant l'effet d'un passe-poil blanc [...]. L'habit est coupé à la française, arrondi sur la poitrine ; dégagé dans le haut comme les habits officiels et avec un colet droit [...]. Les boutons dorés, modèle de fantaisie. Le pantalon ne se portera pas [...]. La culotte sera en casimir blanc [...]. Le chapeau claque est de même forme que le chapeau français ; seulement il s'aplatit et se porte sous le bras gauche. L'épée, droite, à poignée de fantaisie [...]. Les souliers sont à boucles dorées. Le jabot et les manchettes en dentelle complètent ce costume.»[12] En fait, seuls la couleur noire et l'habit, le plus souvent, de la forme de celui du frac semblent avoir été portés, comme en témoigne la princesse de Metternich dans ses mémoires : «Il fallait venir à la cour en toute occasion, même lorsqu'on n'était pas en uniforme, c'est-à-dire pour les réunions du soir, avec l'habit noir, la culotte courte et les bas de soie noirs.»[13] ou le *Portrait de Napoléon III* par Cabanel[14]. La seule véritable originalité du costume de cour réside dans le port de la culotte.

La «guerre de la culotte» dure d'ailleurs longtemps, bien que ce vêtement soit communément abandonné à partir de la Restauration même par l'aristocratie, qui est certainement son dernier bastion. Le mot de Robert de Montesquiou[15] enfant, «Pourquoi tante Léontine a-t-elle dit : "Maintenant que les hommes ne viennent plus au bal en culotte, on ne va pas savoir ce qu'ils pensent"?»[16], montre bien que le port de la culotte n'est plus qu'exceptionnel à partir de la fin du Second Empire. On cite comme une rareté un bal chez la marquise de

San Carlos, en 1881, où elle est exigée, et c'est sans succès qu'en 1927 Maurice de Waleffe mène une campagne pour la relancer. Elle existe pourtant encore dans les soirées clôturant les chasses à courre dans les années 1950.

Les tentatives faites pour modifier l'habit de soirée ne portent pas que sur la forme mais aussi sur la couleur. Les tailleurs tentent de promouvoir le brun, le bleu... Le bleu marine foncé est recommandé comme donnant, à la lumière artificielle du soir, une belle teinte noire, le tissu noir, lui, prenant des reflets verdâtres. La couleur noire reste cependant la règle.

Dans les années 1880-1890, l'habit rouge ou bleu, allant avec le port de la culotte, peut être considéré comme une réaction de l'aristocratie contre l'uniforme bourgeois qu'est le frac noir et c'est ainsi qu'il est mentionné par les Goncourt dans leur *Journal*[17].

Des variantes de l'habit connaissent quelque succès dans les années 1920 ou 1930, principalement pour les soirées d'été et souvent dans des tons blancs, sous le nom de «spencer», ou «eton» ou «mess-jacket». Tous ces noms recouvrent un habit coupé à la taille et dépourvu de basques, qui est toujours porté de nos jours. Mais le règne de l'habit noir n'est réellement entamé que par l'avènement du smoking.

L'origine du smoking est controversée. La seule certitude est son pays d'origine, à nouveau l'Angleterre, dans les années 1880.

Pour certains, son invention serait due au capitaine Bory Middleton. Voulant résister à la mode qui amena les hommes à revêtir une veste appelée «smoking jacket»[18], lorsqu'ils se réunissaient entre eux dans le billard ou le fumoir au cour d'une soirée et pour éviter d'imprégner leur habit d'odeur de tabac, il persistait à conserver son habit. Un beau soir, les pans de son frac furent coupés par un de ses compagnons ; ainsi serait né le smoking. Plus vraisemblablement, le prince de Galles, futur Edouard VII[19], qui régna sur la mode masculine à la fin du XIXe siècle, est à l'origine de la vogue de cette tenue, même si les versions divergent sur les circonstances dans lesquelles il aurait porté pour la première fois un veston ordinaire sur sa tenue de soirée : lors d'un séjour en Ecosse, son valet de chambre aurait oublié son habit ; ou alors il l'aurait fait de propos délibéré, à bord de son yacht à Cowes ; ou encore, c'est lors d'un voyage en Egypte en 1876 qu'il aurait inventé de porter un veston bleu foncé avec revers de soie, baptisé «Serapis evening jacket». Cette tenue lui serait devenue familière lors de soirées intimes à Londres.

Le smoking apparaît en France dans les casinos de la Côte d'Azur, au cours de l'été 1887[20]. Instantanément, il rencontre un grand succès, qui lui permet de concurrencer progressivement l'habit. Il correspond au goût, dénoncé dès le début du XIXe siècle, d'une plus grande simplification de l'habillement, d'une tenue de moins en moins formelle et protocolaire. Le développement de la vie mondaine, l'été, dans les stations de villégiature favorise aussi son succès. Dès la fin du Second Empire d'ailleurs, l'habit est abandonné, l'été, dans les châteaux, comme convenant peu à la chaleur. Le smoking est adopté d'emblée par les jeunes gens. Contrairement à l'habit, il est toujours une tenue de la fin de la journée ou du soir. Il est d'abord porté l'été et dans les petits dîners ou au théâtre puis, à partir des années 1930, il détrône l'habit, avant d'être lui-même de moins en moins utilisé et remplacé par le simple complet-veston élégant de couleur sombre, dans les années 1950. Aujourd'hui l'habit n'est plus guère porté que lors de soirées très officielles. Il reste la tenue des chefs d'orchestre et de certains musiciens. Si, protocolairement, le terme «tenue de soirée» placé sur un carton d'invitation implique obligatoirement l'habit, en fait, le smoking est devenu la tenue du soir.

La réglementation concernant l'habit et le smoking qui s'est peu à peu élaborée jusqu'à prendre une grande rigidité, spécialement en ce qui concerne les accessoires, a un caractère si important dans la définition de ces tenues qu'il est impossible de l'omettre malgré son côté fastidieux. Les accessoires donnent à ces tenues leur aspect d'extrême netteté et de correction en éliminant tout aspect négligé. A ses débuts, le smoking, simple veste, était porté avec les mêmes accessoires que l'habit. On se faisait d'ailleurs fabriquer dans le même tissu noir un ensemble comprenant habit, smoking, pantalon, gilet. Ce n'est que progressivement que les accessoires du smoking se différencient légèrement.

L'habit, qui doit sembler «peint» sur le buste, fut longtemps confectionné en drap ou en fine cheviotte. Ce n'est qu'après la Première Guerre mondiale que se généralise l'emploi de draps fins et brillants, grain de poudre le plus fréquemment. Si les revers en soie (faille, satin ou moire) apparaissent dès les années 1870, ils ne deviennent de rigueur qu'à partir des années 1900. Le pantalon plus ou moins collant mais toujours très ajusté est généralement, sauf à de très rares exceptions, de même couleur que la veste, parfois dans un tissu légèrement plus épais pour avoir plus de tenue ; les galons sur le pantalon n'apparaissent eux aussi qu'après 1900. Dès le Second Empire, le port du gilet blanc, dont la matière quasi obligatoire est le piqué (à partir des années 1900), donne à l'habit un caractère plus cérémonieux et convient à la tenue de grand soir. Le gilet noir, avec ou sans transparent blanc, accompagne l'habit jusqu'aux années 1910. A toutes les époques, on voit aussi des gilets de couleur unie, généralement claire, en soie, en velours et même, sous le Second Empire, des gilets superposés. Droit ou croisé, souvent à col châle, le gilet très fermé du Second Empire s'échancre de plus en plus en forme de U ou de V pour montrer la chemise, toujours blanche, qui se garnit d'un plastron empesé à la fin du XIXᵉ siècle. Le col de chemise est longtemps droit. Le col cassé, apparu dans la tenue de ville à la fin du XIXᵉ siècle, ne devient la règle qu'à partir des années 1910. La cravate fut toujours le nœud, dit aujourd'hui nœud papillon, de forme plus ou moins carrée suivant les époques, mais toujours blanc le soir. Longtemps escarpins avec ou sans boucle ou nœuds, puis le plus souvent de type richelieu, les

souliers doivent toujours être en cuir noir verni. Les chaussettes sont noires en soie ; le chapeau haut de forme, le plus souvent claque, ne disparaît qu'avec l'abandon du chapeau, ces dernières années ; les gants sont clairs ; le manteau noir, ample, avec éventuellement des revers de soie, peut prendre à certaines époques la forme d'une cape ; l'écharpe doit être blanche. Il est encore possible de porter une fleur à la boutonnière mais la montre-bracelet est interdite. Il ne s'agit là que d'un survol de la réglementation concernant l'habit ; les ouvrages et les revues de mode masculine entrent dans de nombreux détails, comme le nombre et la matière des boutons de la chemise, la nature de la fleur à la boutonnière ou la description très précise des chaussettes. Décrire l'évolution exacte de chaque accessoire serait fastidieux car il ne s'agit pas d'une évolution linéaire mais d'un aller et retour, où ce qui est démodé un jour est à nouveau de mise dix ans après.

Le smoking, qui à ses débuts a plus fréquemment que l'habit des revers de soie, emprunte les accessoires de l'habit avant d'évoluer à partir de la Première Guerre mondiale vers une plus grande simplicité. Toujours moins formel que l'habit, le smoking supporte mieux les fantaisies, les couleurs (blanc l'été, bleu foncé, vert, bordeaux ou même écossais), les matières comme le velours mais il reste principalement en drap noir. La veste, généralement droite, peut être croisée à partir de 1925. Le gilet noir ou blanc, abandonné avec la veste croisée puis définitivement, peut être remplacé par une ceinture, à partir des années 1930. La chemise perd son plastron à partir des années 1930, son col cassé à partir des années 1950, et devient souple avec un col rabattu. Les souliers vernis, à partir de la même date, ne sont plus obligatoires. La cravate devient foncée, généralement noire, à partir des années 1920 ; c'est alors que naît le terme «black tie» pour désigner le smoking et «white tie», pour l'habit. Ces dernières années, avec l'abandon de l'habit, on assiste à une reprise par le smoking de certains de ces accessoires comme le col cassé.

À partir de 1960 naît un mouvement dont Pierre Cardin est le principal artisan. Ces efforts pour faire bouger l'habillement masculin, non dépourvus de considérations économiques, commencent à se voir aujourd'hui dans la rue mais le costume du soir, porté par les classes les plus traditionnelles, reste irréductible. De 1960 à nos jours les propositions se sont pourtant multipliées : variation sur les couleurs ou les matières (allant jusqu'au cuir chez Montana), nouveaux gilets brodés chez Balmain ou de couleur chez Saint Laurent et Hermès, adaptation aux idées actuelles de confort avec l'*evening-cocooning* de Cerruti ; mais il s'agit toujours de variations sur le smoking, même si on atteint la dérision chez Jean-Paul Gaultier. Et le smoking et l'habit noir continuent de se fabriquer dans leur forme la plus traditionnelle et la plus parfaite chez Dior avec Dominique Morlotti et chez Lanvin avec Patrick Lavoix.

Il n'est pas possible de terminer ces quelques notes sur

l'habit et le smoking sans noter leur rapport avec l'habit de service. L'habit à la française se retrouve, à partir du Second Empire, dans l'habit de cour aussi bien que dans la livrée, qui se voit longtemps figée dans sa forme du XVIIIe siècle. Et quand cette forme est abandonnée, c'est la forme de l'habit de soirée qui est adoptée comme formule de service (d'abord l'habit puis le smoking). Cette similitude entre l'habit de soirée et l'habit de service n'a pas été vraiment expliquée mais a souvent été brocardée : un dessin d'Abel Faivre montre un jeune homme dans une soirée abordant un homme et lui confiant son ennui et son envie de partir ; celui qu'il avait pris pour un maître d'hôtel lui répond : «Vous avez bien de la chance, vous. Moi, je suis le maître de maison.» Le portrait de Napoléon III par Cabanel avait été baptisé *Monsieur a sonné* ?

Bien d'autres questions pourraient être posées à propos de la tenue de soirée masculine et qui, pour certaines, concernent l'ensemble du vestiaire masculin : quel est le rôle de l'influence de la mode anglaise ? Quelle est la part dans ce costume du goût de l'uniforme ? du conformisme ? de la volonté d'afficher sérieux et mépris de l'apparence physique par opposition à la femme ? Quel est le lien entre ces tendances et le triomphe de la bourgeoisie au XIXe siècle ? N'assiste-t-on pas à une révolution en ce domaine à partir du changement de la définition de l'image de l'homme et de la femme dans la société ? L'habit du soir de l'homme est-il la dernière survivance du costume de cour ?

Marie-Christine BOUCHER
conservateur

1 Sur l'emploi permanent de ce terme à propos de la tenue de soirée, on peut citer, entre autres, *le Journal des tailleurs*, 1er janvier 1859, p. 2 ou Eugène Marsan, *les Cannes de M. Paul Bourget et le bon choix de Philinte, Petit Manuel de l'homme élégant*, Paris, 1923, p. 74.

2 L'habit est appelé en Angleterre *dress coat* ou *tail coat* et est toujours porté le soir.

3 *Journal des tailleurs*, 1er novembre 1858, p. 3.

4 Le terme «frac» apparaît en France vers 1767. Il désigne d'abord un habit négligé dépourvu de poches extérieures, à collet rabattu, sans plis et largement évasé du bas.

5 *Journal des tailleurs*, 16 mars 1853, p. 3. Sur ce sujet, voir Tick, «Inconvenances sociales. Fragments du journal d'un vieux garçon, XI, la toilette», *la Vie parisienne*, 29 novembre 1890, p. 668.

6 Alfred de Musset, *la Confession d'un enfant du siècle*, 1835-1836, in Œuvres complètes en prose, Paris, Gallimard, 1960, «Bibliothèque de la Pléiade», Tome III, p. 72.

7 Charles Baudelaire, *Salon de 1846*, 1846, in Œuvres complètes, Paris, Gallimard, 1961, «Bibliothèque de la Pléiade», p. 950.

8 Jacques Boulenger, *Monsieur*, Paris, 1911, p. 27.

9 *Journal des tailleurs*, 16 février 1854, p. 3.

10 Emile Zola, *la Curée*, 1871, in *les Rougon-Macquart*, Paris, Gallimard, 1960, «Bibliothèque de la Pléiade», tome I, p. 475.

11 *Journal des tailleurs*, 16 février 1855, p. 2.

12 *Journal des tailleurs*, 1er février 1853, p. 6-7.

13 *Souvenirs de la princesse Pauline de Metternich (1859-1871)*, préface et notes de Marcel Dunan, Paris, 1922, p. 64 ; autre mention du costume de cour masculin, p. 57.

14 Ce portrait daté de 1865 était placé dans l'appartement de l'impératrice aux Tuileries. Celle-ci le fit retirer en 1870 pour le protéger. Disparu depuis cette date, il aurait peut-être été récemment retrouvé dans une collection particulière à Lucques, en Italie.

15 Né en 1855, mort en 1921.

16 Philippe Jullian, *Robert de Montesquiou, un prince 1900*, Paris, 1965, p. 33.

17 Edmond et Jules de Goncourt, *Journal. Mémoires de la vie littéraire, 1879-1890*, Paris, Fasquelle et Flammarion, 1956, tome III, p. 1189-1190 ; autre mention de l'habit rouge, p. 933-934.

18 Pour les Anglais la *smoking-jacket* est vraiment une veste pour fumer, une veste d'intérieur, et ils appellent *dinner-jacket* ce que nous appelons «smoking» ; les Américains l'appellent *tuxedo*, le premier smoking ayant été porté aux Etats-Unis à une soirée au Tuxedo Park de New York par Griswold Lorrillard.

19 Né en 1841, devenu roi en 1901, mort en 1910.

20 *Le Moniteur de la mode*, 3 septembre 1887, p. 423.

167 Hill Brothers
Habit de cour
vers 1855

Veste en drap noir, ornée de boutons en acier, doublure de soie blanche. Culotte en drap noir avec boucles en acier à la jarretière. Gilet en ottoman crème brodé au passé en soie polychrome de motifs végétaux, doublure de toile blanche. Jabot en linon blanc. Chapeau claque de la forme du chapeau français en ottoman noir avec ruban et nœud en ottoman moiré noir garni de chaînes d'acier.

Cet habit a été réalisé pour D. D. d'Ymes (né en 1823) à l'occasion de sa présentation à la reine Victoria. Il est représentatif de l'habit de cour du Second Empire, même s'il est difficile d'affirmer qu'il en soit un. Il correspond à la description que nous avons des habits de la cour de Napoléon III et Hill Brothers est installé à Paris, au 22, rue Cambon, jusqu'en 1884. Il aurait aussi pu servir à une présentation à la reine Victoria, lors d'un de ses séjours en France (à Paris, en 1855 et à Cherbourg en 1858). Il présente pourtant de nombreuses analogies avec l'habit de cour anglais et il n'est donc pas exclu qu'il en soit un.

GRIFFE : Hill Brothers (sur les boutons de la culotte).

Don Boutin d'Ymes, 1957. Inv. 58. 49. 1.

168 P. E. Masquilier Frères
Habit de soirée
vers 1880

Veste en drap rouge avec revers en moire rouge et boutons en métal doré ornés de tulipes, doublure en soie blanche. Culotte en soie noire avec nœud de soie noire à la jarretière.

P. E. Masquilier Frères, notable commerçant, ne figurant plus à l'*Annuaire du commerce* après 1884, on peut penser que cet habit est antérieur à cette date. A la même date, le tailleur Bonnardot disparaît aussi de l'*Annuaire*. Il n'est pas possible d'ailleurs de savoir si cet habit et cette culotte, donnés ensemble, appartenaient à une même tenue, à l'origine.

GRIFFE : P. E. Masquilier Frères 47, boulevard Haussmann Paris (sur la veste). Bonnardot boulevard Haussmann, 49 (sur les boutons de la culotte).

Don Braquenié, 1959. Inv. 59. 86. 4.

169 A. Herault
Habit de soirée
vers 1890

Veste en drap bleu avec revers de satin bleu, doublée de soie bleue, ornée de boutons dorés plats. Culotte en drap noir avec nœud de satin noir à la jarretière. Gilet droit à col châle, en ottoman blanc.

De nombreux textes de la fin du XIXe siècle et du début du XXe siècle brocardent les habits rouges et les habits bleus. Certains nient qu'ils aient été réellement portés autrement que par de rares «pschutteux» ou «gommeux». Les collections du musée de la Mode et du Costume, qui en conserve plusieurs, semblent en contradiction avec ces assertions.

GRIFFE : A. Herault, 4, rue Vivienne, Paris (dans la veste). Herault Paris (sur les boutons de la culotte).

Don Guittet, 1960. Inv. 60. 111. 9.

170 O' Rossen
Habit
1928

Sergé de laine noir. Veste avec revers de satin noir, doublée de soie noire. Pantalon avec deux bandes de soie noire sur les coutures extérieures.

A l'intérieur d'une définition très rigide, chaque année les tailleurs tentent de donner à l'habit une silhouette nouvelle. Ainsi cet habit correspond-il parfaitement à la définition de l'habit 1928 donnée par *Adam* : la taille un peu haute, les revers montants et larges, la double rangée de trois boutons verticaux, les manches terminées par un léger parement.

GRIFFE : O' Rossen 10, place Vendôme, Paris (dans la veste). O' Rossen 10, place Vendôme, Paris-Raoul Pellequer, Esq. n° 3695. Date : 13.6.28 (dans la poche intérieure gauche et à l'intérieur de la patte à la taille, au dos du pantalon). O' Rossen (sur les boutons du pantalon).

Don Pellequer, 1957. Inv. 20. 493.

171 Lanvin
Smoking
1948

Grain de poudre noir. Veste croisée avec revers de satin noir. Pantalon avec une bande de satin noir sur les coutures extérieures.

Le smoking croisé est apparu en 1925. Constamment porté depuis cette date, il n'a cependant pas détrôné le smoking droit.

GRIFFE : Lanvin 15 Faubourg Saint-Honoré Paris (dans la veste).

Lanvin, Paris - M. Hoeschtetter. 29.11.48 (dans la poche intérieure gauche de la veste).

Don Société de l'histoire du costume, 1989. Inv. 89. 1. 16.

172 Adolfo Dominguez
Smoking
Collection prêt-à-porter été 1988

Veste en fibranne noire sans revers avec ganse de satin noir le long du côté gauche. Pantalon en fibranne noire. Chemise en viscose noire avec col de satin noir. Si la couleur noire, les revers de satin sont conservés, l'adaptation au smoking de la ligne destructurée actuelle et la chemise noire donnent à cette tenue un caractère contemporain.

GRIFFE : Adolfo Dominguez 50 (dans la veste). Adolfo Dominguez 5/Made in Spain (dans la chemise). Adolfo Dominguez 50/Made in Spain (dans le pantalon).

Don Adolfo Dominguez, 1987. Inv. 87. 203. 1.

173 Lanvin
Smoking
Créé par Patrick Lavoix

Défilé de la collection prêt-à-porter automne-hiver 1989-1990, n° 118.

Veste droite, en crêpe de soie à dessins cachemire bordeaux, col châle, en velours bordeaux doublée en soie blanche. Gilet à col châle, en velours bordeaux doublé en soie blanche. Pantalon en velours bordeaux. Chemise à col cassé en coton blanc, à devant nid d'abeille. Nœud papillon en satin noir.

Les matériaux et le dessin cachemire de cette tenue en font un très bel exemple de l'adaptation de la mode cocooning au smoking.
GRIFFE: Lanvin, Paris, Made in Italy (sur la poche intérieure droite de la veste et à l'intérieur de la ceinture du pantalon).
Prêt Maison Lanvin.

174 Christian Dior Monsieur
Habit
Créé par Dominique Morlotti

Défilé de la collection prêt-à-porter automne-hiver 1990-1991, n° 85.

Laine noire super 100. Pantalon et veste avec revers en satin noir. Gilet croisé en piqué de coton blanc, fermé par dix boutons. Chemise avec plastron de piqué blanc. Nœud papillon en piqué de coton blanc.

La ligne Christian Dior Monsieur est apparue en 1970. Dominique Morlotti en a été nommé créateur en 1983. Pour son dernier défilé, il a choisi de présenter cet habit qui allie à la fois la tradition de l'habit dans ses règles immuables et une très grande perfection.
Prêt Maison Dior.

175 Hermès
Tenue du soir
Créée par Véronique Nichanian

Défilé de la collection prêt-à-porter automne-hiver 1990-1991, n° 80.

Manteau croisé en cachemire noir, doublé en carré de twill de soie Torana bleu. Spencer velours lisse noir. Pantalon de smoking en grain de poudre noir. Ceinture de smoking en carré de twill de soie Torana bleu. Chemise col cassé, plastron plissé, coton blanc.

Cette tenue est un bel exemple de l'utilisation qu'a faite Hermès de ses célèbres carrés pour donner gaieté et originalité à sa mode masculine.
Prêt Maison Hermès.

176 Balmain
Smoking
Créé par Patrick Aubert

Défilé de la collection prêt-à-porter automne-hiver 1990-1991, n° 102.

Veste droite, à deux boutons, en gabardine de laine noire. Pantalon cigarette en gabardine de laine noire. Gilet en gabardine de laine noire rebrodée par Vermont. Chemise à col cassé, en piqué de coton blanc.

Le somptueux gilet de ce costume renoue avec la tradition des gilets d'homme ornés et brodés, dont la fantaisie avait disparu depuis le début du siècle.
Prêt Maison Balmain.

Etoffes du soir
Leur évolution depuis 1920

«Le propre d'un tissu créé pour la haute couture est qu'il ne masque pas la coupe.» Cette règle impérieuse évoquée par Hilaire Colcombet explique pourquoi, aujourd'hui comme en 1920, les couturiers accordent aux unis une place prépondérante dans leurs collections, et tout particulièrement pour leurs vêtements du soir. Il est vrai que l'imagination des brodeurs ajoute souvent aux plus sobres d'entre eux la richesse, la couleur, et parfois la gaieté. C'est ce qu'apportent aussi les imprimés, les façonnés et la dentelle, mais dans une proportion moindre et variable selon les couturiers et les saisons. A long terme, les unis occupent donc le devant de la scène. Ils sont représentés par quelques catégories seulement comme les lamés, velours, satins, crêpes, failles, taffetas, mousselines, tulles..., qui, tour à tour, reçoivent les faveurs d'une ou de plusieurs collections consécutives.

Mais continuité ne signifie pas uniformité. Dans ce cadre très contraignant, les fabricants lyonnais, fournisseurs presque exclusifs de la haute couture jusqu'à une période assez récente, ont créé des tissus d'une grande diversité. A l'intérieur de chaque catégorie, les étoffes se sont sans cesse renouvelées, parfois seulement dans leurs couleurs ou dans leurs dessins, mais aussi, pour beaucoup, dans leur tombant, leur toucher, leur brillance, leur aspect ou leur transparence. L'évolution de la mode et les exigences de nouveauté des couturiers ont poussé les fabricants à employer tous les moyens à leur disposition : moyens personnels d'abord – leur sensibilité, leur intuition et leur formidable connaissance des textiles – et innovations techniques ensuite, grâce aux nouvelles fibres proposées par l'industrie chimique.

C'est sur quelques-uns de ces changements techniques que nous insisterons ici. Nous avons pu les voir apparaître au cours de l'analyse des tissus des robes présentées dans l'exposition[1] et, par ailleurs, en abordant sous plusieurs angles l'histoire d'une des maisons de soieries les plus célèbres : Bucol.[2] Ce choix a certainement influencé notre point de vue, car Bucol est reconnu comme l'un des pionniers de l'utilisation des fibres artificielles et synthétiques dans la nouveauté.[3] Mais n'était-ce pas là justement ce qui allait tout changer ?

Années vingt : la fabrique lyonnaise s'était vite remise des difficultés d'approvisionnement en matières premières liées à la guerre. Les goûts de l'époque et les formes amples des vêtements exigeaient des tissus riches et souples. Crêpes, tulles, dentelles, certains satins et des velours, souvent brodés d'or, d'argent, de perles et de pierres, ainsi que les lamés étaient assez légers.[4] Beaucoup étaient obtenus par la teinture en pièce, laquelle s'était développée régulièrement depuis cinquante ans, donnant aux tissus un soyeux et un tombant inégalables.[5]

Les crêpes s'étaient multipliés. Parmi les plus appréciés se distinguaient le crêpe Georgette(cat n°63,cat n°64, cat n°68, MMC 65.5.2, MMC 56.39.16) et le crêpe romain (cat n°69, MMC 68.40.4), apparus respectivement en

1910 et 1911 si, l'on en croit une publicité de Bianchini-Férier[6]. Ces deux étoffes étaient aussi légères mais plus mates que le crêpe de Chine, ce qui permettait de produire des contrastes intéressants avec les fils et les tissus plus brillants.

Autres étoffes souvent teintes en pièce, riches et d'un beau tombant, les lamés étaient très en vogue. Cet engouement, qui datait d'avant-guerre[7], avait conduit les guimpiers à créer, vers 1912, un nouveau fil d'or et d'argent aussi souple que les fils non métalliques : la laminette.[8] Elle remplaçait avantageusement les filés et frisés, qui, étant raides, alourdissaient les tissus et leur donnaient un toucher rugueux.[9] On peut constater l'effet produit par son emploi, que la laminette fût brodée ou tissée, dans des robes de 1912 et 1914 (MMC 69.33.6 et 57.54.2), dans le châle de 1923-1925 (MMC 57.65.2), ou encore dans les modèles de Suzanne Talbot, de Worth, et de Lanvin (cat n°65, cat n°69, MMC 61.65.34, MMC 70.9.55). Le dernier exemple, qui date de 1929, était un peu plus lourd, annonçant un changement.

En effet, avec les années trente, tandis que la ligne se rapprochait du corps et que la silhouette s'allongeait et s'affinait, les tissus, eux, prirent du poids. Callot tailla une veste (MMC 66. 34. 5) dans un lamé aussi lourd que le tissu brodé de tubes noirs dans lequel Carette coupait un tailleur du soir (MMC 20. 519. D57). Les crêpes aussi s'épaissirent et se diversifièrent, notamment grâce à la soie artificielle dont l'emploi se généralisa au lendemain de la crise.

Tout d'abord mal acceptée par les soyeux parce que le fil était irrégulier et que sa teinture manquait d'unisson, la soie artificielle avait été employée dès la fin du xixᵉ par des industries pour lesquelles ces défauts apparaissaient moins : la passementerie, les lacets puis la rubannerie de la région stéphanoise[10] (MMC 68.40.4) et la broderie (cat n°61). Elle avait peu à peu remplacé la soie dans les tissus bon marché, les doublures et les tissus pour cravates, s'attirant ainsi les préjugés de nombreux fabricants.[11] Il fallut attendre des perfectionnements dans la production de la fibre, sa teinture puis son moulinage pour la rendre fiable et lui donner les qualités spécifiques susceptibles de l'imposer dans la nouveauté.[12]

Aux essais prudents de la décennie précédente concernant les crêpes, satins, velours ou lamés[13], succédèrent les créations les plus variées. Des velours (cat n°82), des satins, des cloqués, des façonnés, des tissus transparents – comme le Rhodophane probablement en acétate que Schiaparelli aurait employé en 1934 pour sa fameuse «Cape de verre»[14] –, des tissus brodés de Cellophane[15] (cat n°86), des lamés et surtout des crêpes aux surfaces variées (cat n°87, cat n°99). Le Peau-Douce – de soie et d'acétate, très plat et au toucher frais – et le Chêne-Liège – de rayonne, aussi crêpé que du liège – furent également des classiques de Bucol, employés par les couturiers au même titre que son célèbre Moussalza en soie.[16]

De par ses origines stéphanoises, la Maison Buchet Fils et Charles Colcombet, plus connue sous le nom de Bucol, était bien placée pour intégrer la rayonne dans ses nouveautés. Si d'autres fabricants, comme Bianchini-Férier, Coudurier-Fructus-Descher et Chatillon-Mouly-Roussel, employaient aussi de nouvelles fibres, c'était probablement dans des proportions moindres.[17] Une autre firme installée à Saint-Etienne – la Maison Colcombet –, dirigée par Alexandre puis par Johan, le père et le frère aîné de Charles[18], était probablement celle qui concurrençait le plus directement Bucol. C'est en tout cas ce qu'incite à penser l'anecdote racontée aujourd'hui par Hilaire Colcombet, fils et successeur de Charles. Vers 1933-1934, Marcelle Dormoy créa une robe du soir blanche et noire, en crêpe rayonne cloqué, qu'elle appela «Les Frères ennemis», car le haut était en Ribouldingue tissé par Colcombet à Saint-Etienne et le bas en Croquignol fabriqué par Bucol à Lyon, ville où Charles s'était installé après avoir été expulsé avec grand fracas de sa ville natale par son frère aîné. Qu'était devenu Filochard, dernier personnage du tric des Pieds-Nickelés ? Buchet-Colcombet avait donné son nom à un troisième crêpe, en acétate.[19]

Désigner les étoffes par des noms plus facilement mémorisables que des numéros de patron était devenu une habitude pour beaucoup de fabricants. Ces appellations sont toujours employées et facilitent le repérage des tissus de chaque maison, mais la diversité de leurs origines complique beaucoup l'identification des étoffes correspondantes. On peut supposer que le Rayotaf, tissé en 1935 par Chatillon-Mouly-Roussel, était un taffetas rayonne.[20] Si des soies imprimées créées par Ducharne furent nommées Souries tigrées et Coccinelles, c'est probablement à cause de leur décor.[21] Mais que penser de l'étoffe qui, en 1935, fut nommée Jesperentoi[22] ? Et comment savoir, sinon à l'aide d'un patient travail d'archives, que le Cinamomo créé pour l'hiver 1939-1940 par Coudurier-Fructus-Descher était un velours élastique ?[23]

Au lendemain de la Seconde Guerre mondiale, la pénurie de matières premières et la conviction de Charles Colcombet que «seu es [...] des matières nouvelles ouvrent désormais l'avenir à des textures inédites»[24] favorisèrent l'adoption immédiate des fibres synthétiques, tout spécialement du Nylon. Mis au point aux Etats-Unis par Dupont de Nemours en 1938, le Nylon fut produit industriellement en France trois ans plus tard. Et peu de temps après la fin de la guerre, en 1947, Bucol sortait un tissu haute couture, le Cracknyl, dont le Monde illustré de juillet 1948 présentait ainsi les atouts : «Son aspect légèrement gaufré – réussite technique qui étonne l'Amérique – lui donne comme un poids inattendu qui en fait la matière idéale pour les drapés, les poufs et, en général, tous les volumes importants de tissu, qui auront, grâce à lui, une tenue plus nerveuse. Ses usages sont multiples et variés. En noir ou dans des tons unis, c'est le tissu idéal des robes habillées, des robes de cocktail.»

Marcel Rochas, Balenciaga, Robert Piguet, Jacques Fath, Pierre Balmain, Molyneux et probablement d'autres adoptèrent immédiatement le Cracknyl pour des robes du soir. D'autres nouveautés en Nylon virent le jour : le Voilnyl, le Tullnyl et le Nyl-sud, une mousseline, un tulle et un genre de piqué élastique employés pour le soir par Schiaparelli, Lanvin et Grès, entre autres.[25] Parallèlement, Charles Colcombet continuait à exploiter les possibilités des fibres artificielles. L'hiver 1948-1949 vit la sortie de la Panne Yrizat, «un lamé sans métal» jouant sur les reflets métalliques de l'acétate.[26] Simultanément, la fabrication de quelques grands classiques en soie (comme le Moussalza d'avant-guerre) se poursuivait.[27]

De nouvelles fibres synthétiques apparurent : des polyacryliques, tels l'Orlon et le Crylor, des polyesters comme le Tergal, et aussi le Lurex, un fil léger, souple et inoxydable, aux reflets de métal, qui s'était développé aux Etats-Unis à partir de 1947[27]. Beaucoup de mélanges de fibres permettant des effets inédits furent également expérimentés. Cannelaine, en laine et rayonne, Karakoram, un cloqué en Crylor, Rhodia et coton, le Satin papal, en Orlon et Rhodia, furent tissés par Bucol pendant l'hiver 1955.[28]

D'autre part, il est arrivé que des fabricants lyonnais soient directement contactés par des industries chimiques pour le lancement de leurs nouvelles fibres. Dupont de Nemours, vers 1960, s'adressa ainsi à cinq d'entre eux – Bucol, Bianchini-Férier, Staron, Chatillon-Mouly-Roussel et Ducharne – pour le lancement d'un nouveau polyamide très proche de la soie, le Qiana. D'après Hilaire Colcombet, ce fut un succès : la haute couture réalisa une centaine de modèles dans les diverses étoffes créées avec cette matière. Les archives de Bucol révèlent que Givenchy l'utilisa en crêpe et que Balmain réalisa au moins onze robes du soir en Gabs, une double gabardine en Qiana que quelques magazines spécialisés baptisèrent à leur goût satin, gabardine de soie, ou faille de soie. Il est vrai que l'appellation gabardine surprend pour le tissu d'une robe du soir, mais nous allons voir que les formes des vêtements avaient changé déjà plusieurs fois et la qualité des tissus également.

Au lendemain de la guerre, le new look exigea le retour de tissus ayant de la tenue : taffetas, faille, organdi et organza, satin Duchesse et certains velours (cat n°113, cat n°114, cat n°115b, MMC 87.91.72, MMC 80.179.922). La plupart étaient teints en fil – et non plus en pièce – obligeant la fabrique lyonnaise à réadapter brutalement son outillage.[31] Court intermède, la vogue des drapés et des coupes en biais favorisa brusquement en 1952 le jersey jusqu'alors cantonné aux cardigans et aux vêtements de sport (MMC 76.48.1).[32] Quelques années plus tard avec la ligne trapèze, Saint Laurent inaugurait la vogue des tissus raides et très épais (cat n°s 138, 142, 145, 147) : tissus lourds, double-face, double-étoffe, jersey double, sans oublier la double gabardine ou Gabs mentionnée plus haut.

Pour obtenir une raideur extrême, Paco Rabanne, quant à lui, dut s'adresser à d'autres fournisseurs (cat n°148 et MMC 71.23.1).

A partir de la fin des années soixante-dix, les fabricants lyonnais durent tenir compte de concurrents importants en Suisse et en Italie. Les producteurs de fibres nouvelles n'intervinrent plus, probablement parce qu'ils furent mobilisés par d'autres marchés – les tissus de sport en particulier. Chez Bucol, parmi les tissus retenus par les couturiers dans les dernières collections, on trouve une majorité d'unis : lamés, velours, satins, crêpes, failles, taffetas, mousselines, organzas – bien souvent tout en soie à l'exception des lamés, qui associent le Lurex à la soie. La continuité soulignée au départ est bien réelle et même au-delà de toute attente car le Moussalza est toujours apprécié par certains couturiers : Chanel, Givenchy, Valentino l'ont employé pour des robes du soir dans leur collection de l'hiver 1989-1990 et du printemps 1990. Mais cette tradition de qualité coexiste avec une création orientée vers le développement et le mélange des techniques, avant tout des techniques d'ennoblissement, qui interviennent après la phase du tissage et tirent parti des qualités thermoplastiques des fibres chimiques. Il en résulte des interprétations nouvelles de satin gaufré et flocké, de satin imprimé et découpé au sabre, de lamé rayé matelassé, de taffetas flocké et rebrodé, de double-étoffe façonné..., qui sont généralement tissés de deux, trois ou quatre fibres naturelles et chimiques. Malgré cette vision fragmentaire, tout porte à croire que nous ne sommes pas au bout des combinaisons imaginées par les fabricants de nouveautés.

Sophie DESROSIERS
secrétaire technique adjointe du CIETA

1 Les analyses de nombreux fils ont été effectuées par Mme Meyer au musée historique des Tissus de Lyon.

2 Outre les archives de Bucol, et un entretien avec H. Colcombet, qui dirigea Bucol de 1962 à 1968, des revues de la profession comme la *Soierie de Lyon* et le *Bulletin des soies et soieries* ont fourni de précieuses informations. F. Charpigny, du CNRS, et M.-C. Ebner, du Centre textile de Lyon, ont apporté quelques conseils conseils et de la documentation.

3 Les fibres artificielles proviennent du réaménagement par l'homme de molécules que l'on rencontre à l'état naturel. Leur matière première essentielle est la cellulose. Les fibres synthétiques sont constituées de molécules construites par l'homme par polymérisation de structures simples de faibles poids moléculaires. Les matières premières à l'aide desquelles elles sont faites peuvent être d'origines assez variées, à l'heure actuelle ce sont surtout des hydrocarbures (d'après M. Battiau, *le Textile. Vers une nouvelle donne mondiale ?* Paris, Sedes, 1985, p. 25). La première fibre artificielle fut mise au point par Hilaire de Chardonnet en 1884. En 1890 naissait la viscose et en 1904 l'acétate. Les fibres synthétiques apparurent beaucoup plus tard : 1938 pour le Nylon. (L.G. Fauquet, *Histoire de la rayonne et des textiles synthétiques,* Paris, Armand Colin, 1960).

4 *La Soierie de Lyon,* vol. 1 à 8, 1918-1925, en particulier les numéros de mars et de septembre, qui contiennent des comptes rendus sur la mode et les tissus employés par les couturiers.

5 M. Lafferrère, *Lyon, ville industrielle,* Paris, PUF, 1960, p. 194.

6 Archives de Bianchini-Férier. Publicité datant de 1938 environ, sans lieu de publication.

7 *Bulletin des soies et soieries,* n° 1 738 du 27 août 1910, p. 5.

8 J. Bruyère, «La guimperie et l'emploi des filés métalliques», extrait de *la Soierie de Lyon,* 1927, p. 70. L'auteur indique 1912-1913.

9 A. Métral, *Etude des principaux tissus teints en pièce,* Lyon, J. Desvignes, 1929, p. 156-157.

10 L. G. Fauquet, opus cité note 3, p. 69-71 ; *la Soierie de Lyon,* vol. I du 1er avril 1918, p. 3.

11 L. G. Fauquet, opus cité note 3, p. 71 ; M. Lafferrère, opus cité note 5, p. 240.

12 M. Lafferrère, opus cité note 5, p. 220-221. La profession cependant maintint ses distances en faisant interdire, en 1934, l'emploi du terme «soie artificielle», qui fut remplacée par «rayonne».

13 A. Métral, opus cité note 9, p. 61-64, 117-119, 156, 187-192.

14 P. White, *Elsa Schiaparelli,* Aurum Press, 1986, p. 128. L'auteur note que le fil était synthétique, mais, en 1934, c'était impossible. Il semble plus probable que le Rhodophane ait été en Rhodia, un fil d'acétate produit par la Rhodiacéta.

15 *La Soierie de Lyon,* volume 18 n° 2, février 1935, p. 40.

16 *L'Officiel de la couture,* avril 1935, p. 50 : «Casanova», robe de cocktail en Chêne-Liège de Maggy Rouff ; *l'Art et la Mode,* mars 1939 : «Tosca», robe du soir en Peau-Douce mauve de Jane Duverne ; *l'Officiel de la couture,* août 1936 : publicité pour le Moussalza ; *l'Officiel de la couture,* novembre 1937 : robe de dîner en Moussalza noir de Nina Ricci.

17 *Fémina*, août 1939.

18 Les origines de Bucol et de Colcombet nous ont été précisées par Hilaire Colcombet. Voir aussi *Qualité et élégance*, 1949, p. 37.

19 Croquignol et Filochard apparaissent bien parmi les fabrications de Buchet Fils et Charles Colcombet (*la Soierie de Lyon*, volume 14 n° 10, octobre 1931, p. 451) et Ribouldingue, parmi celles de Colcombet François à Saint-Etienne (*la Soierie de Lyon*, volume 16 n° 22, décembre 1933, p. 282). Nous n'avons pas encore trouvé de trace de la robe de M. Dormoy. *Les Fieds-Nickelés* étaient une fameuse bande dessinée dont la publication avait débuté en avril 1908.

20 *La Soierie de Lyon*, volume 18 n° 2, février 1935, p. 56.

21 *Les Folles Années de la soie*, catalogue de l'exposition, musée historique des Tissus, Lyon, 1975, p. 83-84.

22 Tissée par les Soieries Satran et Cie (*la Soierie de Lyon*, volume 18 n° 2, février 1935, p. 57).

23 D. Sirop, *Paquin*, Paris, Acam Biro, 1989, p. 67.

24 Publicité sans lieu ni date, archives de Bucol.

25 *Le Monde illustré*, juillet 1948 : «Nylon, fil magique» ; *l'Art et la Mode*, n° 2 725, p. 76 : robe de Molyneux en Cracknyl ; *Vogue*, juillet 1948 : robe du soir de Schiaparelli en Voilnyl ; *Match*, avril 1950 : robe à danser de Schiaparelli, avec jupe en Cracknyl ; *l'Art et la Mode*, avril 1951 : robe de Lanvin en Tullnyl ; *Couture*, été 1953 et *l'Officiel de la couture*, avril 1953, p. 12 : robe de Grès en Nyl-sud...

26 Deux robes en Panne Yrisat, de Dessès, parurent dans *l'Art et la Mode*, septembre 1948 et dans *Couture*, hiver 1949.

27 *Textiles* d'avril 1948 signale une robe longue en Moussalza créée alors par Jacques Fath.

28 L. G. Fauquet, opus cité note 3, p. 39-40. P.-A. Koch, «Les fils métalliques mixtes», *Cahiers CBA* 1961/3, p. 17-18. Le Lurex est composé d'une mince feuille d'aluminium ou de polyester métallisé enfermée entre deux pellicules transparentes.

29 *L'Officiel de la couture*, septembre 1955, p. 354.

30 *Bulletin des soies et soieries*, n° 4 007 du 15 avril 1970, p. 6.

31 M. Lafferrère, opus cité note 5, p. 223.

32 *Marie-France*, août 1952, «Les tissus qui feront fureur».

Glossaire

Certaines définitions proviennent ou sont adaptées du *Vocabulaire français* du CIETA (1973).
D'autres termes, plus spécifiques, ont été repérés dans des cours de tissage ou des livres d'échantillons d'origine lyonnaise, contemporains des étoffes nommées.

Armure taffetas :
Système d'entrelacement des fils de chaîne et de trame dans lequel les fils impairs et pairs alternent, à chaque coup, au-dessus et au-dessous de la trame. Terme utilisé pour des tissus de fibres continues comme la soie et des fibres artificielles ou synthétiques (CIETA).

Broché :
Effet de dessin formé par une trame supplémentaire qui limite son emploi à la largeur des motifs qu'elle produit (CIETA).

Cannelé :
Armure à côtes parallèles à la trame, formées par des flottés de chaîne (CIETA).

Cannetille façonnée :
Fil de métal obtenu en enroulant une lame en hélice sur une broche de section triangulaire. Il en résulte une sorte de ressort irrégulier.

Chenille :
Genre de fil comportant des franges courtes et serrées qui le font ressembler à une chenille.

Chiné :
1) Fil comportant différentes colorations obtenues par teinture ou par impression.
2) Tissu exécuté avec des fils chinés en chaîne ou en trame, ce qui produit des effets de marbrure caractéristiques (CIETA).

Crêpe :
1) Fil très fortement tordu.
2) Tissu composé de fils crêpe (CIETA).

Crêpe de Chine :
Crêpe léger à armure taffetas dont la chaîne est en grège et la trame en crêpe par 2 coups tors S et 2 coups tors Z. Le compte en trame avoisine 35-36 coups au centimètre. Il est en soie quand la matière n'est pas précisée.

Crêpe Georgette :
Crêpe léger à armure taffetas dont la chaîne et la trame sont en crêpe par 2 fils tors S et 2 fils tors Z dans les deux directions. Il est en soie quand la matière n'est pas précisée.

Crêpe marocain :
Crêpe de Chine lourd car tissé avec une trame plus grosse. Son compte en trame ne dépasse généralement pas 23 coups au centimètre.

Crêpe romain :
Crêpe Georgette lourd dont l'armure est un natté de 4 fils et 4 coups.

Crêpe satin :
Crêpe à armure satin avec une chaîne grège et tramé crêpe 2 tors par 2 coups de chaque.

Crispé :
Se dit d'un tissu dont certaines trames sont amenées à se rétracter après tissage, donnant ainsi à sa surface un aspect légèrement ondulé.

Damas-robe :
Tissu de soie du XIXe siècle, comportant dans sa forme la plus simple des effets de trame liserée, de gros de Tours et de satin (CIETA).

Damassé :
Tissu façonné dont le décor procède du contraste entre armure(s) à effet chaîne et armure(s) à effet trame comme le damas mais avec d'autres armures – ici des sergés.

Décreusé :
Etat d'un fil ou d'un tissu de soie totalement dépouillé de son grès (la matière gommeuse qui soude les brins sécrétés par le ver à soie).

Double-étoffe :
Tissu, ou partie de tissu, composé de deux couches distinctes tissées l'une au-dessus de l'autre (CIETA).

Double-face :
Tissu dont les deux faces peuvent être indistinctement utilisées comme endroit, qu'elles soient semblables ou différentes par leur croisure, leur couleur ou leur dessin. Le nom d'une armure suivi de l'expression «double-face» indique que les deux faces du tissu sont construites d'après cette armure (CIETA).

Etoffe à carreaux :
Tissu à dessins simples de carreaux ou de rectangles, obtenus par la combinaison d'armures différentes (CIETA).

Façonné :
Tissu décoré de dessins plus ou moins complexes obtenus par les croisements des fils de chaîne et de trame. Leur exécution nécessite l'emploi de procédés spéciaux de fabrication (CIETA).

Faille :
Tissu à armure taffetas caractérisé par un gros grain obtenu avec une grosse trame peu dense (15-25 coups au centimètre) et un compte de chaîne élevé (dépassant généralement 90 fils au centimètre). Elle est en soie quand la matière n'est pas précisée.

Filé (or, argent, métal) **:**
Fil composé d'une lame de métal enroulée autour d'une âme composée d'un fil de soie, de coton... (CIETA).

Gaufré :
Se dit d'un tissu ayant subi un gaufrage ou passage du tissu entre deux cylindres gravés (l'un en relief, l'autre en creux) d'après le dessin ou l'effet que l'on veut obtenir.

Glacé :
Qualificatif d'une armure dont la chaîne et la trame sont de couleurs différentes et lui communiquent ainsi une coloration qui change selon l'orientation du tissu par rapport à la lumière. On trouve également le terme «changeant» (CIETA).

Grège :
Fil de soie résultant du dévidage simultané de plusieurs cocons. Il ne comporte aucune torsion.

Gros de Tours :
Cannelé de 2 coups (CIETA).

Lame :
Ruban métallique mince et étroit (CIETA).

Lamé :
Tissu mélangé de métal en chaîne ou plutôt en trame.

Laminette :
Fil métallique semblable au filé, et qui est laminé. Il est fabriqué selon une technique particulière, qui lui donne beaucoup de brillant et de souplesse.

Lampas :
Tissu façonné dont le décor est essentiellement constitué par des flottés de trame liés à l'aide d'une chaîne de liage spécifique. Ces effets de trame se détachent sur un fond d'armure quelconque (CIETA).

Lancé :
Effet de dessin formé par une trame supplémentaire passant dans toute la largeur du tissu (CIETA).

Liseré : Effet de dessin formé par une trame de fond (CIETA).

Lurex :
Lame originalement composée d'une mince feuille d'aluminium enfermée entre deux pellicules de plastique. Lurex est la marque déposée d'un des premiers produits de ce genre arrivés en Europe après la Seconde Guerre mondiale.

Moiré :
Se dit d'un tissu dont les côtes, plus ou moins saillantes, ont été écrasées pour créer des lignes, des filets, ou des surfaces sur lesquelles la lumière se reflète différemment (CIETA).

Mousseline :
Tissu à armure taffetas, léger et transparent, obtenu avec des fils tordus.

Mousseline brillante :
Mousseline de soie avec une chaîne grège et une trame soit en grège soit en retors.

Mousseline pékin :
Mousseline avec des bandes qui ne sont pas le fait d'armures différentes mais simplement celui de matière de torsions diverses, ce qui produit des rayures mates et d'autres brillantes, parfois de couleurs différentes.

Multiple étoffe :
Tissu, ou partie de tissu, composé de plusieurs couches superposées.

Natté :
Armure taffetas croisée par plusieurs fils de chaîne voisins et plusieurs coups de trame dans le même pas (CIETA).

Organdi :
Mousseline ayant subi un apprêt qui lui donne de la raideur.

Organza :
Tissu de soie semblable à la mousseline mais teint sur cru (sans avoir été décreusé), ce qui lui donne de la raideur et un aspect mat.

Peau de soie :
Double-face trame constitué d'un sergé 2 lie 1 chaîne sur l'endroit et d'un satin de 12 trames sur l'envers.

Pékin :
Tissu à bandes d'armures différentes, disposées parallèlement à la chaîne (CIETA).

Poil traînant :
Effet de dessin formé par une ou plusieurs chaînes «poil» supplémentaires, dont les fils disparaissent à l'envers en dehors des effets qu'ils produisent à l'endroit (CIETA).

Pongé :
Tissu de soie très léger à armure taffetas dont la chaîne et la trame sont en grège.

Satin Duchesse :
Satin de 8 de qualité supérieure, tout soie. Son compte en chaîne est de 180-200 fils au centimètre et son compte en trame, de 45-50 coups au centimètre.

Satin merveilleux :
Satin de 7. En soie quand la matière n'est pas précisée.

Schappe :
Fil obtenu par le peignage et la filature des déchets de soie (CIETA).

Taffetas :
Tissu à armure taffetas qui se distingue de la faille par l'absence de grain. Son compte en chaîne ne dépasse pas 90 fils au centimètre et sa trame est plus fine et plus serrée (entre 35 et 50 coups au centimètre). Il est en soie quand la matière n'est pas précisée.

Toile :
Synonyme de l'armure taffetas. Terme utilisé pour des tissus de fibres discontinues comme le coton et la laine (CIETA).

Velours :
Terme employé ici pour désigner un velours coupé uni, c'est-à-dire une étoffe dont la surface est couverte de poils formés par les fils d'une chaîne supplémentaire dressés au-dessus d'une armure de fond (CIETA).

Velours au sabre :
Effet de velours obtenu après tissage en sectionnant, à l'aide d'une lame affilée ou sabre, des flottés de chaîne, ou parfois de trame, formés à la surface d'un tissu de soie (CIETA).

Bibliographie sélective du XXe siècle

Ouvrages historiques

«Humeur de mode», *Autrement*, n° 62, sept. 1984, revue conçue et réalisée par Marylène Delbourg-Delphis et Patrick Mauriès.

Laurence Benaïm
L'Année de la mode, 1987-1988,
La Manufacture, 1989.
L'Année de la mode, 1988-1989, La Manufacture, 1989.

Célia Bertin
Haute Couture, terre inconnue, Paris, Hachette, 1956.

Edouard Bonnefous
Avant l'oubli. La Vie de 1900 à 1940.
La Vie de 1940 à 1970, 2 volumes,
Paris, Laffont/Nathan, 1985 et 1987.

Anne Bony
Les Années soixante,
Paris, éditions du Regard, 1983.

Hélène Cixous, Madeleine Chapsal, Marylou Luther
Sonia Rykiel, Lausanne, 1985.

Marylène Delbourg-Delphis
La Mode pour la vie, Paris, Autrement, 1983.

Yvonne Deslandres et Florence Müller
Histoire de la mode au XXe siècle,
Paris, Somogy, 1986.

Pierre Faveton
Les Années vingt, Paris, Temps actuels, 1982.

Marie-André Jouve, Jacqueline Demornex
Balenciaga, Paris, éditions du Regard, 1988.

Eugénie Lemoine-Luccioni
La Robe, éditions du Seuil, 1983.

Suzy Menkès
Le Style Windsor, Paris, éditions du Chêne, 1987.

C. R. Milbank
Couture. Grands Créateurs, Paris, Robert Laffont, 1986.

Jane Mulvagh
Fantaisie, les bijoux chic et choc, Paris, éditions du Chêne, 1989.

Sylvie Raulet
Bijoux art déco, Paris, éditions du Regard, 1984.

Marcel Rochas
Vingt-Cinq Ans d'élégance à Paris, 1925-1950, Paris, éditions Pierre Tisné, 1951.

Bruno du Roselle
La Mode, Paris, Imprimerie nationale, 1980.

Dominique Sirop
Paquin, Paris, Adam Biro, 1989.

Françoise Vincent-Ricard
Raison et passion, langages de sociétés. La Mode 1940-1990, Paris, Clefs pour la Mode, 1987.

André Warnod
Bals, cafés et cabarets, Paris, Eugène Figuière et Cie, 1913.
Les Bals de Paris, Paris, Grès et Cie, 1922.

Paul Yonnet
Jeux, modes et masses. La Société française et le moderne, 1945-1985, Paris Gallimard, 1985.

Manuels

Geneviève Antoine-Dariaux
Les Voies de l'élégance, Paris, Hachette, 1965.

Gisèle d'Assailly, Jean Baudry
Savoir vivre tous les jours, Tours, Mame, 1951.

Lucienne Astruc
Savoir vivre aujourd'hui. ABC de la vie quotidienne, Paris, librairie Arthème Fayard, 1957.

Othillie Bailly
Le Nouveau Guide des convenances, Paris, Guy le Prat, 1948.

Hugues Bertrange
Les Règles du savoir-vivre, Paris, la Diffusion scientifique, 1955.

René-André Boulanger
Le Guide de la vie en société, édité par l'auteur, 1953.

Pierre Chanlaine
Savoir-Vivre et bonnes manières, Paris, éditions du Dauphin, 1953.

E. Charles-Morice
La Politesse, maintien, usages et formules. Règles mondaines, cérémonies, Paris, Armand Colin, 1921.

Germaine Charpentier
La Jeune Fille moderne. Guide de convenances et de politesse, Strasbourg, Le Roux, 1936.

André de Fouquières
La Courtoisie moderne, Paris, Pierre Horay Flore, 1952.

Paul Guth et Michelle Maurois
Le Savoir-Vivre actuel, Paris, Gallimard, 1959.

Marie-Madeleine Laloyaux
Savoir-Vivre, politesse, éducation, Paris, Dupuis, 1974
(5e édition).

Annette Latouche
L'Etiquette ou l'art de vivre, Fribourg, Egloff, 1944.

Duc de Lévis-Mirepoix, comte Félix de Vogüe
La Politesse, son rôle et ses usages, Paris, éditions de
Paris, 1937.

Pascaline d'Orange
Le Secret du savoir-vivre, Paris, éditions Promesses,
1950.

Jacqueline du Pasquier
Guide de l'élégance, Paris, Larousse, «collection
pratique», 1954.

Françoise de Quercize
Guide des bons usages de la vie moderne, Paris,
Larousse, 1952.

Paul Reboux
*Pour mieux balayer les usages voici le nouveau savoir-
vivre*, Paris, Flammarion, 1930.

Marc de Saligny
Précis des nouveaux usages, Paris, Prisma, 1948.

Claude Valmont
Usages et savoir-vivre modernes, Paris, F. Schmid, 1938.

C. de Néronde
Les Danses nouvelles : le tango, la maxixe, la forlane,
Paris, Edition et Librairie, 1920.

G. C. Lefort
La Danse, de la valse au fox-trot, Paris, éditions
Universelle, vers 1927.

Mémoires et chroniques

Anonyme
Paris en huit nuits, Paris, 1931.

Princesse Bibesco
Noblesse de robe, Paris, Grasset, 1928.

Christian Dior
Christian Dior et moi, Paris, Bibliothèque Amiot-
Dumont, 1956
Je suis couturier, propos recueillis par A. Chavane et
E. Rabourdin, Paris, éditions du Conquistador, 1951.

Janet Flanner
Paris. C'était hier. Chroniques d'une Américaine à Paris,
Paris, Mazarine, 1981.

André de Fouquières
Cinquante Ans de panache, Paris, Pierre Horay Flore,
1950.
Mon Paris et ses Parisiens, Paris, Pierre Horay Flore,
1953.

Lucien François
Les Elégances de Paris, Commissariat général au
tourisme, 1946.

Michel Georges-Michel
Quarante Ans de la vie à Deauville, Paris, Fasquelle,
1952.

Elisabeth de Gramont
La Femme et la Robe, Paris, La Palatine, 1952.

Gabriel-Louis Pringué
Trente Ans de dîners en ville, Paris, Pierre Adam, 1948.
Portraits et fantômes, Cannes, Raoul Solar, 1951.

Sonia Rykiel
Et je la voudrais nue, Paris, Grasset, 1979.

Maurice Sachs
Au temps du «Bœuf sur le toit», Paris, Grasset, «Les
Cahiers rouges».

Guy de Téramond
*Les Bas-Fonds. Dancings !... Roman des exploits et des
crimes des danseurs mondains*, Paris, J. Ferenczi et Fils,
1929, 10 volumes.

Expositions

«Grands couturiers parisiens, 1910-1939»,
Paris, MMC, décembre 1965-avril 1966.

«Fabulous Fashion, 1907-1967», catalogue rédigé par
le Metropolitan Museum of Art, Costume Institute,
New York, sd.

«Modes des Années Folles, 1919-1939», Paris, MMC,
février-mars 1971.

«Inventive Clothes», New York, Metropolitan Museum
of Art, Costume Institute, décembre 1973 et Kyoto,
1975.

«The Art of Haute Couture, 1865-1965», The Flint
Institute of Art, Michigan, mars-juillet 1977.

«The Romance of Western Clothes, 1845-1895», Japon, Kyoto, National Museum of modern Art, avril-juin 1980. Catalogue de Stella Blum : *The Evolution of Fashion*, 1989.

«Paris, 1945-1975, élégance et création»,Paris, MMC, mai-août 1977.

«Hommage à Elsa Schiaparelli», Paris, MMC (pavillon des Arts), 1984.

«Alta Moda, grandi absiti da sera degli anni 1950-1960», Venise, Palazzio Fortuny, 1984.

«Pierre Balmain, quarante années de création», Paris, MMC, 1985.

«Dance, A very Social History», New York, Metropolitan Museum of Art, 1986.

«Yves Saint Laurent», Paris, musée des Arts de la mode, mai-octobre 1986.

«Hommage à Balenciaga», Lyon, musée historique des Tissus, septembre 1985-janvier 1986.

«Hommage à Christian Dior, 1947-1957», Paris, musée des Arts de la mode, 19 mars-4 octobre 1987.

«Paris-Couture, années trente», Paris, MMC, 1987.

«Femmes créatrices des années vingt», Granville, musée Richard-Anacréon, 1988.

«Histoires de mode d'hier et d'aujourd'hui», Paris, musée des Arts de la mode, 15 novembre 1988-19 février 1989.

«New Look to Now, French Haute Couture, 1947-1987», Stephen de Pietri et Melissa Leventon, The Fine Arts Museum of San Francisco in Association with the Portland Art Museum, Oregan Art Institute, New-York, 1989.

Périodiques

Art, goût, beauté

L'Art et la Mode

Chapeaux de Paris

Le Chroniqueur mondain (1914)

Elle

Excelsior

Fémina

Femme chic

Gazette du bon ton

Harper's Bazaar

Jardin des modes

Marie-Claire

La Mode en peinture

Les Modes

L'Officiel de la couture

Silhouettes

Vogue

Crédits iconographiques

Archives Pierre Balmain : 253, 262, 263
Archives Chanel : 247
Archives Pierre Cardin : 217, 241, 245
Archives Courrèges : 214
Archives Christian Dior : 204, 252
Archives Givenchy : 249
Archives Hanae Mori : 251
Archives Christian Lacroix : 239, 250
Archives Ted Lapidus : 248
Archives Jean Patou : 207
Archives Emanuel Ungaro : 246
Archives Anne-Marie Beretta : 260
Archives Claude Montana : 259
Archives Thierry Mugler : 258, 261
Archives *Elle*, Fouly : 211, 215
Archives *Marie-Claire* : 218
Archives de la Seine
Françoise Abdouranim : 137g
Archives photographiques Paris/Spadem
CNMHS : 84, 89, 98
Bibliothèque nationale, service photographique : 118
RMN : 12, 16
Photothèque de la Ville de Paris/Spadem, Irène Andréani :
15-19, 22-24, 36-39, 41, 50-53, 55, 64, 69, 73, 74,
79, 88, 90, 93, 94, 97, 107, 108, 120, 122, 126, 127,
136, 148, 150, 151, 169
Cahiers du cinéma : 219

Chantal Fribourg : 28-32, 56-63, 68, 77, 79, 99-106,
128-131, 137h, 138, 146, 185-190, 224-229, 266-268
MMC doc. Paco Rabanne : 222, 223
D'après David Bailey : 205, 213
Marc Hispard pour Jean-Louis Scherrer : 237
Gunnar Larsen pour Jean-Louis Scherrer : 236
D'après Jean-Loup Sieff : 206, 212, 220
D'après Henry Clarke/ADAGP : 191
D'après Philippe Pottier : 182, 183
Albert Seeberger/Spadem : 168, 172, 175
Jean-Loup Charmet : 91, 121, 123
Doisneau/Rapho, agence Rapho : 176, 192, 193
Lipnitzki-Viollet, agence Roger-Viollet : 157
Roger Schall, studio Schall : 159, 161
D'après *Vogue* Hoyningen-Huene DR : 153, 154, Pagès
DR : 156, Steichen DR : 160, Des Russel DR : 173,
Coffin DR : 174, non créditées : 238, 240
D'après *Fémina* Paul O'Doyé DR : 124, 152
Haram-Lowe DR : 149d, Gruau DR : 149g,
non créditées DR : 180, 181
D'après *l'Art et la Mode* Roll DR : 133
D'après *l'Officiel de la couture* DR non crédité : 254

L'éditeur s'est efforcé de retrouver les ayants droit des illustrations
pour les en créditer dûment, mais serait heureux de se mettre en
contact avec toute personne à laquelle il n'aurait, involontairement,
pas fait référence.

Conception graphique
Laurent Dumté
assisté de Gilles Beaujard

Montage PAO
Véronique Jézéquel, Nathalie Jakic

Secrétariat de rédaction
Dominique Froelich, Alexandre Coda

Fabrication
Florence Jakubowicz

Photogravure
BDP Scann, Saint-Etienne

Photocomposition
SHS Laser, Paris

Flashage
L'Union linotypiste, Paris

Impression
Imprimerie de l'Indre, Paris

Achevé d'imprimer sur les presses de
l'Imprimerie de l'Indre,
à Argenton-sur-Creuse, en juin 1990

Diffusion Paris-Musées
Vente aux professionnels
9, rue Gaston-de-Saint-Paul
75116 Paris Cedex 16

© Paris-Musées, 1990
© ADAGP, SPADEM
Dépôt légal 2e trimestre 1990
ISBN 2-87900-000-9